라이프 딜링

라이프 딜링

초판 1쇄 인쇄 2022년 7월 8일
초판 1쇄 발행 2022년 7월 15일

지은이 김지훈
펴낸이 최익성

기획 이유림, 김민숙
책임편집 정대망

마케팅 총괄 임동건
마케팅 임주성, 홍국주, 김아름, 신현아, 김다혜, 이병철
마케팅 지원 안보라, 안민태, 황예지, 신원기, 박주현, 배효진
경영지원 임정혁, 이순미
펴낸곳 플랜비디자인
디자인 studio forb

출판등록 제2016-000001호
주소 경기도 화성시 첨단산업1로 27 동탄IX타워
전화 031-8050-0508
팩스 02-2179-8994
이메일 planbdesigncompany@gmail.com

ISBN 979-11-6832-028-4 03320

LIFE DEALIN6

라이프 딜링

세계 금융시장을 움직이는 거인들의 6가지 목표 달성 법칙

김지훈 지음

PlanB DESIGN 플랜비디자인

"서두르지 않고 안주하지 않는 투자자만의 인생설계법을 알려 주는, 까칠하지만 친절한 안내서. 마냥 어릴 것만 같았던 저자가 훌쩍 커서 내가 아닌 우리를 통해 집단지성을 추구하는 사모투자자로 성장한 모습이 대견하다. 야심차지만 그래서 방황하기 쉬운 젊은이들을 위한 나침반이 될 수 있는 멋진 책이다."

— 김태엽
전 스탠다드차타드 PE 대표이사, 현 Affirma Capital 대표이사

"투자은행과 사모펀드에서 근무하며 얻은 경험을 바탕으로 한 신선한 자기계발서가 나온 것은 금융인으로서 매우 반갑고 의미있어 보인다. 《라이프 딜링》에는 금융이나 투자에 관심이 있는 사람들뿐만 아니라 그와 별로 관계없는 분들에게도 삶에 반영할 수 있는 현실적인, 그리고 새로운 조언들이 담겨 있다. 전문금융인들이 체계적인 분석을 통해 만족스러운 수익을 거두듯, '딜deal'의 시각에서 삶을 바라본다면 분명 당신의 삶에 많은 도움이 될 것이라 생각한다."

— 정영채
NH투자증권 대표이사

"비교적 젊은 작가의 구체적 목표와 이를 달성하는 과정, 흔들리지 않기 위해 스스로를 채찍질해온 삶이 보이는 글이다. 후회없는 삶을 살기 위한 철저한 계획과 다부진 마음을 읽을 수 있다. 읽는 내내 시니어의 잔소리가 아닌, 똑똑한 친구와 인생계획을 세우고 방향을 설정하며, 단계별로 어떤 노력을 해야하는지 머리를 맞대고 함께 고민하고 있다는 착각을 하게 했다. 무엇보다 투자은행과 사모펀드 같은 금융권에서 경험한 투자 프레임을 인생에 구체적으로 적용하려는 시도는 정말 멋지다."

― 고태봉
하이투자증권 리서치본부장

차례

목표 설정
규칙 1: "내가 원하는 인생의 모습을 수치화하라"
목표 수익률 설정과 리버스 엔지니어링

시작하며
당신은 게임의 규칙을
이해하고 있는가?

비가 추적추적 내리는 밤, 빼곡히 들어선 빌딩 숲 사이 어느 카지노에서는 여느 때와 같이 포커 게임이 한창 진행 중이다. 여덟 명 남짓한 인원이 앉을 수 있는 원탁에는 포커 칩과 카드가 가지런히 정리되어 있다. 그리고 여기, 이 게임에 등 떠밀려 참가하게 된 한 남자가 있다. 이 남자는 평생 살면서 포커라는 게임에 대해 들어 본 적도 없고, 따라서 게임의 규칙에 대해서도 전혀 아는 바가 없다. 하지만 이미 게임이 진행되는 원탁에 앉은 이상, 이 남자는 게임에 참여해야만 한다. 그것이 카지노의 룰이기 때문이다.

이런 상황에 놓였던 모든 사람들이 그랬듯, 이 남자도 무슨 일이 일어나고 있는지 영문을 모른 채 옆자리의 사람이 하는 행동을 힐긋힐긋 보면서 따라하기 시작한다. 딜러가 하는 말을 정확히 이해할 수는 없지만, 다른 플레이어들이 눈앞에 있는 칩을 앞으로 던질 때 같이 던지고, 카드를 정리하며 '폴드'라고 외칠 때 그도 같이 외친다. 사람들이 모두 조용히 자신을 쳐다보면 본인의 차례가 왔음을 직감하고 뒤늦게 베팅을 하기도 한다. 매 판마다 승자가 정해지고 승자에게 모든 칩이 가는 것 같지만, 이 남자는 아직도 어떤 규칙에 의해 승패가 결정되는지 도무지 이해할 수가 없다. 그렇게 수십 판의 게임을 하고 나서 눈앞을 보니 어느새 남자의 칩은 이미 처음과는 비교할 수 없을 정도로 줄어 있다.

물론 이 남자도 수십 번의 패배를 하면서 몇 가지의 규칙은 대략적으로 눈치를 챘다. 가령, 같은 숫자 카드가 두 장 있으면 좋다거나, 숫자가 클수록 좋은 패라는 것 정도이다. 이 외의 규칙들을 모두 숙지하진 못했지만, 남자는 본능적으로 느꼈다. 자신이 이미 돌이킬 수 없는 상황에 놓였다는 것을. 이미 게임에 처음 참가했을 때에 비해 너무 많은 손실을 봤고, 이렇게 적은 금액으로 역전승을 노리기는 어렵다는 예감이 들었기 때문이다.

이 남자를 지켜보며 어떤 생각이 드는가? 포커처럼 규칙이 복잡하고 중요한 게임에 등 떠밀려 참가하게 된 남자가 불쌍할 수도 있다. 혹은 누가 보아도 초보자인 이 남자에게 아무도 규칙에 대한 설명을 해 주지 않았음에 대해 야속하다고 느낄 수 있다. 누군가는 규칙도 모른 채 중도 포기하지 않고 게임을 계속하며 바보같이 패배를 반복한 남자가 한심하다고 생각할지도 모른다. 사람마다 이 남자를 보며 느끼는 감정에는 조금씩 차이가 있을 수 있지만, 안타깝게도 남자의 모습은 이 세상을 살아가는 수많은 사람들의 모습과 크게 다르지 않다. 어떻게 하면 원하는 바를 이루고 승리할 수 있는지 모른 채, 태어나는 순간 인생이라는 게임에 등 떠밀려 그저 옆의 사람이 하는 대로, 흐름에 따라 매 순간 결정을 하는 것이다. 누군가가 인생에서 원하는 것을 가지는 방법을 말끔히 정리한 공책을 넘겨준다면 좋겠지만, 그렇지 않은 이상 우선 주위 사람들의 눈치를 보면서 매 라운드를 진행하는 것이 가장 쉽고 그럴듯한 선택지이기 때문이다. 바로 이 이유 때문에 수많은 사람들이 남들이 공부하니까 공부하고, 남들이 대학에 가니까 대학에 가고, 남들이 취업을 하니까 취업을 하고, 남들이 결혼을 하니까 결혼을 하고, 남들이 자녀를 낳으니까 자녀를 낳고, 남들이 키우는 대로 자녀를 키우고, 남들처럼 은퇴를 하고, 남들처럼 '남들 같지 않고 싶었던' 인생의 순간들을 회상하며 죽음을 맞이한다.

물론 이런 보편적인 삶이 잘못되었다는 말을 하거나, 그렇게 살아온 사람들의 삶을 폄하하려는 의도는 전혀 없다. 하지만 '사는 데에 정답은 없어, 어떻게 살아도 행복하기만 하면 돼'라는 수동적인 생각은 너무 편리하고 무책임하다는 것 또한 명백한 사실이다. 이미 인생을 한 단계 더 업그레이드하기 위해 이 책을 집어

든 여러분이라면 이런 식으로 인생을 바라보는 것에 대해 꽤나 거부감이 있을 것이라고 생각한다. 어떻게 되어도 괜찮다는 식으로 사는 것은 본인의 인생의 주도권을 스스로 포기하는 것과 같기 때문이다. 보통 이런 시각으로 인생을 보는 사람들은 사실 자신의 불행을 자기합리화 하는 경우가 많다.

만병통치약 같은 절대적인 법칙까지는 아니더라도, 인생에 적용하면 긍정적인 영향을 줄 수 있는 행동수칙들은 분명히 존재한다. 이런 규칙, 체계, 그리고 과학적인 접근이 중요한 이유는 앞서 말했듯 '흐르는 대로'의 유혹을 완전히 떨쳐낼 수 있는 인간이란 존재하지 않기 때문이다. 인생의 목표를 정하더라도 이를 달성하기 위해 적용할 수 있는 생각의 프레임워크가 존재하지 않으면 우리는 모두 '컴포트 존Comfort zone'의 유혹에 빠지게 된다. 컴포트 존, 즉 '안전지대'란 개인이 익숙하게 통제할 수 있어 심리적인 안정감을 느끼는 영역을 의미하는 심리학 용어이다. '아무것도 하지 않는 것', '현 상태를 유지하는 것', '머리 아픈 도전을 피하는 것'은 너무나도 달콤하다. 따라서 이 늪에 빠져 설정한 목표를 향해 나아가지 못하게 되지 않기 위해서는 의식적으로 늪에서 벗어나 앞으로 헤엄쳐 나가려는 노력을 해야 한다. 이 과정에서 '규칙'이 필요한 것이다.

컴포트 존이 문제인 이유는 역설적이게도 이렇게 컴포트 존 안에서 웅크리고 있는 것이 오히려 사람을 불행하게 만들기 때문이다. 이는 우리가 무의식적으로 도전과 발전을 멀리하고 있음을 인지하고 스스로 만족하지 못하고 실망하기 때문인데, 가령 하루 종일 누워서 유튜브의 '추천 동영상'을 연달아 볼 때는 재미있고 신이 나지만, 막상 핸드폰을 치우고 나면 하루를 낭비한 자신이 원망스러운 적이 있을 것이다. 또, 취업하기가 어렵다는 이유로 현실에서 도피해 방에서 하루 종일 게임만 하고 있는 무직의 30대는 그 상태가 제일 편하다고 느끼겠지만 실상 내면에서는 스스로의 삶에 대해 만족하지 못하고 있을 것이다. 따라서 이 컴포트존에서 과감히 나와 진정 내가 무엇을 원하는지를 이해하고, 그것을 달성하기 위해 도전하고 노력하는 과정을 가장 효율적으로 할 수 있는 방법을 찾아야 한다. 그래야만 흐름에 휩쓸려 끌려다니지 않고 주체적으로 목표를 향해 발돋움할 수 있다. 이것이 우리가 인생의 규칙을 탐구해야만 하는 이유이다.

현재 시중에 있는 수많은 자기계발서들이 가지는 문제점은 두루뭉술하고 그럴 듯한 이야기만을 늘어놓는다는 데에 있다. 어떠어떠한 마음가짐을 가지라는 식의 방향성이라도 존재하면 그나마 나은 편이다. '노력이 제일 중요하다'처럼 무조건 열심히 살라는 식으로 말을 하는 책들이 있는 반면, 반대로 밑도 끝도 없이 '당신은 그 존재만으로 괜찮은 사람이니 조금 쉬어요'같이 대책 없는 위로만을 늘어놓는 자기계발서들이 있다. 나는 이 책에서 인생의 성공 '규칙'들을 이야기하며 이런 양산형 서적들과 궤를 달리할 것임을 분명히 밝힌다. 좋은 자기계발서가 되려면 단순히 그 책을 읽고 나서 '좋아, 열심히 살아 보자!'라는 마음을 먹는 정도에서 끝이 나지 않아야 한다. 마치 새로운 영감을 얻은 듯 무언가를 하기 위해서 바로 자리를 박차고 달려갈 수 있는 정도의 방향성과 구체성을 제시해야 한다고 생각한다. 따라서 이 책에서 다루는 내용은 모두 여러분이 인생에 직접적으로 적용할 수 있는 것들이다. 매 장의 내용을 읽고 나서 '그래서 그걸 어떻게 하라는 거야'라는 질문이 나오지 않을 정도로 구체적이고 상세하게 무엇을 어떻게 해야 하는지 방법을 제시했다. 공부법으로 비유하자면 계획을 잘 세우는 게 중요하다는 이야기를 하는 것이 아니라 계획을 세우는 데 활용할 수 있는 표와 노트 등등을 제공하는 것이다. 이런 식으로 실생활에 적용할 수 있는 규칙들을 하나씩 다뤄나갈 것이다.

그렇다면 마치 포커의 규칙과 같이 인생에서 반드시 알아야 할 규칙들이란 무엇일까? 주식 투자를 갓 시작했을 때 가장 멀리해야 할 사람은 수십 배의 수익률을 약속하는 사람이듯, 누군가가 무조건적인 성공을 보증하는 규칙이 있다고 말한다면 그를 가장 경계해야 한다. 누가 뭐래도 '따르기만 하면 무조건 일론 머스크, 스티브 잡스, 빌 게이츠처럼 위대한 인물이 될 수 있는' 마법 같은 규칙은 존재하지 않기 때문이다. 똑같은 자기계발서를 읽어도, 같은 가치관을 가지고 인생을 대해도 그 결과와 도착지는 각자 다를 수밖에 없다. 인생에서는 개인의 선택 외에도 수많은 변수가 다양한 역학관계로 작용하기 때문이다. 어떤 시대에 태어났는지, 어떤 부모에게 태어났는지, 어떤 역량과 재능을 타고났는지, 어디서 태어나서 어떤 종류의 사람들을 곁에 두었는지 등등은 내 손 밖에 있는 문제들임에도 불구하고 인생에 상당한 영향을 준다. 이런 점에서 인생을 다른 게임이 아닌 포커에 비유하는 것은 꽤 적절하다고 할 수 있다. 체스나 장기같이 개인의 선택과 실력만이 게임의 승패에 기여하는 게임들과는 다르게, 포커의 경우 플레이어의 심리전 실력도 중요하지만 무작위로 받는 카드의 패, 즉 외적인 요소인 '운' 역시 중요하기 때문이다. 포커의 규칙을 안다고 해서 당장 그 판에서 무조건 승리한다는 보장은 없다. 심지어 그 판에 규칙을 전혀 모르는 사람들만 있더라도 말이다. 하지만 포커 게임, 즉 인생의 결정을 여러 번 반복한다면, 규칙을 잘 숙지하고 있는 사람이 그렇지 않은 사람보다 승률이 압도적으로 높아질 것이다. 따라서, 우리는 인생의 '규칙'을 이야기할 때 모든 개인에게 확실한 성과를 보장하기보다 개개인의 잠재력을 최대로 끌어내고 원하는 바를 이룰 수 있는 확률, 즉 '승률'을 높여 주는 수칙으로 생각해야 한다. 이렇게 게임의 규칙을 알고 그 규칙에 따라 인생의 중요한 선택들을 한다면, 그렇지 않았을 때보다 설정한 목표를 달성할 가능성이 훨씬 높을 것이다.

현실에서 이렇게 설정된 목표를 무서울 정도로 잘 달성하는 집단이 있다. 바로 유수 투자은행들과 대형 사모펀드들, 즉 금융 '제도권'이다. 골드만삭스Goldman Sachs, 모건스탠리Morgan Stanley, JP 모건JP Morgan 같은 대형 투자은행들과 KKR, 칼라일 같은 사모펀드들은 미디어에서 '자본주의의 끝판왕', 혹은 '악역'으로까지 분류된다. 이유는 간단하다. 이들이 돈을 너무나도, 무지막지하게 많이, 그리고 잘 벌기 때문이다. 열심히 공부하고 연구해도 큰 돈을 잃거나 만족스럽지 못한 수익률을 거두는 개인 투자자들과 달리 이들은 매년 수 조원대의 수익을 낸다. 그것도 꾸준하고 아주 안정적이게 말이다. 인생이 그렇듯 시장 역시 예측불허인 것들투성이다. 아마 적은 금액이라도 주식이나 암호화폐 등에 투자해본 경험이 있다면 이 점에 대해서 동의할 것이다. 가령, 최근의 코로나바이러스 사태는 그 누구도 예측할 수 없었다. 하지만 이런 상황에서도 투자은행들과 펀드들은 눈 하나 깜짝하지 않고 역대급의 수익을 냈다. 거의 시장의 영향을 받지 않았다고 생각이 들 정도로 말이다. 이들은 마치 언제나 승리하는 것 같아 보인다. 도대체 이게 어떻게 가능할까?

혹자는 2008년의 금융위기를 예로 들며 이들이 시스템을 악용하기 때문에 이렇게 높은 수익을 낼 수 있는 것이라고 주장할지도 모른다. 물론 운용 자본의 규모가 큰 만큼 이들이 '시스템'에 미치는 영향력은 어마무시하며, 이에 따라서 이들이 게임의 규칙을 정립한다는 점도 완전히 무시할 수는 없다. 하지만 이들을 단순히 시스템을 악용해 쉽게 앉아서 돈을 버는 '도둑'으로 치부해 버리기에는 수익이라는 목적을 추구하고 접근하는 이들의 방식이 너무나도 체계적이고 과학적이다. 나는 글로벌 투자은행인 BNP파리바BNP Paribas와 모건스탠리, 그리고 수백 조가 넘는 자산을 운용하는 싱가포르 국부(사모)펀드인 GIC에서 커리어를 쌓으며 최상위권 금융기관들의 '생각 프레임워크'를 바로 옆에서 보며 배웠다. 실무에서 쓰이는 분석과 투자 심사 과정은 조직별로 어느 정도 차이가 있었지만, 이를 관통하는 과학적인 논리와 사고방식은 거의 동일했다. 수천억 혹은 수십조의 거래를 반복적으로 진행하다 보면 처음에는 복잡해 보이던 절차들이 익숙해지게 되고, 더 나아가 내 생각의 절차도 이와 유사해지게 된다. 그래서 재미있게도 같이 일했던 동료들, 그리고 현재 일하고 있는 동료들이나 상사들과 일상적인 고민에 대해 이야기해 보면 인생의 문제나 어려움, 혹은 미래에 대한 접근 방법이 거의 같음을 느낀다. 수십, 수백억의 연봉을 받는 상사들과 생각을 공유하며, 이제는 나도 많이 닮아가는 그들의 생각 프레임워크가 그들의 성공에 크게 기여했다는 생각을 가지게 되었다.

따라서 이 책에서는 엘리트 금융기관에서 수익을 내는 프레임워크를 통해서 우리가 인생에서 원하는 바를 달성할 수 있는 '규칙'들을 소개하려고 한다. 처음으로 펀드를 조성하고, 수익률과 투자자산을 선정하고, 기업을 조사/실사하고, 투자를 진행하고, 자산 간 시너지를 내고, 출구 전략을 검토하는 시작부터 끝까지 전 과정에 쓰이는 금융의 사고방식을 알아볼 것이다. 아무래도 금융과 가깝지 않은 독자라면 익숙하지 않은 용어들의 등장에 조금 걱정이 될 수도 있겠다. 하지만 금융이라는 테마는 각 규칙을 설명하기 위한 하나의 배경에 불과하므로 이 책에서는 전문용어의 사용을 최소화하고, 부득이 사용했더라도 그 개념을 일반인의 눈높이에서 설명했으니 걱정하지 않아도 된다.

금융권에서는 채권을 발행하거나, 주식을 대량 매수/매도하거나, 다른 회사를 인수하는 M&A^Mergers and acquisitions(인수/합병) 등의 거래를 '딜deal'이라고 한다. 따라서 이들이 어떻게 거래를 성사시키고 수익을 올리는지는 '딜링dealing'이라는 단어로 표현할 수 있겠다. 작가로서 나의 바람은 여러분이 이 책에서 이야기하는 규칙들을 실제로 적용해서 라이프 딜링Life Dealing을 잘 하게 되는 것이다. 실제로 나 또한 이런 체계적인 접근을 통해 지금까지 비교적 만족스러운 성취와 결과물을 냈다. 이런 개인적인 경험들도 각 장의 곳곳에 넣었으니 독자 여러분이 공감하며 읽을 수 있으면 좋겠다.

자, 그러면 인생의 목표를 설정할 때 적용할 수 있는 첫 번째 규칙인 수치화의 법칙, 그리고 리버스 엔지니어링에 대해 알아보자. 목표 성취를 위한 여러분의 소중한 여정을 이렇게 함께할 수 있다는 사실에 감사하며 여는 글을 마친다.

목표 설정

규칙 1: "내가 원하는 인생의 모습을
수치화하라"

목표 수익을 설정과
리버스 엔지니어링

목표를 보는
시각부터 바꿔라

.
.

이 책에서 금융의 세계를 통해 인생의 목표 달성 규칙들을 알아볼 만큼, 아주 간단하게 투자은행과 사모펀드의 세계에 대해서 설명하도록 하겠다. 먼저 투자은행Investment Bank에 대해 이야기해 보자. 금융에 관심이 없는 독자라도 골드만삭스나 모건스탠리, 혹은 JP모건 같은 이름은 한 번쯤 들어 보았을 것이다. 그러나 이들이 정확히 어떤 일을 하는지 이해하고 있는 사람은 많지 않은데, 그 이유는 이런 투자은행들이 우리 같은 일반 고객들을 상대로 영업을 하는 것이 아니라, 초고액 자산가들이나 기업을 대상으로 영업을 하기 때문이다. 투자은행은 이런 기업들에게 돈을 빌려주거나, 채권이나 주식을 발행해 자본을 조달하는 과정을 중개하거나, 다른 기업을 인수할 때 자문을 하는 등 서비스를 제공해서 돈을 번다.

> 투자은행은 기업들을 대상으로 자본을 조달하는 과정을 중개하거나, 다른
> 회사를 인수할 때 자문 서비스를 제공한다.

투자은행의 다른 핵심 고객 중 하나는 사모펀드인데, 사모펀드Private Equity Fund란 공모펀드Public Fund와 대비되는 개념으로, 공공 투자자들에게서 돈을 모아서 만드는 펀드가 아니라 소수의 출자자들을 통해 돈을 모아서 만드는 펀드이다. 사모펀드들은 이 투자금을 모아 다른 회사의 지분을 사들여, 그 회사의 운영에 직·간접적으로 참여하며 가치를 올린 뒤 더 높은 가격에 회사를 되파는 식으로 돈을 번다. 이렇게 사모펀드들이 회사를 사거나 팔 때, 그 대상이 되는 회사의 가치를 측정하고 그 인수 혹은 매각 과정을 중개해 줄 누군가가 필요한데, 투자은행이 그 역할을 한다. 따라서 투자은행과 사모펀드는 서로 떼려야 뗄 수 없는 관계라고 할 수 있겠다.

나는 'BNP파리바'라는 프랑스계 투자은행의 런던 지사에서 첫 커리어를 시작했다. 기업의 인수/합병인 M&A와 기업금융 Corporate Finance과 관련된 업무를 하다가, 대형 미국계 투자은행인 모건스탠리로 이직해 유럽의 인프라 및 에너지 업계에서 전문성

을 키웠다. 이 과정에서 여러 사모펀드들과 가까이 일하며 그들이 어떻게 펀드를 조성하고 그 펀드 내에서 자본을 투자하는지 엿볼 수 있는 기회가 많았다. 그런 이해를 바탕으로 싱가포르의 국부펀드Sovereign Wealth Fund, SWF인 GIC로 이직해 직접 투자결정에 참여하기 시작했다. 일반적으로 사모펀드의 투자 '사이클cycle'은 다음과 같다.

그림 1.1 사모펀드 투자 사이클

1	펀드의 목표 수익률 설정
2	목표 수익률을 달성할 수 있는 투자자산 선정
3	투자자들의 출자를 통해 펀드 조성
4	투자자산에 대한 실사 진행
5	투자 시 자산의 출구 전략 탐구
6	지분 투자
7	투자 후 자산에 대한 사후 관리
8	회사의 매각 혹은 상장을 통한 수익 실현

이 8단계의 프레임워크는 단순하지만, 우리가 일반적으로 생각하는 목표를 달성해가는 과정과 굉장히 유사하다. 목표를 설정

하고, 어떻게 목표를 달성할 수 있는지를 생각하고, 그 과정에서 정보를 수집하고, 실패했을 때 추후 계획을 생각하고, 목표를 달성하는 과정에서 자신의 성과를 철저히 모니터링 하는 것이다. 그러나 이런 단계를 실제로 하나씩 의식적으로, 혹은 습관적으로 밟아가며 목표를 접근하는 사람은 거의 존재하지 않는다. 대부분의 사람들은 목표를 설정하고 나서도 '열심히 해 보자!' 정도의 모호하고 방향성 없는 계획을 세우고, 당장 눈 앞에 들어오는 몇 가지의 노력을 하다가 방황하고 목표를 잊어버리고는 한다. 몇 주, 혹은 몇 달 이후 다시 비슷한 생각으로 도전을 시작하지만, 프레임워크 시작부터 잘못되었으니 결국 크게 다르지 않은 결과로 이어지는 경우가 많다. 여기서 말하는 '시작'이란, 열심히 해 보자고 마음을 먹은 때가 아니라 그보다도 이전의 지점을 의미한다. 즉, 목표를 설정하는 단계이다. '목표가 목표지, 그걸 설정하는 과정에서 딱히 잘못할 게 있나? 뭘 원하는지 정하면 되는 거 아니야?'라고 생각할 수 있지만, 그렇지 않다. 금융의 세계에서 '목표'에 접근하는 방식을 보면 아마 여러분이 지금 생각하는 것보다 훨씬 체계적이고 과학적이라는 느낌을 받을 것이다.

투자은행과 사모펀드의 투자 프레임워크는 우리가 인생에서 목표를 설정하고 달성하기까지의 과정과 상당히 유사하다.

목표에도
올바른 형태가 있다

·
·

'꿈'이나 '목표'라는 단어가 꽤나 거창하게
들려서 그런지 몰라도 많은 사람들이 이를 어떻게 설정해야 하
는지에 대해서 꽤나 다양한 견해를 가지고 있다. 초등학생 때 갔
던 인성수련회에서 여러 활동을 하고 난 다음 모두를 강당에 모
아 놓고 자신의 꿈을 써 보라고 했던 기억이 난다. 다들 축구선수
(2002년 월드컵의 영향이었다), 대통령, 연예인, 의사 같은 꿈을 써
냈었다. 나는 당시에 식물을 꽤나 좋아했는데, 그래서 식물학자
라고 꿈을 쓰려고 하다가 돈을 잘 벌지 못할 것 같아서 식물을 활
용해서 약을 만들고 돈도 많이 버는 한의사라고 적었던 기억이
난다. 꽤나 어린 나이였음에도 불구하고 욕심이 많아서 현실적인
생각들을 배제하지 않았던 것 같다. 그렇게 모두가 작은 쪽지에

꿈을 적고 난 뒤, 강사가 앞으로 나와 만약 그 쪽지에 어떤 직업이 적혀 있다면 꿈에 대해서 다시 생각해 봐야 한다는 말을 했다. 그 강사는 직업이 꿈이 되어서는 안 되며, 더 와 닿고 눈에 보이는 꿈을 설정하기 위해서는 내가 뛰어넘고 싶은 사람을 설정해야 한다고 우리를 설득했다. 그래야만 그 사람의 삶을 탐구해 그보다 나은 삶을 살 수 있는 의지를 가질 수 있다고 했다. 초등학생들이 당장 생각해 보기에는 너무나도 무거운 주제였지만 '목표'라는 주제를 이야기할 때 아직도 이때의 생각이 종종 나고는 한다. 이 이야기를 듣고 나는 당시 내가 알고 있었던 가장 돈이 많고 성공한 사람이었던 빌 게이츠의 이름을 적었다. 그리고 당당히 발표하겠다고 손을 들고 앞으로 나가 '나는 빌 게이츠를 뛰어넘는 사람이 될 것이다'라고 전교생 앞에서 패기 넘치게 말했던 기억이 난다.

꿈에 대한 강사의 말은 그 당시엔 꽤 그럴듯하게 들렸지만, 성인이 된 나는 그 말에 대해서 절반 정도만 동의한다. 먼저 동의하는 부분은 목표를 설정할 때는 최대한 구체적이고, 현실적으로 그 목표를 어떻게 달성할 수 있는지를 생각해 볼 수 있는 방향이 되어야 한다는 점이다. 반대로, 동의하지 않는 부분은 굳이 '타인'을 대상으로 설정하고 비교해야 한다고 말했던 점이다. 앞서 말한 대로 그 목표를 달성하기 위한 전략을 짤 수만 있다면 꼭 다른 무언가 혹은 누군가를 하나의 비교 대상으로 지정할 필요는 없다. 이런 맥락에서 많은 사람들이 직업이나 가치관을 목표로 설정하는 실수를 한다. 가령, '나는 의사가 되는 것이 꿈이예요', 혹은 '남에게 베푸는 삶을 살고 싶어요', '남에게 존경받는 사람이 되고 싶어요' 같은 목표를 설정하는 것이다. 전자의 경우, '인생'을 논하기에 직업이 인생에서 너무 작은 부분만 차지한다는 문제가 있고, 후자의 경우 인생을 관통하는 주제인 것은 맞지만 구체적으로 이 목표를 어떻게 달성할 수 있는지 생각하기가 굉장히 모호하고 어렵다는 문제가 있다. 그런 의미로 '행복하게 살고 싶어요'는 그 자체만으로는 최악의 목표인 셈이다. 이 행복이 당최 무엇을 의미하는지, 그것을 어떻게 달성할 것인지에 대해서 생각할 수 있는 방법이 전혀 없다. '나는 그냥 행복하기만 하면 돼'라는 마인드로 그럭저럭 살면 안 된다는 것이다.

물론 아무런 목표가 없는 것 보다는 훨씬 낫겠지만, 이는 마치 거액을 투자하는 사모펀드가 '저희는 돈이 잘 되는 업계에 투자할 거예요' 혹은 '엄청나게 큰 펀드가 될 거예요'라는 식으로 목표를 설정하는 것과 같다. 당신이라면 이런 식으로 목표를 설정한 펀드에 투자하고 싶겠는가? 아마 이 정도의 정보만 보고 자신의 돈을 덜컥 맡길 투자자는 없을 것이다. 모호한 목표를 가지고 있는 펀드에는 비전이 없다며 투자하지 않을 거라고 생각한다면 우리 자신의 인생도 비슷한 식으로 접근하면 안 되지 않을까? 또, 당장 눈에 보이는 목표를 설정하겠답시고 주위에 있는 '잘 나가는' 사람들을 무작정 따라하는 것도 문제가 있다. 앞서 말했듯 사람마다 가지고 있는 역량과 성향이 다를 뿐만 아니라, 그 사람에게 맞는 삶의 방식과 흐름이 있다. 그리고 무엇보다 그 '멘토'가 되는 사람이 항상 옳은 결정을 한다는 보장도 없지 않은가? 배울 점이 있는 누군가를 통해 자신을 발전시키는 것은 좋은 전략이지만 유일한 전략이 되어서는 절대 안 된다.

모호하거나 인생의 일부분만을 차지하는 목표는 좋지 않다.

그렇다면 최대한 구체적이고, 어떻게 추구할 수 있는지 생각해 볼 수 있으며, 그와 동시에 인생의 연속성을 고려하여 설정할 수 있는 형태의 목표란 무엇일까?

바로 하나의 '라이프스타일'의 모습을 하고 있는 목표이다. 우리는 지금 인생에서의 원대한 최종 목표를 이야기하고 있는데, 잘 생각해 보면 인생이란 라이프스타일이 연속적으로 변하는 것의 집합체이다. 어렸을 때는 친구들과 놀고, 학교에 다니는 것이 라이프스타일이고, 성인이 되고 나서는 아르바이트도 하고, 취업 준비를 하는 것이고, 결혼하고 자녀를 가지고 나서는 각자 가정에서 맡은 역할에 충실하는 것이 하나의 라이프스타일의 예라고 할 수 있겠다. 그리고 이 라이프스타일은 일반적으로 나이를 먹으며 자연스럽게 변한다. 각 나이대에서만 허락되는 환경들이 있고, 보편적으로 가질 수 있는 능력이 있으며, 관심을 가지게 되는 주제들이 있기 때문이다.

라이프스타일은 계속해서 변하지만, 결국 우리의 의지와는 무관하게 나이가 들며 더 이상 크게 달라지지 않는 시점이 올 수밖에 없다. 어느 정도 늙으면 사람은 더 이상 변하지 않는다거나 변할 수 없다는 이야기를 하는 것이 아니다. 원한다면 언제든지 새로운 도전을 하고 라이프스타일에 변화를 줄 수 있다. TV를 보면 60대, 70대에 마라톤 완주를 하거나 세계여행을 하는 사람들이 종종 나오지 않는가? 하지만 사람마다 결국 각자 본인이 원해서, 혹은 현실적 이유 때문에 도달하게 되는 하나의 종착점, 즉 최종 라이프스타일이 있고, 이는 모두 다를 수 밖에 없다. 가령, 어떤 사람은 가족끼리 해외여행을 다니면서 사는 게 본인이 가장 원하는 라이프스타일이어서 죽을 때까지 그렇게 살고 싶어 할 수 있고, 어떤 사람은 작은 카페를 운영하는 것이 본인의 꿈이어서 저축해둔 돈이 많음에도 불구하고 계속해서 부업을 할 수도 있다. 반면 누군가는 저 모든 것을 원하지만 해외여행을 가거나 카페를 개업할 정도로 돈을 모아 놓지 않았거나, 돈이 있더라도 건강이 심하게 안 좋아서 그렇게 할 수 없는 경우 저런 라이프스타일을 영위하지 못하고 별다른 활동 없이 살 수 있다. 그것 또한 이상적이지는 않지만 하나의 종착점이라고 할 수 있다.

우리는 보통 성인이 되고 나서, 취직에 성공해 돈벌이를 하게 되었을 때 그래도 어느 정도 '자리를 잡았다'고 표현한다. 자리를 잡은 이 단계가 그 이후의 인생을 준비하기 위해 적절한 위치를 찾았다는 의미라면, 정말 더 이상 만족스러울 수 없고 준비할 것이 없는 그런 위치를 찾는 것이 완전하게 '자리를 잡은' 것이라고 할 수 있겠다. 이렇게 사람마다 어떤 형태로든 가지게 되는 최종의 라이프스타일이 어떤 모습이었으면 하는지를 생각하며 목표를 설정해야 한다.

'종착점', 즉 '최종의 라이프스타일'이 이상적인 인생의 목표이다.

종착점 탐구를 위한
질문들

.
.

     이렇게 라이프스타일이 더 이상 변하지 않는 시점을 편의상 '종착점final destination'이라고 칭하자. 이 종착점의 모습을 그리기 위해서는 여러 가지를 생각해 보아야 한다. 라이프스타일, 즉 생활 양식에는 사회 관계, 소비 생활, 취미 생활 등등이 모두 포함되기 때문에 최대한 구체적으로 그리기 위해서는 많은 상상력이 필요하다. 이 때 처음 브레인스토밍에 도움이 될 수 있는 몇 가지 질문을 소개한다. 아래 질문들을 읽어보며 잠시 스스로 답해 볼 시간을 가지도록 하자. 우리의 목표는 최대한 구체적이고 뚜렷하게 내 미래의 모습을 그리는 것이다.

     '저는 아직 인생의 종착점 같은 것에 대해서 생각해 본 적이 없는데요', 혹은 '조금 더 단기적인 목표를 설정하면 안 되나요?'

그림 1.2 종착점 탐구를 위한 질문 예시

종착점
탐구를 위한
질문 예시

결혼을 할 생각이 있는가?
자녀를 가질 생각이 있는가? 있다면 몇 명을 생각하고 있는가?
어떤 방식으로 자녀를 교육시키고 싶은가?
어디에 있는 어떤 집에서 살고 싶은가?
포기할 수 없는 사치생활이 있는가? (차, 시계, 장신구, 의류 등)
어떤 가격대의 식당에서 외식을 얼마나 자주 하고 싶은가?
금전적 자유를 얻은 후에도 자아실현을 위해 일을 하고 싶은가?
주기적으로 여행을 가고 싶은가?

라는 생각이 들지도 모르겠다. 물론 위의 질문들 중 당장은 확실하게 답을 하기 어려운 것들도 있을 것이다. 가령 이 책을 20대 초반에 읽고 있다면, 결혼을 할지, 자녀를 가질지 등등에 대해서 아직은 생각해 보지 않았을 수 있다. 하지만 그렇다고 하더라도 이런 질문들에 대해서 한 번쯤은 진지하게 고려해 보는 기회를 가져야 한다. 스스로에게 던진 질문에 답해봄으로써, 자신이 꼭 목표로 하는 것들이 아니더라도 내가 인생에서 원하는 것들을 통해 내가 무엇을 좋아하는지, 어떤 것들에서 행복을 느끼고 무엇

을 바라보며 살아가는지 스스로 마주할 수 있기 때문이다.

사람은 각자 다른 욕망을 가지고 있다. 앞서 '나는 행복하고 싶어'라는 꿈을 가지고 있는 사람들에 대해서 잠시 이야기했는데, 행복하기 위해서는 본인의 욕망이 충족되어야 한다. 심지어 그 욕망이 욕망을 가지지 않는 것이라고 해도 말이다. 그러기 위해서는 스스로 가지고 있는 욕망을 있는 그대로 바라보고 인정해야 한다. 당신은 부를 원하는가? 명예를 원하는가? 혹은 그 둘이 없어도 좋으니 무언가 '의미'를 추구하는 사람인가? 단순히 '나는 내향적인 사람이야' 혹은 '나는 친구들과 노는 게 제일 좋은 사람이야'라고만 알고 있었다면, 나에 대한 다양한 질문을 통해 '나는 좋아하는 소설 책들을 모으는 걸 좋아해', '나는 LP를 수집하는 것이 좋아', '나는 나와 친한 친구들과 해외여행을 다니고 싶어', '나는 스카이다이빙 같은 레저 스포츠를 배우고 도전하는 게 좋아'처럼 스스로에 대해서 더 구체적으로 탐구할 수 있다.

사실은 여기서 한 단계 더 구체적으로 다가갈 수 있다. 지금 내가 가지고 있는 가장 행복했던 기억이 포르투갈에 여행을 갔던 것이라고 하자. 하지만 과연 내가 40대, 50대, 60대, 70대, 혹은 그 이후에도 이렇게 다양한 나라들을 돌아다니고 싶을까? 만약 젊었을 때 여행을 최대한 많이 다니고 싶다면, 나이가 먹고 그만큼 체력이 되지 않을 때에는 어떤 취미를 가지고 싶은가? 어쩌면 세계의 여러 나라를 다녀 본 경험을 바탕으로 《먼나라 이웃나라》같이 각 나라의 문화와 역사를 소개하는 책을 내고 싶을 수도 있다. 아니면 여행은 다닐 만큼 다녔으니 오히려 전혀 다른 취미를 찾게 될 수도 있다. 본인이 어떤 스타일의 사람인지에 대해서 가능한 한 자세하게 탐구를 해 보자.

다시 말하지만 여기서의 키워드는 바로 '구체성'이다. 구체적인 질문들을 통해서 우리가 이루고자 하는 바는 인생의 종착점에서의 라이프스타일을 최대한 상세하고 뚜렷하게 그리는 것이기 때문이다. 따라서 위의 질문에 대해서도 단순히 '예', 혹은 '아니오'가 아니라 서술형으로 답을 하는 것이 좋다. 결혼을 할 생각이 있다면 어떤 식으로 하고 싶은가? 규모가 작은 결혼식, 혹은 큰 결혼식? 장소는 조용한 곳이 좋은가, 아니면 최대한 화려한 곳이 좋은가? 이런 질문들을 통해 당신이 사회적 시선을 중요하게 생각하는지, 혹은 그렇지 않은지에 대해서도 생각해 볼 수 있다. 정답은 없다! 타인의 인정을 받고 우러러보는 시선을 받는 데에서 행복감을 느낀다면 억지로 이를 무시하는 것이 오히려 불행의 지름길일 것이다. 신혼여행은 소소하게 하는 것이 좋은가, 아니면 인생에 단 한 번인만큼 돈을 많이 쓰더라도 몰디브 같은 꿈의 장소로 가고 싶은가? 어떤 집에서 살고 싶냐는 질문에 대해서도, 단순히 아파트, 단독주택, 혹은 타운하우스가 아니라 어떤 지역에 살고 싶은지, 어떤 시설을 갖춘 집이었으면 좋겠는지에 대해서도 생각해 보는 것이 좋다. 고가의 차나 시계,

가방 등에 관심이 있다면 구체적으로 어떤 모델이 마음에 드는지, 외식을 좋아하는 미식가라면 어떤 메뉴를 가장 좋아하고 일주일에 몇 번 정도는 외식을 하고 싶은지 생각을 해 보자. 시간이 지나면서 이런 생각들이 당연히 변할 수 있겠지만, '내가 나중에 뭘 원할지 어떻게 알아'라는 생각이라면 사실 목표를 설정하는 것 자체가 불가능하다. 내가 그 목표에 도달했을 때 그것을 원할지 원하지 않는지 모르는데 목표라는 게 대체 무슨 의미가 있겠는가? 따라서 우리는 회의감을 가지고 이 과정을 바라보기보다는, 목표 설정을 위해 나 자신에 대해서 탐구하고 인생에서 수많은 결정을 할 때 필요한 나침반을 찾는 과정으로 생각하도록 하자.

종착점 탐구를 통해 스스로의 성향과 욕망에 대해 더 잘 알 수 있다.

브레인스토밍을 할 때 자주 활용되는 프레임워크로는 우리도 잘 알고 있는 육하원칙이 있다. 바로 '누가Who', '언제When', '어디서Where', '무엇을What', '어떻게How', '왜Why'를 고려하며 아이디어를 생각하는 것이다. 질문에 대한 답들을 생각해 볼 때 이 모든 요소들이 고려되어야 한다. '누가'의 경우 당연히 내가 주체가 되겠지만, 결혼을 하고 싶거나, 나중에 부모님을 모시고 살고 싶거나 하는 경우에는 제3의 등장인물들이 있을 것이고, 당연히 이들을 그림에 넣고 미래를 그려야 한다. 추후에 이야기할 이유 때문에 '언제'도 굉장히 중요한데, 구체적으로 몇 살 까지는 아니더라도 나이대나, '얼마의 금액을 모았을 때' 정도로 대략적인 시간대를 설정해 놓는 것이 좋다. 집에 대한 문제나 여행에 대해서는 '어디서'도 굉장히 중요할 것이고, 이 때 앞서 말했듯 단순히 '예' 혹은 '아니오'로 답하는 게 아니라 무엇을, 어떻게 할지에 대해서 생각해 봐야 한다.

이 모든 것을 아우르는 '왜'라는 질문도 굉장히 중요하다. 나는 중학교 때부터 사업을 하고 싶다는 생각을 가지고 있었는데, '사업을 해서 크게 성공할거야'라는 생각이었지만, 대략적인 방향도 설정되지 않은 상태였다. 여러분 주위에도 이런 사람들이 많이 있을 것이다. 내 경우 당시에는 구체적인 사업 아이템과 방안을 생각하기에는 조금 이른 나이였지만, 지금 생각해 보면 사업을 하려고 했던 이유는 '나의 것'을 할 수 있어서, '사회적 인지도를 쌓을 수 있어서' 그리고 '큰 돈을 벌 수 있어서'였다. 이 부분이 나의 '왜'라고 할 수 있다. 하지만 옥스퍼드 대학에 들어오고 나서, 주위에서 소위 말하는 엘리트 커리어를 쌓으려 노력하는 친구들을 보며 '스타트업을 하려면 내가 가지고 있는 학벌이라는 이점을 포기하고 맨 땅에 헤딩을 해야 하는데, 이게 과연 맞을까?'라는 생각이 들기 시작했다. 그러면서 나는 내가 사업을 왜

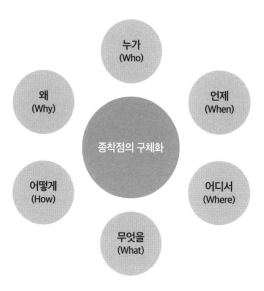

그림 1.3 육하원칙을 통한 종착점 구체화

하고 싶은지에 대해서 다시 생각을 해 보게 되었다. '나는 어떤 사람인가?'라는 질문을 하며 나 자신을 한 단계 더 심층적으로 들여다본 것이다. 정말로 '사업'을 하고 싶은 것인가, 아니면 '사회적으로 알려진, 부유한 사람이 되고 싶은가', 즉 사업이라는 수단을 통해 얻을 수 있는 목적만 원하는 것인가에 대한 고민을 처음으로 해 본 것이다.

이 질문은 굉장히 중요하다. 이 두 가지 욕망에는, 미묘하지만 아주 큰 차이가 있기 때문이다. 나에게 전자가 중요하다면 사업을 해야 행복할 것이지만, 후자가 중요하다면 꼭 사업이 아니더라도 이를 달성할 수 있는 방법은 너무나도 많을 것이다. 사실 개인의 진로는 예체능 같이 본인이 하나의 브랜드가 되는 게 아닌 이상 취업과 창업으로 갈린다고 할 수 있다. 어찌 보면 나는 막연하게 '어느 회사에 들어가기보다는 크고 멋진 내 사업을 해야지!' 정도의 생각으로 학생 때 사업가가 되겠다고 떠들고 다녔던 것 같다. 내가 이런 일을 왜 하고 싶은지에 대해서 심층적으로 생각해 보지 않고 단지 사회에서 정해 놓은 선택지 중 가장 느낌이 좋았다는 이유로 목표를 설정한 것이다. 하지만 위의 질문을 스스로에게 해 보니 답이 명확하게 나왔다. 나는 사람들에게 알려지고 싶고, 부유하고 싶고, 무언가 의미를 가지는 일을 하고 싶기 때문에 사업을 하고 싶었던 것이지 꼭 그 방법이 사업이어야 할 필요는 없는 사람이었던 것이다. 결국 나는 처음부터 다시 시작하는 리스크를 지고 싶지 않아 내가 개인적으로 흥미가 있던 금융 업계에서 커리어를 쌓기로 결정했다. 훌륭하고 성공적인 금융인이 되어 나의 펀드를 운영한다면 앞서 말한 '나의 것'을 하는 것, '사회적 인지도를 쌓는 것', 그리고 '큰 돈을 벌 수 있는 것' 모두를 충족시킬 수 있기 때문이다. 또, 꼭 펀드가 아니더라도 상대적으로 경제적 자유를 쉽게 달성할 수 있는 금융업계에서의 커리어를 통해 금전적인 여유가 생기면 '맨 땅에 헤딩'을 하더라도 나중에 창업을 할 때 부담요소가 훨씬 덜 하기 때문이다. 이렇게 기존에 명확하게 정의되지 않았던 꿈을 구체화하다 보면 조금 더 체계적이고 과학적으로 나 자신을 탐구할 수 있다.

육하원칙을 통해 종착점 탐구를 더 구체적으로 할 수 있다.

목표를 시각화하고
수치화하는 방법

목표를 구체적으로 설정하고 나면 그 다음으로 해야 할 일은 바로 이 목표를 '시각화Visualization'하고 '수치화Quantification'하는 것이다. 아무리 종착점이 뚜렷하다고 해도 여기까지 도달하기 위해 어떻게 해야 하는지를 생각하려면 당장 우리가 사고하기 쉬운 언어로 이를 표현할 수 있어야 하기 때문이다. 우리가 A에서 B까지 간다고 할 때, B라는 지점은 마치 그래프에 (2,3)으로 X, Y축에 정해진 하나의 점처럼 명확하지 않다. 사람의 라이프스타일이란 굉장히 다양한 요소로 이루어져 있고, 그 안에서도 수많은 인과관계가 얽혀 있기 때문이다.

가령, 어떤 사람이 얼마짜리 집에서 살 수 있는 이유는 어느 정도의 연봉을 받기 때문이고, 어떤 사람이 예술이라는 취미를 가지고 있는 이유는 그 사람이 예술에 대한 조예가 깊어 예술을 깊이 있게 소비할 수 있기 때문인데 이런 조예는 과거에 했던 미술 공부 때문일 수 있다. 따라서 우리가 여러 질문들을 통해 막연하게 상상만 했던 B라는 지점을 아무런 도움없이 막연히 시각화하기에는 어려움이 있다. 하지만 다행히 우리에게는 사회적으로 통용되고, 따라서 과거와 현대를 관통하는 한 가지 기준이 있다. 바로 '돈'이다. 우리는 종착점의 라이프스타일에 도달하는 비용을 돈으로 계산한 뒤 그 비용을 어떻게 언제까지 마련할지에 대해서 고민해 볼 수 있다.

'목표'를 돈으로 생각하다니! 불편함이 느껴지는 독자들도 있을 것이다. 하지만 사실 생각해 보면 이 일련의 과정들은 사람들이 은퇴 설계를 하는 과정과 크게 다르지 않다. 오히려 어떻게 보면 누구나 해야 할 이상적인 은퇴 설계라고 할 수 있겠다. 본인의 욕망을 이해하고, 이를 현실적으로 계산해 어떻게 하면 행복한 말년을 누릴 수 있는지 생각해 보는 과정이니 말이다. 우리는 좋든 싫든 무엇을 하더라도 돈이 드는 세상에서 살고 있다. 따라서 목표를 수치화하는 것은 그렇게 이상하거나 새로운 개념이 아니다. 예를 들어, 어떤 집에서 살고 싶거나 어떤 차를 타고 싶다면 그 집과 차의 가격을 찾아보면 되는 것이다. 석사 공부를 하고 싶다면 석사 기간 동안의 학비와 생활비를 계산해 보고, 그 비용을 어떻게 마련할지 고민해 보면 된다. 어떤 업계로 이직을 해야 그

비용을 마련할 수 있는가? 그 업계로 이직을 하려면 어떤 공부를 해야 하고 그 공부에는 얼마나 비용과 시간이 들어가는가? 요즈음은 인터넷을 통해 정보를 쉽게 얻을 수 있으므로 이런 질문들에 답을 하기는 그렇게 어렵지 않을 것이다. 결혼식 비용은 얼마가 드는지, 해외 여행에는 어느 정도의 경비가 드는지, 어떤 문화생활을 하기 위해서 비용이 어느 정도 드는지는 조금만 검색해 보아도 알 수 있다. 이미 독자들 중에서는 드림 카, 혹은 꼭 사고싶은 명품 가방을 가지고 있는 사람들이 어느 정도의 생활수준을 영위하고 있는 지 검색해 본 사람도 있을 것이다. '포르쉐 정도 몰려면 연봉이 얼마나 되어야 하나요?', '샤넬 가방을 무리하지 않고 사려면 연봉이 어느 정도 되어야 하나요?' 같은 글은 인터넷에 흔하다. 이미 이런 계산을 우리가 선택적으로 하고 있다는 증거이다. 이런 식의 사고방식을 내가 생각한 종착점의 요소들에 하나씩 적용해 보는 것이다. 머릿속으로만 정리하는 것에는 한계가 있으므로, 마치 여행 경비를 계산하듯이 엑셀을 사용하거나 노트에 적어가며 생각해보는 것을 추천한다.

종착점에 도달해서 영위하고 싶은 라이프스타일을 돈으로 환산해서 생각해볼 수 있다. 이를 '목표의 수치화'라고 한다.

가령 나의 경우 이런 식으로 여러 가지 희망 지출을 계산해 보니 은퇴 후에 1년에 약 3억 정도의 비용을 쓸 수 있다면 내가 원하는 라이프스타일을 영위할 수 있을 것이라고 생각했다. '3억 정도'라니! 말도 안 되는 금액 아니야?'라고 생각할 수 있지만, 이는 어디까지나 내가 '원하는' 라이프스타일을 바탕으로 계산한 것이기 때문에 높게 설정되었다고 해도 전혀 문제가 없다. '목표를 높게 잡아야 성공한다'는 말도 있지 않은가? 그리고 만약 목표가 너무 높다면 곧 설명할 다음 단계에서 어느 정도 조절을 할 수밖에 없게 될 것이다.

지금은 아주 간단한 예로 설명을 하기 위해, '30대에는 강남에 있는 랜드마크급 아파트에 거주하며 약 2억 정도의 자동차를 타고', '40대 때는 1년에 약 1억 정도를 개인 취미 생활에, 2억 정도를 가족을 위해(취미 생활, 여행, 교육 비용 등등) 사용하고', '50대 때부터는 일을 하지 않고 1년에 약 3억 정도를 취미 생활에 쓸 수 있는' 목표를 설정하겠다. 어떻게 보면 매우 비현실적이고 꿈만 같은 그림이지만, 우리가 흔히 한국에서 최상류층의 인생을 생각할 때 그리는 그림과 비슷한 목표라고 할 수 있다. 따라서 나중에 목표를 재조정하더라도 우선 여기에서 시작해보자.

목표 달성을 위해서는
변수를 알아야 한다

.
.

목표를 이렇게 설정했다면 그 다음부터 해야 할 것은 '리버스 엔지니어링reverse engineering(역공학)'이다. 엔지니어링의 사전적 정의는 '주어진 자원과 과학 기술의 전문지식을 활용하여 경제적으로 용한 유형, 혹은 무형의 재화를 창출하는 것'이다. '리버스'는 무언가를 역순으로 하는 것을 의미하므로 리버스 엔지니어링이란 무언가를 만들어 내는 과정을 거꾸로 들여다보면서 생각하는 것을 의미한다. 즉, 완성된 무언가를 보면서 그 제작 과정을 역으로 도출해 보는 것이다. 이 맥락에서는 최종 목표물, 즉 종착점이 정해져 있으니 그 종착점까지 도달하기 위한 과정들을 역으로 도출해 내는 것을 의미한다.

그림 1.4 엔지니어링(공학)과 리버스 엔지니어링(역공학)

엔지니어링

요건 정의
분석
설계
구현
결과물

리버스 엔지니어링

리버스 엔지니어링Reverse Engineering이란 최종 결과물을 보고 거기까지 도달하기 위한 과정들을 역으로 도출해 내는 것을 의미하는데, 목표 설정과 달성 과정을 계획하는 데 도움이 된다.

앞의 예시로 다시 돌아가 보자. 먼저 30대 때 강남에 있는 랜드마크급 아파트에 거주하고 싶다는 목표가 있다. 가장 단기적인(?) 목표인 만큼 우선 여기에 집중해 보자. 여기서 이 랜드마크급 아파트가 이 때 약 30억 정도 한다고 가정하고, 약 50% 정도의 LTVLoan-to-value(부동산의 가치 중 대출, 즉 빚으로 조달하는 비율)를 적용할 수 있다고 가정하자. 그렇다면 현금 약 15억원을 가지고 있어야 한다는 결론이 나온다(나머지 15억을 대출로 조달하기 때문에 LTV가 절반, 즉 50%인 것이다). 또, 나이도 단순히 '30대'라고 이야기하면 애매하니 중간 지점인 35세를 기준으로 생각해 보자. 남성을 기준으로 27세에 성공적으로 취직을 한다고 생각하면, 8년 정도의 시간동안 15억을 모아야 하는 것이다. 물론 이 기간 동안 생활비 외에도 결혼 자금이나, 부모님의 용돈 등 다른 지출들이 있기 때문에 돈이 더 필요하고, 주택 가격 상승, 물가 상승 등과 같은 변수들에 대해서도 고려해야겠지만, 이런 금액들은 개념 설명을 위해 우선 자세하게 계산하지 않기로 하자. 단순히 15억을 8로 나누면 1.9억이라는 금액이 나온다. 세금을 내고 나서 1.9억이라는 금액, 즉 약 월 1,600만원을 저축하려면 넉넉하게 세전 연봉이 3억에서 3억 5천만원 정도는 넘어야 한다. 그러나 당장 27세에 3억이라는 연봉을 달성할 수 있는 직업은 세상에 정말 몇 가지되지 않는다. 실리콘 밸리에 있는 유수 IT 회사에 개발자로 취직하거나, 대형 로펌에서 두각을 드러내며 고속 승진을 하거나, 헤지 펀드 혹은 사모펀드에 취직하거나, 개인 사업을 크게 성공시키거나, 예/체능의 영역에서 성공해야만 그나마 가능한 액수이다(이런 식으로 다양한 목표 달성 방법에 대한 정보수집 방법에 대해서는 2장에서 설명하도록 하겠다). 하지만 연봉이 8년이라는 기간 동안 성장하지 않는 것은 아닐 테니, 점차적인 연봉의 성장도 고려해야 할 것이다. 약 1억 5천의 연봉에서 시작해 매년 약 10% 정도씩 연소득이 오른다고 가정을 해 보자. 이렇게 하면 35세 기준으로 약 3.2억의 연봉이 되기 때문이다. 매년 3억을 벌 수 있는 건 아니지만 이는 나중에 더 깊이 있게 들여다보도록 하자.

또, 생활비를 최소한으로 사용한다는 가정 하에, 세전 연봉의 40%를 저축한다고 하자(조금 더 자세하게 하려면 세금과 각종 공과금을 포함해야 하겠지만 여기서는 개념상의 이해를 위해 세전 연봉으로 계산을 하도록 하겠다). 여기에 앞서 우리가 자세히 계산하지 않기로 한 여러 가지 지출이 포함된다고 생각하면 되겠다. 그리고 열심히 저축만해서 목표한 금액을 달성하는 것은 매우 어려우므로 투자를 해서 어느 정도의 수익을 매년 올린다고도 가정을 하자.

사실 내 경우에는 이 가정조차도 연봉을 바탕으로 저축하는 것만으로는 희망이 완전히 없다는 계산을 해본 뒤에 할 수 있었다. 하지만 요즘은 재테크를 하지 않겠다고 마음먹은 사람은 거의 없고, 경제에 대해서 잘 모르는 사람도 주식 투자 정도는 한 번씩 해 보는 경우가 많은 시대인 만큼, 이 정도의 가정은 기본으로 하고 넘어가도록 하겠다. 일반적으로 매년 꾸준히 두 자릿수 %의 수익을 내면 재테크를 꽤 잘 하는 사람으로 평가받는다. 따라서 연간 10%의 수익률을 가정하고 계산을 해 보면 아래와 같은 결과가 나온다. 독자 여러분도 시간적 여유가 있다면 노트나 엑셀에 한번 정리해 보는 것을 추천한다. 이런 계산들은 직접 해 보는 것이 가장 이해가 빠르다. 덧셈, 곱셈 정도의 간단한 계산만

나이 (세)	연봉 상승률(%)	연봉(만)	저축 비율 (%)	연간 저축 금액(만)	수익률 (%)	총 자산 (만)
27	10	15,000	40	6,000	10	6,000
28	10	16,500	40	6,600	10	13,860
29	10	18,150	40	7,260	10	23,232
30	10	19,965	40	7,986	10	34,340
31	10	21,962	40	8,785	10	47,437
32	10	24,158	40	9,663	10	62,810
33	10	26,573	40	10,629	10	80,783
34	10	29,231	40	11,692	10	101,723
35	10	32,154	40	12,862	10	126,043

할 줄 알면 위의 표를 쉽게 만들어 볼 수 있다.

단계를 하나씩 설명하자면, 각 나이에서의 연봉은 그 전 년도의 연봉에 상승률을 적용시켜서 계산한다. 즉, 28세의 연봉인 1억 6,500만원은 그 전 년도의 연봉인 1억 5,000만원에 1.1(1+10%)을 곱해서 계산한다. 그렇게 계산된 연봉에 40%의 저축 비율을 곱하면 연간 저축 금액이 나온다. 하지만 우리는 재테크를 통해 돈을 불린다는 가정을 했으므로, 여기에 10%의 수익률을 적용한다. 주의할 점은 그 년도에 저축한 연간 저축 금액에만 이를 적용하는 것이 아니라 지난 년도의 총 자산(투자수익을 포함)에 이 수익률을 적용해야 한다는 것이다. 따라서 28세 때의 총 자산인 1억 3,860만 원은 전년도의 총자산인 6,000만 원에 28세의 연간 저축 금액인 6,600만 원을 더한 1억 2,600만 원에 1.1(1+10%)을 곱한 값이다. 엑셀에서 35세까지 계산한 결과가 앞의 표이다.

이대로 인생이 꽤나 순조롭게만 흘러간다면 35세까지 약 12.6억이라는 자산을 모을 수 있다. 12.6억이라는 금액은 나쁘지 않은(?) 금액이지만 우리가 원하는 목표와는 아직 거리가 조금 있다. 그런데 만약 32세에 결혼을 한다고 생각해 보자. 그리고 결혼 관련 자금으로 약 3억이 든다고 가정을 해 보자. 이는 실제로 내가 대학에 입학하고 나서 부모님에게 손을 빌리지 않고 결혼 비용을 마련하고 싶다고 생각했을 때 목표했던 금액이다. 결혼하기 전까지 3억 이상은 모으고 싶다는 생각이었다. 이 계산을 추가하면 앞의 표가 아래와 같이 변한다.

나이 (세)	연봉 상승률(%)	연봉 (만)	저축 비율 (%)	연간 저축 금액(만)	수익률 (%)	일회성 지출(만)	총 자산 (만)
27	10	15,000	40	6,000	10		6,000
28	10	16,500	40	6,600	10		13,860
29	10	18,150	40	7,260	10		23,232
30	10	19,965	40	7,986	10		34,340
31	10	21,962	40	8,785	10		47,437
32	10	24,158	40	9,663	10	-30,000	32,810
33	10	26,573	40	10,629	10		47,783
34	10	29,231	40	11,692	10		65,423
35	10	32,154	40	12,862	10		86,113

이렇게 되면 8억 6,000만 원 밖에(?) 모으지 못해서 목표하던 15억과는 꽤나 멀어지게 된다. 3억이라는 돈이 35세 때 나가는 것이 아니라 결혼을 하는 32세에 나가게 되므로 그 추가 저축액에 대한 투자수익도 잃게 되기 때문에 3억 이상의 돈이 빠지게 된다. 그런데 여기서 만약 내가 재테크 공부에 소홀하거나, 열심히 공부했다고 하더라도 능력이 좋지 못해 연간 10%가 아니라 5%씩 밖에 수익을 내지 못하면 어떻게 될까? 물론 돈을 잃지 않는 것만으로도 상당히 잘 했다고 볼 수 있지만 5%의 수익률을 적용하면 복리 효과로 인해 저축액이 상당히 낮아지게 된다. 아래의 표를 보자.

나이 (세)	연봉 상승률(%)	연봉 (만)	저축 비율 (%)	연간 저축 금액(만)	수익률 (%)	일회성 지출(만)	총 자산 (만)
27	10	15,000	40	6,000	5		6.000
28	10	16,500	40	6,600	5		13.230
29	10	18,150	40	7,260	5		21.515
30	10	19,965	40	7,986	5		30.976
31	10	21,962	40	8,785	5		41.748
32	10	24,158	40	9,663	5	-30,000	23.982
33	10	26,573	40	10,629	5		36.342
34	10	29,231	40	11,692	5		50.436
35	10	32,154	40	12,862	5		66.462

수익률이 5%만 낮아졌는데도 35세 기준 자산의 규모가 2억이나 줄어들었다. 꽤나 흥미롭지 않은가? 취업을 해서 돈을 벌어보지 않은 사람이라도 이러저러한 시나리오를 가정했을 때 인생이 어떻게 흘러갈지 어느 정도 알아볼 수 있으니 말이다. 이는 마치 금융업계에서 하는 모델링modelling과 같다. 투자은행에서는 기업들이 공시하는 재무제표와 자신들이 가지고 있는 산업에 대한 이해도를 기반으로 이 기업이 미래에 얼마만큼의 매출과 수익을 낼지 모델링한다. 이 방식에는 여러 가지 가정이 포함된다. 가령, 경제 성장률이 몇 % 정도 된다거나, 새로 출시하는 제품의 마진(수익률)이 몇 %라거나 하는 식이다. 이런 모델은 때로 수천, 수만 개의 엑셀 함수를 통해서 계산된다. 바로 이런 이유 때문에 투자은행이 여러 가지 시나리오에서도 침착할 수 있는 것이다. 어느 정도의 호재, 혹은 악재가 있을 때 수익과 현금흐름이 얼마만큼 영향을 받는지 알고 있기 때문이다. 이는 회사의 가치와도 직결된 문제이기 때문에, 이를 잘 예측할 수 있다면 어느 정도의 정확도를 가지고 주식의 적정 가치를 평가할 수 있다는 뜻도 된다.

금융권에서도 모델링을 통해 각종 재무 정보로 기업의 수익률과 현금흐름을 도출해서 적정 가치와 투자수익률을 계산하고 조정한다.

같은 맥락에서 이렇게 리버스 엔지니어링을 하는 것의 장점 중 하나는 그 생각의 과정에서 인생이 모두 내 마음대로 풀리지 않았을 때, 즉 예상과는 다른 삶의 흐름에 맞닥뜨렸을 경우를 가정해 볼 수 있다는 것이다. 당연히 모든 것이 잘 될 것이라는 희망만을 가지고 인생을 설계하면 안 되고, 잘 되었을 때와 못 되었을 때의 두 가지 경우를 모두 염두에 두어야 하는데, 과학적인 계산은 이를 가능하게 한다.

꼭 투자수익률이 아니더라도, 위의 계산을 보면 모든 부분을 조금씩 바꾸어서 여러 시나리오를 생각해 볼 수 있다. 가령, 취직을 27세에 하는 게 아니라 30세에 할 수도 있다. 또, 지금 우리는 27세에 1억 5천이라는 연봉을 받는다는 아주 어려운 가정을 하고 있는데, 이게 아니라 초봉이 그의 절반, 혹은 1/4 밖에 되지 않는다면 어떻게 될지도 가정해 볼 수 있다. 생활비가 생각보다 많이 들어서 세전 수익의 40%가 아니라 그보다 못한 금액을 저축하게 될 경우도 당연히 있을 것이다.

이렇게 생각하면서 지금까지의 가정에 따르면 기존의 15억이라는 금액은 거의 불가능에 가까워 보인다. 아마 여러분이 목표하고 있는 종착점과 관련해서 이런 계산을 해 봤을 때도 현실적인 벽에 부딪혔을 가능성이 높다. 현실은 생각보다 냉정하기 때문이다. 이런 경우에는 어떻게 해야 할까?

아마 대부분의 독자는 '어쩔 수 없지 뭐, 목표를 낮춰야지. 별

다른 방법이 있나?'라고 생각할 것이다. 이것도 무조건 틀린 이야기는 아니다. 터무니없이 높은 목표를 설정하고 좌절하는 것은 우리가 목표하던 바가 아니기 때문이다. 하지만 목표를 수정하는 것만이 유일한 방법은 아니다. 앞서 우리가 한 계산에서 다양한 변수가 있다는 이야기를 했는데, 이 변수들을 잘 조절해서 다른 해결 방법은 없는지 생각해 볼 수도 있다. 즉, 나이, 연봉 상승률, 저축 비율, 수익률, 지출 등을 조절해 이를 가능하게 만들어 보는 것이다. 우리가 계산을 할 때 사용했던 요소들이 각각의 변수가 되는 셈이다.

그림 1.5 목표 도달을 위한 변수 조절

조절 가능한 변수
첫 직장을 가지게 되는 나이
연봉 상승률
저축 비율
투자 수익률
기타 일회성 지출
기타 일회성 수입

목표
(주어진 나이,
주어진 금액)

가장 먼저 생각해 볼 수 있는 것은 나이다. 하지만 대한민국 남성을 기준으로, 20세에 대학에 입학해 4년 내로 휴학 없이 졸업한다고 해도, 군 복무 기간을 포함하면 26-27세가 정말 가장 빨리 취직할 수 있는 나이이다(이는 남성인 저자 본인이 했던 계산이므로 남성을 기준으로 하지만, 여성 독자라고 해도 나이대만 조금 다를 뿐 이런 생각의 과정을 따라하는 것이 중요하다). 따라서 시간을 앞당기려면 대학에 진학하지 않고 바로 기술을 통한 전문 직종으로 취직하거나 4년제 대학이 아닌 전문 대학을 다닌다는 가정을 해야 하는데, 이 경우 아무래도 연봉의 기대치가 상대적으로 낮을 수밖에 없다. 1억 5,000만원이라는 목표치 역시 달성하기 쉽지는 않지만, 앞서 말한 투자은행, 유수 컨설팅 회사, 로펌, IT기업 등등의 경우 무조건 불가능한 이야기는 아니다. 하지만 이런 직업들은 대부분 4년제 대학 중에서도 상당히 좋은 학교에 가야만 노려볼 수 있다는 공통점이 있다.

만약 일찍 높은 소득을 얻을 수 있는 기술을 배워 20살부터 일을 해서 5,000만원의 연봉을 받는다고 하고(이는 분명 아주 어렵고 고된 일이거나, 아주 전문적인 기술이어야 할 것이다. 업무 시간과 강도도 엄청날 것이다), 10%의 투자 수익률과 연봉 인상률, 기존 계산대로 40%의 저축 비율, 그리고 32세에 3억을 추가 지출한다고 하자. 이 계산을 해 보면 35세에 10억 6,000만 원이라는 총자산을 만들 수 있다. 8억 6,000만 원에 비하면 2억이라는 돈을 더 모을 수 있지만, 이는 굉장히 단순화된 계산이고, 20세부터 35세까지 15년이라는 기간 동안 많은 변수가 있을 수 있기 때문에 더 많은 저축을 위해서 대학 진학을 일부러 하지 않는 것은 조금 위험해 보인다. 그렇다면 더 높은 연봉 상승률은 어떨까? 10%가 아니라 더 빠른 승진을 통해서 20%의 상승률을 가정하면 8억 6,000만 원이 아니라 14억 3,700만 원을 모을 수 있다. 또, 기존의 다른 가정을 유지하면서 10%의 수익률이 아니라 15%를 내면 11억 1,700만 원을, 20%를 내면 14억 4,700만 원을 모을 수 있다. 아무래도 대학을 가지 않고 더 일찍부터 돈을 벌거나, 매년 20%씩 연봉이 오른다는 가정보다는 그래도 조금 더 현실성 있어 보인다. 꼭 매년 25%씩 내는 것이 아니라 어느 년도에는 5%를, 어느 년도에는 30%를 내는 식이더라도 괜찮지만, 투자 수익을 통해서 얼마나 빠르게 자산을 키우는가가 굉장히 중요하다는 결론을 얻을 수 있다.

이런 식으로 계산에 들어가는 변수들을 하나둘씩 점검해가며 인생을 어떻게 설계할지 생각해 보는 것이다. 지금까지의 생각 과정을 통해 얻은 결론을 정리하자면, 첫째로, 최대한 빨리 취직하는 것이 중요하지만 높은 초봉을 받는 것이 더 중요하며, 둘째로, 꾸준히 연봉을 올려 나가야 하며, 셋째로, 세전 연봉의 40%정도를 꾸준히 저축하고, 마지막으로 15-20%의 수익률을 매년 목표로 해야 한다.

어떻게 보면 '좋은 직업을 가지고, 저축을 꾸준히 하고 투자를 잘 해야 한다'는 결론이 허무해 보일 수 있다. 하지만 이 결론이 중요한 것이 아니라 결론을 도출하는 과정이 중요한 것이다. 당연히 취직을 빨리 할 수 있으면 빠른 게 좋고 연봉이야 높을수록 좋고, 저축이야 많이 하면 좋고, 투자수익을 많이 낼수록 좋다. 이 결론만 모아 놓고 보면 아무런 의미가 없다고 할 수 있다. 하지만 이를 도출하는 과정에서 내가 스스로 정한 금액, 즉 이 경우에서는 15억에 도달하기 위해서는 각 변수를 어느 정도 가져 가야 하는지 계산했다는 것이 의미가 있다. 똑같이 서울의 집이 목표라고 해도 아무런 생각 없이 '열심히 일하다 보면 집도 사겠지~'라고 하는 것이 아니라 '이때쯤 어느 정도의 연봉을 받는 일을 시작해 매년 이 정도를 모으고 이 정도의 수익을 내지 않으면 집을 살 수 '없어!'라고 생각하는 것은 엄청난 차이가 있다는 것이다.

기존의 계산으로 목표에 도달할 수 없다면, 변수들을 적당히 조절해 보면서 역으로 목표 달성을 위해 어느 정도의 변수들을 가정해야 하는지 계산해 볼 수 있다.

여러분이 만약 이미 일을 하고 있는 사람이라면 현재 연봉에서 시작해 '현실적인', '높은 확률 대로'의 인생 곡선을 언급한 방법대로 한 번 그려 보기 바란다. 그 인생 로드맵 대로라면 여러분이 원하는 꿈의 라이프스타일, 아니면 그 정도가 아니라고 해도 만족스러운 라이프스타일 정도를 영위할 수 있는가? 아마 이 계산을 통해서 충격적인 현실을 마주하게 만들지도 모른다. 하지만 이는 오히려 좋다. 마치 내가 저축액을 계산해 보고 '아, 이건 투자를 잘 하지 않으면 답이 안 나온다'라고 결론을 냈듯, 여러분도 기존에 생각하지 않았던 무언가를 인생에서 고려하지 않으면 '안 된다'는 깨달음을 얻게 될 수 있기 때문이다. 그렇게 '남들 하는 대로', '흐르는 대로'에서 벗어나 과학적이고 체계적인 방식으로 목표에 접근하게 되는 것이다.

금융 관련 일을 하면서 자주 만나게 되는 직종 중 하나는 유튜버Youtuber가 있다. 꼭 재테크 관련 컨텐츠를 하는 경우가 아니더라도, 성공한 유튜버는 여느 사업가 저리 가라 할 정도의 수익을 내기 때문에, '돈 많은' 지인이 자연스레 생기게 된다. 이런 이유 때문에 몇 다리를 걸치게 되면 유명 유튜버들과의 접점이 생기게 되는 것이다. 이렇게 다양한 유튜버들과 이야기를 해 보면 물론 자신이 좋아하는 주제를 가지고 사람들과 소통하고 싶어 재미 위주로 유튜브를 시작한 사람도 있지만, '이대로는 내 인생에 답이 보이지 않는다!' 라는 이유로 변수를 창출하기 위해 진지하게 시작한 사람이 훨씬 많다. 꼭 우리가 한 것처럼 엑셀에 자신의 수익과 저축액, 자산을 나이별로 정리한 것은 아니어도, 일반 회사에 들어가 어느 정도 연봉을 받는 경우에 어떤 삶을 살 수 있는지 진지하게 생각해 보고 좌절해 본 것이다. 그 결과가 본인의 성에 차지 않았기 때문에 그런 인생 곡선에서 벗어나기 위해 처음에는 부가수익을 노리며 유튜브를 시작했다가, 가능성을 보고 점점 더 많은 시간을 투자하고, 결국에는 전업 유튜버가 되어 전과는 비교할 수 없는 수익을 올리게 된 것이다. 내 계산의 결과가 만족스럽지 않다고 해서 실망할 필요가 없는 이유이다. 여러분은 오히려 그 계산을 했기 때문에 그 만족스럽지 않았을 인생을 바꿀 기회를 얻은 것이니 말이다!

나의 목표와 맞는 유의미한 결론을 도출하고 나서는 각각의 결론을 또 한 번 리버스 엔지니어링 해야 한다. 먼저, 최대한 빨리 취직해서 높은 연봉을 받으려면 어떻게 해야 할까? 앞서 말한 직종들에 대해 조사를 해 보아야 하겠지만(이 과정은 2장에서 다루도록 하겠다), 일반적으로 전문직의 경우 인턴십 경력을 굉장히 중요하게 생각하기 때문에 대학에 입학하고 나서도 최대한 일찍부터 관련 인턴십, 활동 등에 관심을 가지고 알아보는 것이 중요할 것이다. 또, 이런 직업들을 얻기 위해 습득해야 하는 정보가 무엇인지 파악하고 공부를 시작하는 것도 하나의 방법이다. 꾸준히 연봉을 올려 나가는 과정은 물론 먼저 취직을 하고 나서 생각해 보아야 하겠지만 같은 직업군 내에서도 어떤 회사가 돈을 보통 가장 많이 주는지, 연봉 상승폭은 어떠한지 등등에 대해서는 관심을 가지고 미리 알아볼 수 있다. 이런 직장의 경우 이직을 할 때 보통 연봉이 큰 폭으로 오르는 경우가 많으므로 현 직장에서 어느 정도 인정을 받고 나서는 다른 직장에서 더 높은 직급으로 일을 계속하는 것도 하나의 방법이다.

연봉의 40% 정도를 꾸준히 저축하려면 가장 쉬운 방법은 소비를 하기 전에 저축을 먼저 하는 것이다. 당장 들어오는 월급에서 세전 금액의 40%를 다른 계좌로 옮겨 놓고, 나머지 금액을 가지고 생활하는 것이다. 마지막으로 15-20%의 수익률을 낼 수 있으려면 당연히 금융시장에 관심을 가지고, 여러 가지 투자 기법과 상품에 대해 공부하며 본인이 가장 자신이 있는 자산군을 선택해서 전문성을 키워야 할 것이다.

리버스 엔지니어링을 해서 변수에 대해 결론을 도출하고 나면 그 결론을 다시 리버스 엔지니어링 해서 한 단계 더 구체화한다.

이 중 어느 하나라도 말처럼 쉬운 것은 없겠지만, 이 과정의 핵심은 '이렇게 생각하는 사람과 그렇지 않은 사람이 인생을 보는 방식은 하늘과 땅 차이'라는 것이다. 이 장을 처음 시작하면서 여러분에게 목표를 설정하는 것부터 그에 대한 노력을 하는 방법까지 완전히 새로운 방식으로 접근할 수 있다고 호언장담했는데,

아마 여기까지 읽고 '에이, 이 정도는 내가 이미 하던 거잖아?'라고 느낄 독자는 매우 소수일 것이라고 생각된다. 위의 방식대로 미래를 리버스 엔지니어링해서 생각하는 것의 또 다른 장점은 이 과정에서 인생의 매 순간마다 지켜나가야 할 스스로와의 '약속'들이 생긴다는 것이다.

우리가 같이 계획해 본 대로 인생을 살기 위해서는 대학교에 입학하자마자 인턴십과 관련 활동들에 전념해야 하고, 그와 동시에 본인이 생각하는 전문직 취직을 위한 공부들도 소홀히 하지 말아야 하며, 성공적인 금융투자를 위해 시장 트렌드를 따라감과 동시에 다양한 자산상품에 대해서 전문지식을 쌓아야 한다. 취직을 하고 나서도 돈을 흥청망청 쓰는 것이 아니라 일정 금액은 계속 저축을 해야 하며, 생각하는 만큼 연봉이 빨리 오르지 않는다면 다른 직장으로의 이직을 빨리 고려해야 한다. 그야말로 20세부터 35세까지 매 단계에서 본인이 스스로 지켜야 할 원칙을 정하게 되는 것이다.

나는
여유가 없다

.
.

거꾸로 생각해 보면 조금은 섬뜩한 이야 기이도 하다. 어떤 사람의 인생에서 한 지점을 고르면 그 시점에 서부터 그 사람이 앞으로 '높은 확률로' 살아가게 될 인생의 곡선 을 그릴 수 있기 때문이다. 가령, 갓 공무원 임용에 성공한 20대 중반의 사람을 놓고 보면 매 호봉마다의 연봉 정보를 통해 이 사 람이 정년퇴직을 하기까지 높은 확률로 얻게 될 총 수입을 계산 해 볼 수 있고, 이를 통해서 이 사람이 영위하게 될 삶의 수준도 알게 될 수 있다. 물론 변수가 큰 진로일수록 어려움이 있겠지만, '확률상' 어느 정도 인생 곡선을 그려낼 수 있다는 것이다. 다르게 말하면 진로와 방향성이 잡히는 20대 혹은 30대에 어떤 선택과 준비를 하느냐에 따라 그 사람 여생의 라이프스타일이 정해진다는 이야기이다. 물론 이렇게 인생이라는 큰 주제에 대해 중대한 결정과 준비를 영문도 모를, 친구들과 술을 마시고 연애를 하는 것이 즐거울 나이에 해야 한다는 것이 야속하지만 사실이 그렇다. 초봉 3천만 원의 직업을 가지게 된 사람은 무언가 '크게 터뜨리지 않는'한 자녀 둘을 낳아서 대학을 보내고, 노후 대비를 모두 해 놓고, 가족 해외 여행을 1년에 2-3번씩 다니는 삶을 살기 어렵다. 초봉 6천만 원의 대기업 취직에 성공한 사람은 위의 삶을 살아볼 수 있는 기회가 있겠지만 '크게 터뜨리지 않는' 한 고급아파트에 살면서 최고급 세단을 운전하며 개인 별장을 사서 휴가를 다니는 최상류층의 삶을 살기 어렵다. 그 사람이 비록 이런 것들을 하고 싶은 욕망이 있더라도 말이다.

이렇게 생각하면 목표를 과학적으로 접근하는 것이 굉장히 중요하다는 것을 쉽게 알 수 있다. 최대한 빨리 나의 현 지점부터 나의 목표까지의 곡선을 그린 뒤, 어떻게 해야 불가능해 보이는 이 여정을 가능하게 할 수 있는지 방법을 탐구해서 하나씩 실천해 나가지 않으면 안 된다. 그저 그런 대로 눈 앞에 보이는 것들을 따라 살다 보면 원래대로의 '높은 확률'대로의 곡선을 따라서 목표 달성에 실패하게 된다. 여는 글에서 말한 포커 플레이어와 같이 규칙을 모르기 때문에 궁극적으로 이길 가능성은 0%에 수렴한다는 것이다. 규칙을 모르고 플레이하면 딱 그 정도만큼의 결과를 얻게 된다. 우리가 원하던 '종착점'에 도달하는 대신 어쩔

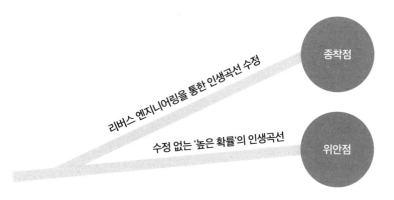

그림 1.6 '종착점', '위안점', 그리고 '높은 확률'의 인생 곡선

수 없이 도달하게 된 '위안점', 즉 '이만하면 잘 했어'라고 자기위안을 하게 되는 정도로 만족해야만 한다. 이렇게 생각해 보면 참으로 억울하고 속상한 일이 아닐 수 없다. 방법만 안다면 과학적이고 체계적으로 인생곡선을 분석해서 기울기를 바꿀 수 있었는데 그렇지 못해서 원하지 않던 지점에 안주해야 하니 말이다. 우리는 '높은 확률'의 인생곡선보다 더 높게 올라갈 수 있다.

인생 곡선은 내가 의식적으로 바꾸지 않으면 잘 바뀌지 않는다.

바로 이 이유 때문에 나는 대학에 입학하고 나서부터 지금까지 마음이 여유로웠던 적이 없다. 지금 이 책을 쓰고 있는 순간마

저도 그렇다. 내가 책의 개요를 작성하고 나서 각각의 장에 들어갈 내용을 구체화하는 데에 써야겠다고 생각한 대략적인 시간이 있는데, 그보다 많은 시간을 들이고 있어 나 자신을 질책하고 있다. 앞서 내가 사업을 하고 싶은 이유에 대해서 이야기를 잠깐 했는데, 나는 남들보다 야망이 월등하게 큰 사람이었지만, 그와 동시에 누구보다 현실적인 사람이기도 했다. 꿈이 크다는 것과 현실을 배제하지 않는다는 것은 각각으로만 보면 꽤 좋은 특징이지만 이 두 가지 특성을 동시에 가지게 되면 그 당사자는 정신적인 고통을 굉장히 많이 받게 된다. 다른 사람들처럼 '나는 엄청나게 잘 될 거야!'라며 막연히 낙관적으로 생각할 수는 없지만, 그렇다고 현실을 보며 그에 맞추어 꿈을 줄여가며 살아가는 인생은 아무리 생각해도 성이 차지 않기 때문이다. 이런 연유로 나는 미래에 대한 고민 때문에 매일 같이 스트레스를 받았다. 아무리 생각해도 원하는 해답이 나오지 않았기 때문이다.

아마 이 책을 읽는 독자들 중 상당수도 이런 상황에 놓여 있을 거라고 생각한다. 내가 원하는 것과 현실의 괴리를 좁히고 싶어서 머릿속으로 여러 가지 생각을 해 보는데 너무나도 막막한, 그리고 '나는 정말 이 정도로 사는 것에 순응해야 하는가?'라는 생각이 들었을 때의 그 암울감과 패배감은 말로 표현하기 힘들다. 그러던 도중 옥스퍼드에 입학하고 나서 얼마 시간이 지나지 않았을 때, '왜 나는 인생이라는 커다란 주제를 가지고 맨날 머릿속으로만 고민하며 스트레스를 받고 있지?'라는 생각이 들어 공부하고 있는 회계를 적용해 한번 '인생 로드맵'을 짜 보아야겠다는 생각을 했다. 그때 처음으로 엑셀 파일을 열어 위와 유사한 계산을 했었다. 당시에는 투자은행이라는 업계에 대해서 잘 모르는 때였기 때문에 내가 한 계산은 그리 구체적이지 않았다. 하지만 막연히 '좋은 대학'을 졸업해서 내가 '좋은 직업'을 얻으면 어떤 인생을 살 수 있을지에 대해 처음으로 숫자를 통해 마주한 순간이었기 때문에 나에게는 의미가 컸다. 누구에게는 만족스러운 미래일 수도 있겠지만, 내가 가지고 있던 야망과 꿈의 크기에 비해서는 너무나도 초라한 결과였기 때문에 나는 엄청나게 큰 충격을 받았다. 나는 그날 밤 엑셀 시트를 가지고 몇 시간씩 씨름하면서 도대체 어떻게 하면 내가 원하는 종착점에 원하는 때에 도달할 수 있을지 고민을 했고, 그에 대한 결론으로 20대, 30대, 그리고 40대 초/중반에 어느 정도 위치에 있어야 하는지를 설정할 수 있었다.

예상했겠지만 그 위치들은 결코 쉽게 도달할 수 있는 것들이 아니었다. 당시 나의 로드맵은 학부를 졸업하자마자 바로 세계 유수 투자은행 중 하나에 입사하는 것을 전제로 하고 있었으며, 런던 물가를 고려해 세후 월급에서 월세와 한달 생활비 약 500파운드(약 75만원)을 제외한 전액을 저축하고 펀드에 투자해 연간 약 20%의 수익률을 올려야 하는 것을 전제로 하고 있었다. 게다가 1년에 한 번 받는 성과급 마저도 실수령액 전체를 저축해야 했다. 런던, 그리고 유럽에서는 일반적으로 투자은행 등 전문직 신입사원을 뽑을 때 석사생 이상을 뽑는 경우가 많으며, 생활비 같은 경우에도 식비와 교통비로만 수백 파운드가 나가기 때문이다. 20%의 어려운 수익률을 차치하더라도 피나는 노력을 통해 억대 연봉의 직업을 얻고 나서도 학생 때와 거의 다르지 않은 생활을 해야 하는, 매우 퍽퍽한 삶의 로드맵이었다. 아무런 연고도 없는 영국이라는 나라에 이제 막 도착해 학교 생활에 적응하고 있던 신입생에게는 꽤나 숨이 턱 막힐 법한 목표였던 것이다.

그래도 어린 나이부터 구체적인 목표를 세우고 살아온 나를 보며, 독자 여러분은 그 이후부터는 내가 정해진 로드맵을 따르며 큰 고민없이 마음 편하게 생활했을 거라고 생각할 수도 있겠다. 하지만 현실은 정 반대였다. 이렇게 원대한 목표를 세우고 그 로드맵을 따라가야 한다고 생각하니 정말 하루 하루가 지옥 같았다. 매일 열심히 뛰어도 그 날의 목표 지점, 그 년도의 목표치를 이루지 못하면 늘 뒤떨어져 있는 것 같았다. 잘 풀리면 본전이지만 무엇이 내 마음대로 되지 않으면 계획에서 멀어지고 있는 것만 같아 너무나도 다급해지곤 했다. 내가 목표하던 투자은행이라는 업계는 보통 졸업하기 1년 전, 즉 대학이 3년제인 영국의 경우 2학년, 그리고 4년제인 미국의 경우 3학년 때에 하는 여름 인턴십을 통해 거의 취직이 결정된다. 따라서 한국 대학이나 미국 대학에 비해 취업 준비가 빨리 되어 있어야 하는 것이다. 회사에서는 신입사원의 절반 이상을 이 인턴들 중에서 정규직으로 전환하는 식으로 선발하기 때문에 많은 학생들이 이 여름 인턴십을 위해서 목숨을 건다. 우선 대학에 진학하고 나서 진로에 대해서 고민을 시작하는 한국의 문화와는 달리 16, 17세부터 목표를 세우고 관련 스펙을 쌓는 영국 교육의 특성상 이런 학생들과 경쟁하는 것은 정말 쉽지 않았다. 그럼에도 불구하고 나는 인턴십을 따내기 위해 고군분투했고, M&A 경연대회에서의 우승을 통해 부티크Boutique 투자은행 중에서도 압도적인 실적을 내고 있는 회사인 '센터뷰 파트너스Centerview Partners'에서 인턴십을 할 수 있는 기회를 따냈다. 인턴 기간동안 일을 잘 해서 좋은 인상을 주면 정규직으로 취직할 수도 있었기에 꿈만 같은 기회였다. 이렇게만 되면 내가 생각하는 로드맵대로 살아갈 수 있을 것만 같았다.

하지만 내 절실한 마음을 몰라주듯 일은 잘 풀리지 않았다. 엄청난 경쟁을 뚫고 같이 인턴십에 합격한 학생들이 정말 괴물 같은 '스펙'을 가지고 있었기 때문이다. 나를 포함해 다섯 명의 인턴이 있었는데, 한 학생은 런던 정경대London School of Economics and Political Science, LSE의 투자 클럽 회장, 한 학생은 석사 학위만 두 개를 취득한 하버드 출신, 한 학생은 실전 투자 및 가치평가 대회를 석권한 학생이었다. 그리고 마지막 한 명은 나와 같은 옥스포드 출신이지만 다른 투자은행들에서 인턴십을 이미 몇 개 해 본 3학년 선배였다. 따라서 그들과 나 사이에는 이미 당장의 노력 만으로는 좁혀지기 어려운 격차가 있었고, 어쩔 수 없이 그 중에서 약 3명 정도를 선발하는 과정에서 나는 뽑히지 못했다.

물론 인턴 기간동안 절실하게, 열심히 일한 것이 아무런 의미가 없지는 않았다. 나를 좋게 봐 준 회사 파트너가 내가 졸업하고 나서 정규직으로 다른 투자은행에 취업할 수 있게 추천서를 이곳저곳 써 주었기 때문이다. 하지만 이 인턴십을 하며 다른 인턴들과 격차가 느껴질 때 나는 엄청난 스트레스를 받았고, 정규직 전환을 따내지 못했을 때는 정말 말로 설명할 수 없는 좌절감을 느꼈다. 누구라도 심리적으로 쉽지 않을 상황이었지만, 내가 정해놓은 목표와 그에 따른 로드맵에서 크게 어긋났다는 생각 때문에 더 그랬던 것 같다.

그러나 바로 이 이유 때문에 나는 바로 다시 일어날 수 있었다. 사실 정규직 오퍼를 받지 못할 경우 돌아오는 졸업 년도에 정규직으로 새로 취직하는 것이 완전히 불가능한 것은 아니지만, 그렇다고 해서 가능성이 높은 것도 아니었다. 악명높기로 유명한 옥스포드의 졸업 시험을 준비함과 동시에 수십 곳에 이력서를 넣고, 매일 새벽마다 일어나 캠퍼스에서 거의 2시간이나 걸리는 런던행 버스를 타고 가 면접을 보는 것이 쉽지는 않았지만, 너무나 상세하게 정의해 놓은 로드맵은 내가 내 계획에서 얼마나 멀어져 있는지를 뚜렷하게 볼 수 있게 해 주었고, 나는 내 인생의 노선을 다시 제대로 고쳐 놓아야겠다는 생각에 마지막 학년을 정말 그야말로 불태우며 보낼 수 있었다. 정말 다행히도 그 중에서 유수 유럽계 투자은행인 BNP파리바에서 최고점으로 오퍼를 받았고, 내 커리어는 그렇게 시작될 수 있었다.

하지만 취업을 하고 나서도 나의 이런 고난은 계속되었다. 내 연봉을 최대한 빠른 속도로 올려야 했고, 그와 동시에 많은 금액을 저축하고 성공적으로 투자수익을 냈어야 하기 때문이다. 이 때문에 나는 일을 시작하고 나서 회사에 있는 사람들 중 남들보다 빠른 속도로 승진한 사람들을 찾았다. 그들에게 잠시 커피 한 잔을 할 수 있는 시간이 되는지 물어보았고, 그들이 가지고 있는 공통점이 무엇인지 알아보았다. 여러 부서에서 일하는 다양한 사람들은 다른 점도 많았지만, 내가 찾은 한 가지의 공통점은 HR, 즉 인사팀과 교류가 많아 자신의 성과를 눈에 잘 띄게 한다는 점이었다. 따라서 나는 각종 대학에서 진행되는 취업 설명회에 참여하고, 면접관으로도 자원해서 학생들을 면접하고, 각종 자원봉사에도 적극적으로 참여했다. 또, 앞서 말한 대로 매달 들어오는 돈에서 어느 정도는 바로 펀드 계좌로 이체를 해서 매달 약 세전 연봉의 30-40%씩을 저축했다. 런던에서의 생활비를 고려하면 이미 엄청나게 짠돌이 생활을 하고 있는 것이었지만, 그래도 돈을 더 빨리 모으고 싶어 부업으로 투자은행 취업을 준비하는 해외 학생들에게 관련 개념들을 전화로 설명해 주는 과외도 같이 했다. 매주 80시간 정도를, 일이 많을 때는 100시간이 넘게 근무를 하는 투자은행에서의 라이프스타일을 생각해 보면 절대 쉽지 않은 일을 이어 나갔다.

어느 날 업무상의 이유 때문에 동료가 내 개인 폴더를 보다가 내가 저장해 놓은 은행 입출금 내역을 실수로 열어 보게 된 사건이 있었다. 나와 같이 자주 밥을 먹으러 가던 동료 애널리스트였는데, 어느 날 식당에서 내 이야기를 듣다가 '도대체 넌 돈을 어디에 쓰기는 하는 거야? 저축을 그렇게 하다니 그거 하난 정말 존경스럽다'라며 말을 꺼내기도 했다. 20대 초반에 억대 연봉을 받게 된 동료들이 열심히 명품 가방, 시계, 차를 살 때 나는 옷 한 벌 사지 않고 차곡차곡 돈을 모았다. 애널리스트로 입사하고 나서 첫해에 내가 나를 위해 쓴 돈은 연말에 2박 3일로 혼자 떠난 알프스 여행이 전부였는데, 이 역시 지출을 최소화해서 약 50만 원 밖에 들지 않았다.

리버스 엔지니어링을 통해 목표 로드맵을 세우게 되면 매 순간 도달해야 할 지점이 있기 때문에 뒤떨어지지 않기 위해서는 여유 없이, 열심히 살 수밖에 없게 된다.

여기까지 내 이야기를 듣고 "로드맵'이 뭐라고 그렇게까지 살아?'라고 생각이 드는 독자들도 많을 것 같다. 내가 하루 하루가

지옥 같다고 이야기했으니 그럴 만하다는 생각도 든다. 그러나 나는 이 과정이 힘들었지만 이 때로 돌아가더라도 같은 선택을 했을 거라고 자신 있게 말할 수 있다. 확실한 근거를 가지고 체계적으로 짜인 인생 로드맵의 또 다른 장점은 그대로 살아가며 인생에 확신을 가질 수 있다는 것이다. 취업을 준비하며 힘든 시간들도 물론 많았고, 커리어를 시작하고 나서도 남들처럼 드림카를 사고, 명품을 몸에 감으면 아마 당장은 더 행복했을 수도 있을 것이다. 하지만 그렇게 자꾸 내가 정해 놓은 로드맵에서 벗어나게 되면 미래에 내가 목표한 바를 이룰 수 없다는 것을 이미 스스로 과학적으로 생각해 보고 입증했기 때문에, 내가 지금 가는 길이 옳다는 확신을 가질 수 있는 것이다. 내 주위의 20대, 30대 지인들과 이야기하며 많이 느끼는 내용이지만, 인생에 확신을 가진 상태로 살아갈 수 있다는 것은 굉장히 흔치 않으며 큰 축복이다. 매일, 매주, 그리고 매달마다 내가 정해 놓은 길을 잘 따라가고 있다는 것을 눈으로 확인할 수 있는 삶을 상상해 보라. '막막하다', '고민된다', '앞이 깜깜하다'와 같은 수식어가 따라오는 젊은 날들의 모습과는 꽤나 상반되지 않는가?

대신 고통의 대가로 내가 살아가는 인생에 확신을 가질 수 있다.

실제로 나의 이런 노력들은 빛을 발했다. 당장 몇 년 밖에 지나지 않았는데 나는 그 사이에 다른 동료들보다 빠른 속도로 승진을 했고, 부업과 저축을 통해 돈을 많이 모았다. 또, 직업의 특성상 금융 공부를 하기 쉽기 때문에 여러 투자상품에 대해 알아보고 적극적으로 투자를 할 수 있었다. 이 때문에 코로나 바이러스 사태 때 좋은 흐름에 투자를 해서 이른바 '대박'을 터뜨리기도 했다. 원래 목표했던 연간 수익률인 20%를 훨씬 상회하는 수익을 얻을 수 있었고, 이를 바탕으로 원래 어느 정도 계획해 놓았었던 부동산 투자도 했다. 현재 기준으로 나는 내가 스무 살 때 정해 놓았던 로드맵에서의 내 나이보다 앞서 있다. 하지만 그렇다고 방심하거나 안주하지 않고 나는 이 우세를 계속해서 이어 나갈 계획이다. 언제 어떤 일이 일어나 뒤로 밀려나게 될 지 모르기 때문이다.

아미르는
두바이로 떠났다

.
.

       목표의 시각화와 리버스 엔지니어링을 적용해서 생각하는 사람들은 이 업계에 나 말고도 정말 많이 있다. 내가 미국계 대형 투자은행인 모건스탠리로 이직했을 때의 이야기다. 막 코로나바이러스가 창궐했을 때였기 때문에 나는 첫 출근 당일 수트를 차려 입고 문을 나서려던 차에 직속 상사에게 전화를 받았다.

      "정말 미안한데, 오늘 회사에서 지침이 내려와서 아무래도 첫 출근을 재택 근무로 해야 할 것 같아. 인사팀에 연락해서 모니터와 필요한 장비를 보내 줄 텐데, 더 필요한 게 있으면 뭐든지 이야기해."

      회사에 출근해 새로운 동료들과 인사를 나누고 인맥을 쌓을 생각에 잔뜩 들떠 있던 나에게는 청천벽력 같은 소식이었다. 비록 내가 수십 년간 업계에서 일을 해 보지는 않았지만, 이렇게 재택근무를 하는 형식으로 입사를 하면 팀에 쉽게 녹아들기 어렵다는 것 정도는 쉽게 알 수 있었다. 투자은행에서는 업무 시간이 길어 11-12시까지 사무실에서 같이 일하고, 커피 한 잔, 맥주 한 잔을 함께하며 수다를 떨면서 자연스럽게 팀원들과 가까워진다. 하지만 재택근무를 하게 되면 공적인, 즉 일과 직접적으로 관련이 있는 일이 아니면 별도로 시간을 내서 사적인 교류를 하지 않게 될 것 같았다. 그래서 나는 일을 배우면서 최대한 많은 사람들과 가벼운 대화를 하며 친밀도를 높이려고 노력했다. 작은 질문이어도 전화보다는 꼭 영상 통화를 통해서 했고, 나이대가 비슷한 동료들이라면 농담을 주고받으며 인맥을 넓혔다. 그렇게 친해진 동료와 상사들 중 유독 마음이 잘 맞는 사람이 있었는데, 바로 레바논 출신의 어쏘시어트Associate(경력 4-6년차, 과장급)이었다. 익명성을 유지하기 위해 이 어쏘시어트를 '아미르(가명)'라고 하겠다.

아미르의 커리어를 짧게 요약해 보자면, 과거 빅4 회계 법인(딜로이트 KPMG, PwC, EY)에서 커리어를 쌓다가 연봉을 높이고 싶어 프랑스의 유수 MBA 과정인 인시아드INSEAD에 진학해 모건 스탠리에 입사하게 된 경우였다. 회계법인에서 일을 하면서 쌓게 되는 재무, 금융 지식이 투자은행 업무와 직접적인 관련이 있기도 하고, 한 가지의 딜을 맡아 같이 일을 하는 경우도 흔하기 때문에 회계법인에서 근무하다가 투자은행으로 이직을 하는 경우는 사실 꽤 많다. 하지만 그의 이야기를 조금 더 들어 보면 그 누구라도 그의 이야기가 특별하다고 할 수밖에 없다. 그래서 회사의 동료들도 그의 인생 이야기를 즐겨 듣고는 했다. 나중에 코로나와 관련된 규제들이 조금씩 완화되면서 일주일에 2-3일씩은 사무실로 출근했는데, 이때 식당에서 모여 앉아 밥을 먹을 때면 다들 그의 이야기를 들으려 가까이 앉고 싶어 했던 기억이 난다. 아미르가 해 준 이야기는 이랬다.

그는 레바논에서 그렇게 유복하지 못한 청소년기를 보냈다. 레바논은 늘 내전에 시달렸다. 아미르와 그의 가족은 직접적인 피해를 입지는 않았지만, 수십 만명의 난민들이 생겨나고, 사람들이 납치당하고, 치안이 전혀 유지되지 않는 실태를 보며 아미르는 레바논을 꼭 떠나야겠다고 생각했다고 한다. 시가전이 흔해 뉴스에서 교회에서 총격전이 일어났다는 소식이 비일비재했고, 폭탄 소리에 잠에서 깨는 것 정도는 일상이었다.

하지만 이렇다 할 대책 없이 나라에서 도망치듯 탈출할 수는 없는 노릇이었다. 아미르의 부모님과 동생까지 생각하면 다른 방법이 필요했다. 어렸을 때부터 부모님께 교육의 중요성에 대해 배운 아미르는 배움을 통해 경제적 안정을 찾아 이민을 하는 것이 가장 빠르다고 생각했다. 그래서 돈을 벌 수 있는 방법을 물색했는데, 당장은 아는 것이 많이 없으니 주위의 사람들, 어른들 중

누가 돈이 많은지를 살펴보았다. 그의 동네에서 가장 부유한 사람으로는 두 종류가 있었는데, 바로 과일 혹은 식품 등의 장사를 하는 상인과 은행업을 하는 금융인이었다. 당장 보기에는 과일이나 식품 장사를 하는 것이 진입장벽이 더 낮아 보였다. 하지만 레바논보다 부유한 나라에서 이런 일을 하는 사람은 수없이 많을 것 같았고, 전문적인 자격을 가지고 일하는 금융업을 해야겠다는 결론을 내렸다고 한다. 그래서 아미르는 무턱대고 동네에 있던 회계사의 집에 찾아가 어떻게 하면 회계 자격증을 딸 수 있는지 물어보았는데, 운이 좋게 그 이웃은 레바논의 공인 회계사 협회에서 발행하는 자격증을 가지고 있는 사람이었다. 아미르는 이웃에게 회계사로의 삶에 대해 설명을 들었고, 그날부터 아미르는 방과 후에 그의 집에 가서 관련 서적들을 읽으며 회계 시험을 준비하기 시작했다.

아미르가 들은 바에 따르면, 대학을 다니며 약 3년 정도 주위의 작은 상인들을 대상으로 회계 부업을 하면서 저축을 하면 런던에서 약 6개월 정도 여유롭게 머물 수 있다는 결론이 나왔다. 그의 계획은 이 6개월 동안 런던에 가서 회계 관련 회사에 취직을 해서 일을 하고, 궁극적으로는 시민권을 취득해 가족을 데리고 와서 사는 것이었다. 레바논의 공립대학교는 무료였기에 아미르는 이 시기에 회계사 자격증을 취득해 파트타임part-time으로 일을 하며 돈을 모았다. 졸업할 즈음에는 계획대로 그 만큼의 생활비가 모였다.

아미르는 런던에 와서 닥치는 대로 회사들에 지원서를 넣었다. 온라인으로 지원하고 나서도 더 좋은 인상을 남기기 위해 회사를 직접 방문해 로비에서 인쇄한 이력서를 나누어 주기도 했다. 쉽지는 않은 과정이었지만 그의 독특한 이력과 스토리에 매료된 회사들이 몇 있었고, 학부 졸업생임에도 불구하고 실질적인 업무 경력이 있는 점을 높게 사 그는 대형 회계법인인 EYErnst & Young에 입사하게 되었다.

여기까지 이야기의 흐름에 따르면 '꽃길'만 남아 있어야 했지만, 현실은 그리 녹록치 않았다. 런던의 높은 집세와 물가를 고려하면 회계사로서의 초봉으로는 여유로운 생활을 할 수가 없었던 것이다. 무엇보다 영국에 가족들과 같이 와서 사는 것이 아미르의 목적이었는데, 이대로라면 6년 후에도(5년 동안 비자를 받아 근무를 하면 영주권이, 그 후 1년간 더 근무를 하면 시민권이 나온다) 가족이 모두 살 수 있는 집은커녕, 돈 자체가 모이지 않을 것 같았다. 가족과 같이 살기 위해서는 최소 2개의 침실이 있는 '투 베드룸two-bedroom' 집을 사야 했는데(런던 도심 기준 약 15억 원), 이런 집을 사기 위해서는 더 높은 연봉이 필요하다는 것이 아미르의 결론이었다. 앞서 말했듯 회계법인에서 더 높은 연봉을 받기 위해 투자은행 업계로 이직하는 것은 꽤나 흔한 일이었기에 그 역시 주위의 동료들을 보며 같은 계획을 세웠다. 다만 투자은행 입사를 위한 준비가 전혀 되지 않아 있었고, 투자은행은 회계법인 보다도 더더욱 학벌에 까다로운 업계였기에 아미르는 공부를 더 해야겠다고 생각했다. 지금까지의 회계 커리어를 최대한 살리고 학벌도 업그레이드할 수 있는 MBA라는 새로운 목표가 생긴 그는 우선 이게 합리적인 선택인지 고민을 했다. 마치 우리가 앞서 했듯이 학교별 학비와 생활비를 얼추 계산해 보고, 학비를 대출받았을 시 매년 얼마씩 상환해야 하고, 어느 직장에 취업을 하면 얼마를 모을 수 있는지 등을 계산해 본 것이다.

회계 업무에 이미 상당히 익숙해져 있던 아미르에게 이는 크게 어렵지 않았다. MBA를 거치면 투자은행에 과장급으로 취업할 수 있고, 과장급의 초봉은 약 3억 원 정도 되므로, 만약 취업에만 성공한다면 학비 전액 상환은 물론이고 그가 원하는 집 역시 쉽게 마련할 수 있을 것 같아 보였다. 당장 일하고 있는 회사에서 MBA를 준비한다는 것을 티 내서 좋을 것이 없으므로(회사를 떠난다는 뜻이므로) 그는 시험을 조용히 준비했고, 세계적인 MBA 과정인 인시아드와 예일 두 곳에 합격했다. 미국의 경우 MBA 과정이 2년이고(유럽은 MBA 과정이 1년이다), 따라서 돈이 상대적으로 더 많이 들어가기 때문에, 기간이 짧으면서 네임 밸류가 좋은 인시아드 MBA를 선택해 회사에 MBA를 하기 위해 퇴사하겠다는 의사를 알렸다.

그런데 여기서 예상하지 못한 일이 발생한다. 회사에서 아미르를 놓치기 싫었는지 MBA 공부를 마치고 다시 EY에 돌아온다는 전제 하에 MBA 학비와 생활비를 전액 지불해 주겠다고 말한 것이다. 물론 다시 EY로 돌아가지 않게 되면 돈을 전부 돌려주어야 했지만, 당장 돈을 쓰지 않아도 된다는 점이 좋아 아미르는 이 제안을 승낙했다. 일이 잘 풀리지 않아도 다시 돌아갈 곳이 생기는 것이니 말이다. 하지만 MBA를 하는 도중 수많은 투자은행들에 지원을 하고, 그 중에서도 모건스탠리에서 입사 제안을 받고 나서는 생각이 바뀌었다. 학비와 생활비를 다시 돌려주더라도 고연봉의 직업을 가지는 것이 장기적으로 훨씬 중요하다는 계산 때문이었다. 그는 EY에 돌아가지 않겠다고 알렸고, 모건스탠리에 취직하고 나서 연봉으로 학비 대출을 갚기로 했다.

그런데 여기서 더 한 번의 반전이 일어났다. MBA를 하며 EY의 동료들과 꾸준히 연락을 주고받았고, EY에서 일을 하는 동안 좋은 평가를 받았기 때문에 회사에서 돈을 돌려받지 않겠다고 한 것이다. EY같은 회계법인들은 모건스탠리와 같은 은행들과 일을 같이 하는 경우가 많으므로 사업상 파트너와의 관계 유지를 위해 학비를 대신 지불해 준 셈이다. 그렇게 MBA를 졸업하고 모건스탠리에서 제2의 커리어를 시작한 그는 3-4억의 고연봉을 받으며 본인이 목표로 하고 있는 15억의 집을 빨리 사기 위해 저축을 하고 있다. 단순히 저축만 하는 것이 아니라 목표 수익률을 설정하고 암호화폐, ETF, 주식 등에 분산투자를 해서 매년 15%-20%

정도의 수익 역시 내고 있다.

이미 성공적인 인생의 로드맵을 따르고 있어 보이지만 아미르는 이에도 만족하지 않았다. 고연봉을 받더라도 세금이 약 40%에 육박하는 런던에서 돈을 모으는 것 보다, 중동 출신인 자신의 배경을 살려 세금이 없는 두바이에서 일을 하는 게 더 효율적이라고 생각했던 것이다. 사실 두바이에서는 세금을 내지 않는다는 사실은 뱅커라면 누구나 알고 있는 공공연한 사실이었다. 아미르는 그 뱅커들 중에서도 누구보다 체계적으로 생각하는 사람이었다. 두바이에서 세금을 내지 않고 월세를 지원받으며(두바이에서는 능력 있는 외국인 인력을 모집하기 위해 이런 제안을 하는 경우가 많다) 일을 하면 집을 장만하는 것이 몇 년이나 절약될 수 있다는 결론이 나왔고, 그는 빠르게 움직였다. 런던 오피스에서 약 1년간 일한 뒤 그는 인사팀과의 꾸준한 교류 끝에 두바이 지사로 인사발령을 받았다.

사실 나는 아미르를 보며 큰 충격을 받았었다. 이미 꿈만 같은 연봉을 받고 있는데도 불구하고 조금도 망설이지 않고 자신의 컴포트 존을 박차고 나오는 모습이 너무나도 인상적이었기 때문이다. 동료들과 식당에서 식사를 하며 두바이에서 동 직급 뱅커들이 받는 대우와, 세금이 없다는 이유로 저축할 수 있는 양에 대해서 신나게 떠들 때만 해도 다들 시큰둥한 반응이었다. '그래, 그건 다 알고 있지. 그래도 뭐, 갑자기 그런 곳에 가서 일을 하는 건

좀…' 이라는 생각이었다. 물론 각자의 상황이 다르기 때문에 무조건 두바이로 떠나는 것이 정답은 아닐 것이다. 하지만 당장 내가 추구하는 목표를 위해서는 다른 나라로 이직하는 것이 더 효율적이라는 계산 하나만으로 그것을 망설임 없이 실행하는 것은 결코 쉬운 일이 아니다.

저 이야기를 처음으로 하고 나서 아미르가 두바이로 떠나기까지는 약 3개월의 시간 밖에 걸리지 않았다. 남들에게는 그리 명확하지 않았지만 아미르에게는 확실한 로드맵, 즉 선택의 근거가 있었기 때문에 전혀 어려운 결론이 아니었던 것이다. 내가 아미르에게 들었던 계획을 그가 똑같이 실행하고 있다면 아미르는 지금 매년 수 억씩 저축을 하고 있을 것이다. 아마 그의 로드맵에서 생각했던 것보다 몇 년은 앞서 가면서 말이다. 어쩌면 그래서 목표를 재조정해 스스로를 더욱 채찍질하고 있을지 모른다. 그처럼 계획적으로 목표를 향해 움직이는 사람이라면 부업을 몇 개씩 해서 30대에 100억을 모으기 위해 다가가고 있다고 해도 놀랍지 않을 것이다.

그의 청소년기와 지금의 위치는 그야말로 하늘과 땅 차이가 아닐 수 없다. 그의 나이는 아직 30대 초반에 불과하지만, 그는 이미 영국 평균 연봉의 10배가 훌쩍 넘는 돈을 벌고 있다. 물론 그가 운이 좋았던 것도 무시할 수 없다. 마침 회계의 세계에 대해 알려줄 수 있는 이웃이 있었다는 점, 6개월이라는 비교적 짧은 시간 안에 EY같은 대기업의 눈에 들었다는 점, 그리고 무엇보다 모건스탠리에 가기로 했음에도 불구하고 EY에서 학비와 생활비를 돌려받지 않겠다고 한 점을 고려하면 그는 분명 운이 꽤 좋았던 편이다. 하지만 이 모든 것이 가능했던 이유는 그가 본인의 목표를 확실하게 설정하고 그 목표까지 도달하기 위해 체계적으로 리버스 엔지니어링한 단계를 밟아 왔기 때문이다. 이렇게 하지 않았다면 그는 아마 지금 레바논에서 일용직 생활을 하며 살고 있을지도 모른다.

아미르는 리버스 엔지니어링을 통해 자신의 인생 곡선을 바꿨다.

그는 먼저 첫 번째 목표를 세웠다. 경제적 안정을 얻을 수 있는 직업을 얻어서 레바논을 벗어나는 것. 그 목표를 위해서 그는 리버스 엔지니어링을 했다. 레바논을 벗어나려면 어떻게 해야 하는가? 해외에서 고소득의 직업을 얻어야 한다. 해외 일자리를 구하려면 어떻게 해야 하는가? 면접 등의 이유로 해외에 직접 가서 구직을 해야 한다. 그러려면 구직활동을 하는 기간 동안의 생활비가 필요하다. 돈을 모으려면 어떻게 해야 하는가? 레바논에서 이미 높은 수입을 올릴 수 있는(그리고 이상적으로는 해외에서도 계속할 수 있는) 일을 찾아야 한다. 그런 조건을 충족할 수 있는 현실적인 직업은 무엇일까? 회계사가 있다. 회계사가 되려면 어떻게 해야 하는가? 회계 공부를 하고 시험에 통과해야 한다. 따라서 그는 회계 공부를 해서 졸업하기 전에 회계사 자격증을 따고, 공부를 하며 돈을 모아 런던에서 구직활동을 할 비용을 마련했다.

그리고 나서 크고 좋은 집을 살 수 없다는 현실적 벽을 마주하자 그는 다시 한번 목표를 리버스 엔지니어링했다. 런던에서 원하는 집을 사려면 얼마가 필요한가? 약 15억 정도가 필요하다. 현재 연봉으로 이를 모으려면 얼마나 걸리나? 대출을 받더라도 적어도 20년은 걸리니 문제가 생긴다. 이를 단축하기 위해 더 높은 연봉을 받을 수 있는 직업 중 노려볼 만한 것은 무엇이 있는가? 투자은행에서 일하는 뱅커가 있다. 뱅커가 되려면 무엇이 필요한가? 학벌이 좋아야 하는데 현재의 학벌로는 부족하다. 그렇다면 MBA를 통해 이를 채우는 데에 돈이 얼마나 필요한가? 약 1억이 필요하다. 그렇다면 이 1억을 투자은행의 과장급 연봉으로 금방 갚을 수 있는가? (따라서 투자 대비 수익이 있는가?) 그렇다.

그는 쉬지 않고 이런 식으로 스스로에게 꼬리에 꼬리를 무는 질문을 던지고 답을 해가며 의사결정을 해서 현실에 안주하지 않고 자신의 한계를 돌파해낸 것이다. 이런 식으로 인생 설계를 하는 사람을 주위에서 본 적이 있는가? 아미르는 좋은 집안 배경도, 뛰어난 재능도 없던 평범한 레바논 출신 아이였다. 만약 그가 단순히 누구나와 같이 '아, 나도 부자가 되어서 이런 지긋지긋한 나라를 뜨고 싶다'고 생각만 하고 말았다면 여기까지, 아니, 그 1/10 라도 올 수 있었을까? 그 역시 수많은 다른 사람처럼 현실에 많은 불만을 가진 채로 적당하고 비체계적이고, 우발적인 노력을 종종 하면서 살아갔을 것이다.

내가 처음 투자은행에서 인턴을 했을 때부터 지금까지 주위에 이렇게 아미르와 같은 사람이 참 많았다. 그들은 모두 시각화와 수치화, 리버스 엔지니어링을 통해 집을 사고, 부모의 병원비를 마련하고, 꿈에 그리던 호텔에서 호화로운 결혼식을 하고, 자녀를 보딩스쿨에 보내고, 개인사업 자본을 마련해서 업계를 떴다. 그들이 남들과는 다른, 기가 막힐 정도로 천부적인 재능을 가졌냐고 하면 늘 그렇지만은 않았다. 물론 클라이언트를 응대하고 스마트한 인상을 남겨야 한다는 이유로 투자은행에서 일하는 사람들은 고학력, 고학벌인 사람들이 많지만 대화를 나누어 보면 지적으로 유별나게 뛰어나다고까지는 느껴지지 않는 사람들도 많다. 하지만 이들조차도 미래에 대한 계획, 그리고 지금까지의 인생에 대해서 이야기해 보면 자신만의 확고한 프레임워크와 계획이 있었다.

나의 동료들은 이미 20대 초반에 수 억의 연봉을 받는데도 불구하고 '뱅킹을 해서는 진짜 '큰 돈'을 벌 수 없어!'라며 퀀텀 점프를 할 수 있는 방법을 매일같이 고민했다. 아미르처럼 말이다. 여러분도 이런 수치화, 시각화, 그리고 리버스 엔지니어링을 적극 활용해서 인생의 목표를 설정하고 바라보기 바란다. 처음에는 이렇게 기계적으로 생각하는 것에 대해 회의감도 들고 어색하게 느껴지겠지만, 이런 사고방식이 하나의 습관이 되어야 한다. 그래야 나중에 무언가 원하는 것이 생겼을 때 무의식적으로 이 프레임워크를 적용할 수 있다. '내가 원하는 것은 무엇인가?', 그리고 '내가 지금 있는 지점에서 원하는 때에 원하는 것에 도달하려면 어떤 절차들을 언제 밟아야 하는가?'를 끊임없이 생각하라.

나는 일이 끝나고 집으로 돌아가는 길에 사고 싶은 물건을 보면 '내가 계획한 저축 로드맵에서 벗어나지 않는 한도 내에서 돈을 따로 모아 저 물건을 사려면 얼마나 걸릴까' 무의식적으로 계산을 한다. 꼭 대단한 목표가 아니더라도 원하는 라이프스타일이 있으면 그것을 무의식적으로 리버스 엔지니어링 하는 것이다. 그러면 그 지점에 분명 도달할 수 있다. 이 책을 쓰면서도 나는 비슷한 생각을 했다. 원고는 어느 정도의 분량이 되어야 하는데, 언제까지 초고를 완성해 언제 투고를 하려면 매주 몇 페이지씩 원고를 써야 하는지를 정해 놓고 그 목표를 달성하려고 한다. 초고의 퀄리티가 좋지 않더라도 일단 스케줄을 맞추는 데에 집중한다. 매 장을 끝내고 나서 퇴고를 해서 원하는 수준으로 내용을 끌어 올리면 되기 때문이다. 물론 계획에는 이 시간까지 포함되어 있다. 책을 쓰는 것은 쉽지 않은 일이다. 떠오르는 생각이 있더라도 어느 날은 글이 이상하게도 잘 쓰이지만, 어느 날은 몇 시간을 앉아 있어도 글이 잘 나오지 않는다. 며칠 동안 글이 잘 나오지 않게 되면 흥미를 잃어 손을 놓아 버리기가 매우 쉽다. '책이나 쓸까', '유튜브나 할까' 같은 다짐을 실행하기가 어려운 이유이다. 열정은 금방 불타오르지만, 그만큼 금방 식는다. 리버스 엔지니어링을 통해 스스로 명확하게 설정한 로드맵은 이럴 때 마다 스스로를 자책할 수 있는 명확한 잣대를 마련해 준다. 계속해서 기름을 부어 불이 꺼지지 않고 탈 수 있게 해 주는 것이다. 목표하는 바가 그 무엇이라고 하더라도 어떻게 단계를 밟아서 거기까지 도달할 수 있을지 눈에 보이는 로드맵이 있으니 하나도 두렵지 않을 것이다. 2장에서는 이 로드맵을 짜기 위해 필요한 정보를 어떻게 모으고 검증하는지에 대해서 조금 더 자세히 이야기해 보겠다.

수치화, 시각화, 그리고 리버스 엔지니어링을 습관화해서 모든 의사결정에 적용을 하게 되면 명확한 잣대가 생겨 어떤 목표라도 도전해 볼 수 있게 된다.

금융과의 연결고리
_ 펀드의 목표 수익률 설정

·
·

     우리가 이번 장에서 다룬 내용을 다시 한 번 금융에서의 사고와 연결해 보도록 하자. 이 장의 앞부분에서 펀드의 투자 사이클에 대해 짧게 이야기해 보았다. 다시 한번 정리해 보자면 아래와 같다. 이 책에서 매 장의 내용이 끝날 때 마다 한 번씩 이 투자 사이클로 돌아와서 각 장에서 다루는 사고방식이 금융에서 어떻게 적용되는지 알아볼 것이다.

     펀드라는 것은 국가나 산업, 혹은 특별한 목적 혹은 방향성을 가지고 투자하기 위해 모여 있는 돈을 뜻한다. 가령, 차이나China 펀드라면 중국의 유수 기업에 투자하는 펀드가 될 수도 있고, 4차 산업혁명 펀드라면 사물인터넷Internet of Things, IoT, 자동화 등의 테마에 적합한 기술을 가지고 있는 회사들에 투자하는 펀드가 되

1	펀드의 목표 수익률 설정
2	목표 수익률을 달성할 수 있는 투자자산 선정
3	투자자들의 출자를 통해 펀드 조성
4	투자자산에 대한 실사 진행
5	투자 시 자산의 출구 전략 탐구
6	지분 투자
7	투자 후 자산에 대한 사후 관리
8	회사의 매각 혹은 상장을 통한 수익 실현

는 셈이다. 투자자들은 이런 테마를 보고 본인의 입맛에 맞는다고 느낀다면 그 펀드에 돈을 출자하는 것이다. 하지만 당연히 테마가 마음에 든다는 이유 하나만으로 투자를 하는 사람은 없다. 본질적으로는 그 테마를 통해 높은 수익률을 낼 수 있다고 생각하기 때문에 투자하는 것이다. 요즈음은 기업이 사회적 의무를 생각하는 것처럼 투자에도 이런 움직임이 있어 친환경 펀드 등이 있는데, 심지어 공익적 방향성을 가지고 있는 이런 펀드라고 하더라도 좋은 수익률을 낼 것 같다는 느낌을 주지 못하면 투자자들을 모을 수 없다. 착한 일을 하는 것이 유일한 목적이라면 기부를 하거나 봉사를 하지, '투자'라는 개념 자체가 성립되지 않기 때

문이다.

따라서 펀드를 조성하기로 마음먹으면, 펀드는 가장 먼저 목표 수익률을 설정한다. 어떤 자산에 투자하는지를 먼저 생각하는 것이 아니라, 어느 정도의 수익률을 목표로 하는 펀드를 만들지 먼저 생각하는 것이다. 가령, 일반적인 사모펀드라면 20-25% 정도의 수익률을 목표로 하고, 인프라 등 조금 더 안정적인 투자를 하는 펀드라면 10-15%를 목표로 한다. 공모펀드 역시 목표 수익률이 있다. 이런 목표수익률의 설정이 중요한 이유는 당연히도 이 목표수익률에 따라서 어떤 투자 자산에 투자해야 하는지가 결정되고, 어떤 성향의 투자자들에게 이 펀드에 투자해 달라고 마케팅을 해야 할지가 달라지기 때문이다. 가령 고수익을 목표로 하는 펀드라면 필연적으로 조금 더 위험성이 높은 자산에 투자할 수밖에 없는데, 이런 경우 상대적으로 안정적인 자산을 선호하는 연금 펀드 등에서는 출자를 받기가 어렵다. 이미 수많은 펀드를 조성하고 운영해 온 경력이 있는 대형 펀드 회사들이라고 하더라도 첫 단계는 무조건 목표 설정이라는 점이 눈여겨볼 만하다.

모든 펀드의 첫 단계는 목표 수익률 설정이다.

가령 내가 지금 근무하고 있는 싱가포르의 국부펀드를 예로 들어 보면, GIC^{Government of Singapore Investment Corporation}(싱가포르투자청)는 수백 조가 넘는 자산을 관리한다. 이상적으로는 당연히 높은 수익률을 내는 것이 좋겠지만, 앞서 말했듯 높은 수익률은 더 높은 리스크를 동반하므로 이런 펀드의 경우에는 목표하는 수익률이 따로 존재한다. GIC의 경우는 지난 20년간 약 5-6%의 연간 수익률을 냈다. '에이, 그게 뭐야. 그 정도 밖에 안 돼?'라고 생각할 수 있겠지만 개인이 수백만원을 가지고 투자하는 것과 '국부', 즉 나라의 자산 수백 조를 가지고 투자하는 것과는 차이가 매우 크다. 수백 조를 비트코인 같은 자산에 넣을 수는 없는 것 아닌가! (여러분이라면 국가의 부를 가지고 그렇게 도박을 하는 나라에 살고 싶겠는가?) 따라서 규모가 저 정도가 되면 5%만 되어도 이미 수 조에서 수십 조의 수익이 되므로 목표 수익률을 낮게 잡는 것이다. GIC는 뉴욕, 런던, 싱가폴 등 세계 곳곳에 사무소가 있고, 각 사무소에는 사모펀드 투자, 인프라^{infrastructure} 투자, 공공시장^{public markets} 투자 등 다양한 부서가 있다. 이렇게 다양한 부서들이 각자 담당하는 자산에 투자를 하고, 그 종합적인 수익률이 약 5-6% 가 된다는 것이다. 따라서 만약 어느 년도에 갑자기 수익률이 20%가 난다면 이는 마냥 호재가 아니다. 어떻게 생각해 보면 GIC가 희망하는 것 이상의 리스크에 노출되어 있다는 뜻일 수 있기 때문이다. 따라서 이런 경우에는 어떤 부서에서 수익률이 심하게 높게 나왔는지를 점검하고, 어떤 자산들에 투자해서 이게 가능했는지를 다시 한번 심사한다. 그리고 만약 너무 위험한 자산에 많이 노출되어 있다는 결론이 나오면 기대수익률을 재조정해서 이런 자산들을 매각한다. 즉, 손을 뗀다는 것이다.

이런 사고방식은 우리가 1장에서 다룬 내용과 정확하게 일치한다. 모든 것의 시작은 '목표 설정'이다. 우리가 이 장에서 원대한 인생의 종착점을 설정하는 것을 다뤘는데, 단기적 목표가 아니라 장기적 목표를 설정하는 것으로 시작한 이유는 장기적 목표를 설정을 하고 리버스 엔지니어링을 해야 단기적 목표들도 잘 설정할 수 있기 때문이다. 얼마의 수익률을 내겠다는 목표가 잡혀야 어떤 자산에 얼마나 분배를 해서 투자해야겠다는 목표를 잡을 수 있다. 또, 어떤 자산에 얼마나 분배를 해서 투자하는지 알아야 각 자산에 투자하는 투자자들이 누가 있는지를 생각해서 펀드를 조성할 수 있다.

사모펀드와 같은 금융기관에서는 방향성 없이는 그 어떤 결정과 투자도 하지 않는다. 만약 어떤 펀드가 어디에 투자했다면, 반드시 그 결정을 통해서 이루고자 하는 바가 명확하게 있다는 것이다. 얼마의 수익률을 내기 위해서 어디에 투자를 하고, 투자를 하기 전에 반드시 사전 검토를 한다. 또, 얼마를 투자할지 결정을 하기 위해 기업 실사와 내부 자산 검토를 하고, 그 기업 실사를 하기 위해 컨설턴트들과 좋은 비즈니스 관계를 유지한다. 의미가 없는 행동은 단 하나도 없다. 그리고 이렇게 거미줄같이 잘 짜여 있는 의사 결정이 가능한 이유는 수익률이라는 명확한 목표가 설정되어 있기 때문이다. 이 점을 잘 기억하고 마치 북극성처럼 따라갈 수 있는 목표를 설정하기 위해 진지하게 고민하고 생각해야 한다. 내가 원하는 인생의 모습을 수치화하라.

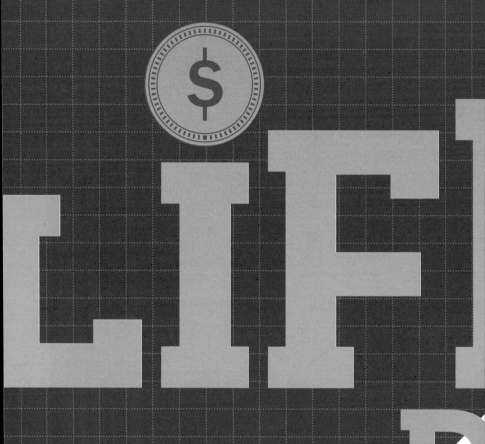

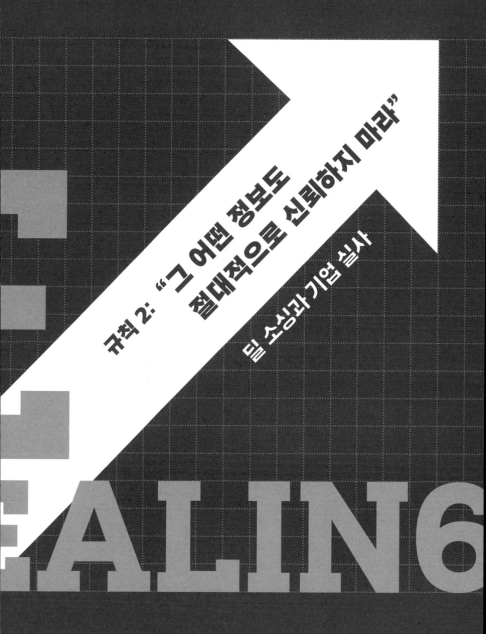

보편적 진리들과
그 위험성에 대해서

·
·

1장에서 우리는 어떤 식으로 목표를 설정
하고, 그 목표를 달성하기 위한 과정들을 어떻게 리버스 엔지니
어링 하는지에 대해서 다루었다. 그리고 이 과정을 이해하기 쉽
게 보여주기 위해 35세에 약 20억 정도의 가치를 가진 집에 살고
싶다는 나의 목표를 예로 들었다. 이 목표에 도달하기 위한 로드
맵을 역으로 설정하는 과정에서 첫 직장에서 약 1억 5,000만원에
서 2억 정도의 연봉을 받아야 한다는 결과에 도달했던 것을 기억
하는가? 나는 이 결과에 도달하고 나서 이런 연봉을 받을 수 있
는 회사는 정말 흔치 않다며 투자은행, 사모펀드, 헤지펀드, 1티
어 급의 로펌, 그리고 소프트웨어 회사들 정도만이 이 정도의 연
봉을 줄 수 있다고 이야기했다. '그렇구나~'하며 이 부분을 읽고

넘겼을 독자들도 분명 있겠지만, '세상에, 그런 연봉을, 그것도 신입에게 주는 곳들이 존재하기는 했어?'라며 놀란 독자들도 꽹장히 많았을 것이라고 생각한다. 나는 어떻게 이런 선택지들이 존재한다는 것을 알 수 있었을까?

만약 내가 이런 회사와 업종의 존재를 알지 못했다면 나는 아마 1억 5,000만원에서 2억의 초봉을 받아야 한다는 결론에 도달한 시점에서 '아, 이건 불가능한 목표구나'라며 바로 목표를 하향 조정했을 것이다. 이는 목표를 설정하고 리버스 엔지니어링을 하는 과정에서 양질의 정보를 얻고 그 정보가 사실인지 확인하는 것이 얼마나 중요한지를 여실히 보여준다. 어떤 선택지가 존재하는지를 알아야 선택을 하기라도 할 수 있기 때문이다. 2장에서는 이렇게 목표 달성을 위해 의사 결정을 할 때 필요한 정보를 어떻게 얻고, 어떤 식으로 검증해야 하는지 알아보겠다. 투자은행과 사모펀드에서는 M&A를 할 때 대상이 되는 회사 혹은 자산에 대해서 엄청난 양의 정보를 수집하고, 또 사실 검증을 한다. 이들이 이 과정에서 사용하는 방법에서 배울 수 있는 점을 정리하겠다.

리버스 엔지니어링을 제대로 하기 위해서는 확실하게 검증된 양질의 정보가 필요하다.

구체적인 방법론을 이야기하기 전에 '정보'에 대해서 짧게 고찰해 보자. 우리 사회에는 보편적 진리로 받아들여지는 것들이 참 많다. 소위 말하는 전문가, 혹은 인생의 선배들이 이구동성으로 말하는 것들이기 때문에 많은 사람들은 이런 말들을 의심 없이 사실로 받아들인다. 예를 들어 한국 사회에서는 '죽도록 노력해서 일단 대학에 들어가서 자유를 누리는' 것이 어느 정도 당연한 진리로 받아들여진다. 학생들은 대학에 들어가는 것에 큰 의미를 두고, 따라서 이 목표를 달성하고 나면 긴장을 풀고 자유를 만끽하기 시작한다. '신입생 때는 놀고 2학년 때부터 정신 차리는 것'에 다들 크게 문제 제기를 하지 않지만 과연 정말 문제가 없을까? 아마도 이 책을 읽고 있는 독자가 대학교 졸업을 앞두고 있거나 이미 졸업을 한 사회인이라면 분명 이런 생각에 대해서 할 말이 하나씩은 있을 것이다. 물론 '신입생 때가 가장 자유로운 때이고, 따라서 무언가를 많이 생각하지 않고 해 보고 싶다면 이 때밖에 없어!'라고 생각하는 독자가 있을 수 있다. 이런 생각이 틀렸다는 말을 하는 것은 아니다. 하지만 그 반대의 생각도 많이 있을 수 있다면 이런 사실이 보편적 진리라고 할 수는 없지 않을까?

아마 대부분의 독자 여러분도 알게 모르게 보편적 진리를 따라 살고 있을 것이다. 인생의 선배들이 하는 말이라고 하면 일단은 사실이라고 생각하고 보는 것이 일반적이기 때문이다. 대표적인 예가 부모님이 하는 말씀이다. 우리는 부모님이 하는 이야기

라면 다른 어른이 하는 이야기보다 훨씬 쉽게 믿고 따르는 경향
이 있다. 선생님이 하는 말은 또 어떤가? 이렇게 하는 것이 맞다
고 하면 그런가 보다 하고 그 말을 따른다. 대학생이 되고 나서는
교수님과 선배님의 말을, 졸업을 하고 나서는 회사 상사의 말을
있는 그대로 받아들이기 쉽다. 일반적으로 우리가 쉽게 믿게 되
는 말들에는 아래와 같은 공통점이 있다. 이를 '보편적 진리의 오
류' 라고 칭하겠다.

그림 2.1 보편적 진리의 오류들

첫 번째로 많은 사람들이 동의하는 말이 있다. 사람들이 딱히
반대하지 않는 이야기들이 있다. 그 누구와 이야기해도 비슷한
말을 하고, 그 누구에게 물어보아도 문제 제기를 하지 않는다면
자연스럽게 사실로 받아들이는 경우가 많다. 인간은 사회적 동물
이기 때문이다. 많은 독자들이 알고 있는 심리 실험이겠지만, 한

방에 여러 사람을 모아 놓고 한 명을 제외한 모든 사람에게 말도 안 되는 것들에 대해 사실이라고 답을 하라고 하면 처음에는 조금 의아해 하다가도 나머지 한 명도 사실이라고 답을 하는 경우가 많다. 이런 실험들에 사용되는 명제는 '오렌지는 주황색이다' 같은 답이 명확하게 정해져 있는 명제들이다. '이 사과는 빨갛다' 같은 당연히 맞는 이야기에 대해서도 나를 제외한 수백 명의 사람들이 다 아니라고 이야기하면 '아, 내가 잘못 생각하고 있는 게 아닐까?'하는 의구심이 생기는데, 이렇게 답이 정해져 있는 문제가 아니라고 하면 이런 사회적 압력이 가지는 영향력은 훨씬 클 수밖에 없다.

위에 들었던 예가 바로 이 경우이다. 나는 한국에서 국제 중·고등학교를 졸업했는데, 학교의 특성상 아이들도, 부모님도 교육에 관심이 많고 다들 각자 원하는 목표를 달성하기 위해 열심히 사는 분위기였다. 기숙 학교였기 때문에 굉장히 자율적인 환경이었음에도 불구하고 엄청난 자제력을 가지고 좋은 성적을 거둬서 원하는 대학에 진학하기 위해 공부하는 친구들을 보며 존경스럽다고 느끼는 경우도 많았다. 이런 이야기를 하는 이유는 아무리 이런 류의 사람이라고 하더라도 위에서 말한 '일단 대학에 붙고 보자'라는 사고에서 자유롭지 못했다는 것이다. 대학을 졸업하고 나서, 혹은 졸업을 앞둔 학생들은 신입생 때 너무 놀아서 좋지 않은 학점을 받지 못한 것에 대해 후회하거나, 다른 대외

활동을 하나라도 더 하지 않은 자신을 자책하는 경우가 많다. 사실 이런 점은 어느 정도 예측이 가능하기는 하다. 당연히 신입생 때에도 고3처럼 생활하는 사람이 있다면 그 사람이 그렇지 않은 사람보다 더 좋은 결과를 거둘 수 있지 않겠는가? 하지만 '열심히 공부한 만큼 성인이 되고 나서 어느 정도의 자유를 즐겨서 해방감을 느끼는 것도 중요하다'는 것이 어떤 하나의 무조건적인 진리로 받아들여지기 때문에 굉장히 계획적이고 목표 지향적인 사람이라고 하더라도 이 함정에 빠져들어 본인이 나중에 후회할 만한 생활을 하는 경우가 많다. 다시 말하지만 모든 사람이 이렇게 살아야 한다는 것이 아니라, 이런 생활을 후회할 만한 사람이라도 '신입생 때는 술 마시고 노는 것'이 많은 사람들, 특히 동기들이 동의하는 보편적 진리라는 이유로 그 사실을 의심하지 않고 그대로 받아들인다는 것이다. 이 두 가지는 엄연히 다른 이야기이다.

두 번째는 전문성이 있는, 혹은 있어 보이는 사람이 하는 말이다. 이 경우가 사실 제일 위험하다고 할 수 있다. 어떤 자격증이 있는 사람이거나, 좋은 대학에 나온 사람이거나, 어떤 상을 수상한 사람이 하는 말이라고 하면 믿기가 쉬워진다. 가령 당신이 투자를 공부하기 위해서 유튜브를 보고 있는데, 투자를 통해 자산을 100억까지 키웠다는 사람이 하는 말이 있다면 당신은 그 말을 있는 그대로 믿지 않을 자신이 있는가? '그게 왜 문제야? 그 사람은 실제로 투자로 돈을 많이 벌었잖아!'라고 말할 수도 있지만 여기에는 두 가지의 문제가 있다. 첫째로, 그 사람이 정말로 그 만큼 돈을 벌었는지는 알 방도가 없다. 특히 요즘에는 정보가 너무 많아 사실을 검증하는 것조차 어렵기 때문에 누가 작정을 하고 본인의 경력을 속이거나 거짓말을 하려고 하면 이를 확인하기가 어렵다. 실제로 유명인들 중에서는 본인이 하지 않은 일들을 했다고 하거나, 혹은 아예 새로운 자아를 만들었다고 해도 이상하지 않을 정도의 거짓말을 했다가 걸린 경우가 많다. 둘째로 이 사람이 정말 그 만큼의 돈을 벌었다고 하더라도 이 사람이 투자와 관련해서 하는 말이 전부 사실이거나 좋은 조언은 아니라는 점이다. 이 사람이 비트코인에 투자한 사람이라고 가정해 보자. 답답한 현실에서 벗어나고 싶어 모든 것을 걸고 도박성으로 내재가치가 전혀 없는 어떤 이름도 없는 코인에 1억을 투자했는데, 이 코인이 모종의 이유로 많은 관심을 얻어 가치가 100배가 되었다고 하자. 이 경험을 하고 나서 이 사람이 대중들에게 '큰 돈을 벌기 위해서는 무모하다고 생각될 정도의 리스크를 져야 합니다' 라고 한다면, 이 사람의 말을 듣는 것이 옳을까? 이 말을 다른 누군가가 했다면 아마 콧방귀를 뀌고 넘어갔겠지만, 이 사람이 돈을 많이 번 사람이라는 이유만으로 '그래, 투자 수익률은 리스크에 비례하니까 큰 돈을 벌려면 나도 저렇게 한 방을 노려야 하는 거야!'라며 오히려 잘 알지도 못하는 그의 행동을 정당화하며 사실이라고 믿게 될 지도 모른다.

우리가 쉽게 진리라고 받아들이는 것의 다른 예로는 나이가 많은 사람이 하는 말이 있다. 특히 한국을 비롯한 동양권의 사회에서는 이런 경향이 더 많이 보인다. 유교주의를 바탕으로 하는 사회에서는 나이가 마치 경력처럼 인정되기 때문이다. 나보다 나이가 더 많은 사람은 나보다 더 많은 경험을 한 사람이기 때문에 그 사람이 하는 말은 귀기울여 들을 가치가 있다는 것이 정론이지만, 당연하게도 이 또한 꼭 사실이라고 할 수는 없다. '어른이 어른 같아야 어른 대접을 받지!'라는 말처럼, 나보다 나이가 많은 사람이라는 이유만으로 그 사람의 말을 모두 진리로 받아들인다면 아마 그 사람은 엉망진창인 삶을 살게 될 지도 모른다. 머리로는 이해하는 내용이지만 주위의 어른이 하는 말이라면 무조건 의미가 있다고 생각하며 받아들이기가 쉬우므로 이 역시 굉장히 위험한 함정이라고 할 수 있다. 계속해서 노파심에 하는 이야기지만, 이 얘기는 '어른의 말을 무시해라'는 말이 아니다. 어른이 하는 말이라도 맞는 말과 틀린 말이 있을 수 있다는 점을 늘 기억하고 본인의 가치판단에 맹목적으로 어른의 말을 적용하지 말라는 점이다.

여기서 말하는 '어른'에는 부모님도 포함된다. 우리가 아주 어렸을 때에는 부모가 인생을 살아가기 위한 기초적인 지식과 생활습관을 길러 주는 것이 사실이지만, 그렇다고 해서 부모님이 하는 말씀이라고 해서 무조건 맞지는 않다. 가령, 수십 년간 삼성전자에서 근무를 하다 최근에 명예퇴직을 하게 된 아버지는 유명한 스시 셰프가 되고 싶어 일본 유학을 고민하는 아들을 위해 해 줄 조언이 많이는 없을 것이다. 아마 조언을 해 준다고 해도 '뭐든 본토에 가서 배우는 게 좋지 않을까?' 또는 '아니야, 뭐든 체계적으로 배우려면 학교에 가야지. 요리 학교는 어때?' 같이 딱히 근거가 없고 추측에 기반한 영양가 없는 조언일 가능성이 높다. 나이가 많은 사람이라고 하면 더 많은 것을 봤으므로 덜 본 사람에 비해서 '확률적으로' 더 많은 지식을 가지고 있을 가능성이 높지만, 인생에는 너무 많은 지식의 영역이 있기 때문에 인간이 수십 년을 산다고 해도 잘 모르는 분야가 있을 수밖에 없다. 나이에 따른 위계에 의존해서 정보의 신뢰성을 판단하는 것은 명백한 오류이다. 이상적으로는 질문을 받은 연장자가 자신이 잘 모르는 분야일 경우 '잘 모르겠다'고 답을 하겠지만, 늘 이렇지는 않음을 여러분도 잘 알고 있을 것이다. 되려 잘 모르는 분야라고 하더라도 조언을 하는 경우가 많다.

마지막 경우는 오랫동안 진실로 받아들여졌다는 이유만으로 어떤 사실을 진리로 받아들이는 오류가 있다. 전통을 따르는 것에 가치가 있다는 점을 부정하고 싶지는 않다. 하지만 사회는 계속해서 변하고, 따라서 한 시대에서는 무조건적인 진리로 생각해도 무방했던 사실이 다른 시대에는 꼭 사실이 아닐 수도 있다.

실제로 '남녀칠세부동석'과 같은 과거의 규범들을 현대에서 적용하려고 하면 많은 비웃음을 살 것이다. 과거의 보수적이고 엄격한 사회에서는 남녀가 한 공간에 같이 있는 것 자체에 많은 의미를 부여하고 죄악시한 반면, 자유가 훨씬 부각되고 성별에 따른 명확한 구분을 지양하는 현대의 사회에서는 그런 논리가 전혀 적용되지 않는 것이다. 따라서 '늘 그래왔다'는 이유만으로 무언가를 있는 그대로 받아들이는 것이 위험하다는 사실을 의식하고 본인의 사고가 이에 영향을 받고 있지는 않는지 계속 점검해야 한다.

보편적 진리의 오류에 빠지게 되면 논리적이고 합리적인 사고를 할 수 없게 되므로 이를 의식적으로 경계해야 한다.

이미 그 목표를
달성한 사람을 찾으면 된다

.
.

　　목표를 향해 나아갈 때 보편적인 진리에 의지하지 않고, 정보를 주어진 대로 받아들이기보다는 의심해 봐야 한다는 이야기를 했다. 어떻게 의심하는 것이 좋을지를 생각하기 전에, 조심해야 하는 보편적인 진리의 함정을 통해 우리가 얻은 교훈을 바탕으로 어떤 식으로 정보 수집을 하는 것이 좋을지 생각해 보도록 하자. 우리가 얻은 교훈은 총 네 가지였다. '많은 사람들이 하는 말이라고 해서 모두 사실은 아니다', '전문성이 있는 사람이 하는 말이라고 해서 모두 사실은 아니다', '나이가 많은 사람이 하는 말이라고 해서 모두 사실은 아니다', 그리고 '오랫동안 사실이라고 받아들여진 이야기라고 해서 모두 사실은 아니다'. 이를 거꾸로 생각해 보면 우리가 정보를 수집할 때 하지 말아야 할 행동이 무엇인지를 도출해낼 수 있다.

먼저, 무조건 많은 사람을 통해서 정보를 얻는 것은 의미가 없다. 아무런 기준 없이 많은 사람들에게 의견을 듣고, 그들의 의견에 공통점이 있다고 해서 그것이 무조건 유의미한 정보는 아니기 때문이다. '다들 그렇게 하던데?'에 가치를 부여하지 말라는 것이다. 또, 무조건 소위 말하는 '전문성'에 의지해서 똑똑해 보이는 사람, 혹은 무언가 좀 '배운' 사람에게 정보를 얻는 것도 마냥 좋은 전략은 아니다. 그 사람이 정말로 전문가인지 확실하게 판명하기 어려우며, 설령 전문가가 맞다고 하더라도 내가 원하는 분야를 그만큼 잘 알고 있다는 보장은 없기 때문이다. 가령 스타 농구선수인 르브론 제임스에게 투자 조언을 받는 것은 그렇게 현명한 선택이 아닐 것이다. 그는 분명 엄청나게 성공한 사람이고, 이 과정에서 여러 가지 삶의 인사이트를 얻었을 것이지만, 한 분야의 전문성이 그 외의 분야의 지식으로 이어지는 데에는 한계가 있기 때문이다. 또, 정보를 수집할 때 무조건 나이가 많은 사람을 통해서 하거나, 반대로 나이가 어린 사람을 거르는 것 또한 좋은 방법이 아니다. 이에 대해서는 더 많은 설명을 하지는 않겠다. 마지막으로는, 내가 들은 정보가 상대적으로 새로운 이야기이고 기존의 틀을 깨는 이야기라고 하더라도 무조건 거짓이라고 생각하거나 무시해서는 안 된다는 점이다.

그렇다면 이렇게 하지 말아야 할 행동들을 제외한, '현명한'

정보 수집 방법은 무엇일까? 바로 '내가 원하는 목표를 이미 달성한 여러 사람들을 통해 정보를 얻되, 이들의 배경에 다양성이 있게 하는 것'이다. 그 다른 어떤 방법보다도 이 방법을 사용하는 것이 가장 정확하고 유의미한 정보를 전달해 줄 수 있다. 먼저 두루뭉실한 조언을 받는 것이 아니라 내가 원하는 바로 그 목표를 직접 달성한 사람에게 그 목표의 달성과 관련해서 직접적으로 유용한 정보를 얻는 것이기 때문에 정보의 유용성이 높을 수밖에 없다. 또, 이런 사람 한 명을 찾아서 그 사람의 말을 곧이곧대로 듣는 것이 아니라 다양한 배경을 가진 사람들에게 이야기를 들어 그들의 배경을 고려해서 정보를 걸러 듣고, 또 내 배경에 적용할 수 있는 이야기인지를 확인하기 때문에 더욱 적용 가능한 정보가 되는 것이다.

내가 원하는 목표를 이미 달성한 사람들에게 정보를 수집하되, 각각의 사람이 가진 다른 배경에 유의해야 한다.

나는 예전부터 MBA에 대한 하나의 로망이 있었다. 자신의 사업을 하는 것이 매력적이라고 생각했기 때문에, 하나의 비전을 가지고 사업체를 만들어 세상을 바꾸어 나가는 방법에 대해서 공부하는 과정인 MBA가 멋있어 보였기 때문이다. 투자은행에서 커리어를 시작하고 나서 MBA가 매력적이라는 생각은 계속해서 커져만 갔다. 몇 년간 엄청나게 긴 업무 시간과 높은 업무 강도를 견뎌내야 했기 때문에 잠시 일에서 벗어나 MBA를 하며 내가 하고 싶은 공부도 하고, 학력도 업그레이드하는 것이 좋은 전략이라고 생각하게 된 것이다. 이런 생각을 하고 나서 나는 MBA를 어떻게 하면 준비할 수 있을지에 대해서 생각해 보게 되었다. 당연히 처음 한 일은 인터넷 검색을 통해서 널리 알려져 있는 정보를 모으는 것이었다. MBA 과정에 지원하기 위해서는 어떤 시험 성적이 필요하고, 어떤 활동들이 필요하고, 어떤 식으로 에세이를 써야 한다는 등, 조금만 찾아보면 공공연하게 알아낼 수 있는 정보 말이다. 하지만 당연히 이것만으로는 많이 부족했다. 쉽게 설명하자면 현재의 나를 A, 원하는 학교에 입학해 MBA 과정을 밟고 있는 나를 B라고 했을 때, A에서 B에 도달하기까지 어떤 것들을 성취해내야 하는지에 대해서 명확한 정보가 없는 것이었다. 가령, 어느 정도의 GMAT/GRE(MBA 등의 석사 과정에 지원하기 위해서 필요한 공인 성적) 점수가 필요한지, 현재의 내 직장 정도면 좋은 배경으로 인정받을 수 있는지, 그렇지 않다면 어떤 부가 활동들을 해서 내 지원서를 빛나게 해야 하는지에 대해서 정확히 알 수가 없었다.

여기서 대부분의 사람이라면 '입시 컨설턴트'에게 돈을 주고 정보를 사는 실수를 할 것이다. 입시 컨설턴트들이 하는 말이 틀렸다거나, 이들이 하는 말이 근거가 없다는 말을 하는 것이 아니다. 다만, 입시 컨설턴트는 나를 잠재적 고객으로 생각하기 때문에 상대적으로 긍정적이고 희망적인 이야기들을 할 이유, 즉 인센티브가 있으며, 그 외에도 입시 컨설턴트의 실력을 정확히 검증하기 어렵다거나, 혹은 본인이 직접 MBA를 했더라도 이미 몇십 년 전의 이야기이기 때문에 최신 정보에 대해서 무지할 수 있다는 단점이 있다. 하지만 그럼에도 불구하고 사람들은 이들이 전문가라는 이유로 컨설턴트들의 말을 크게 의심하지 않고 사실로 받아들여 버린다. 우리가 앞서 이야기한 보편적 진리의 오류를 겪을 수 있는 것이다. 바로 이런 이유 때문에 입시 컨설팅을 받더라도 그런 정보를 참고하는 정도에 그쳐야지, 전적으로 의지해서 그들에게 모든 것을 맡기면 안 된다는 것이다(이는 정상적인 입시 컨설턴트라면 동의하는 내용일 것이다). 나는 일반적인 컨설턴트들의 말을 맹목적으로 믿는 것 대신 다음과 같은 전략을 택했다.

링크드인linkedin이라는 플랫폼이 있는데, 이미 잘 알고 있는 독자들도 있을 것이다. 이 플랫폼은 개인이 자신의 이력을 온라인으로 공개해 구직활동에 도움을 받을 수 있는 플랫폼이자 회사들이 새로 생긴 일자리를 홍보하는 플랫폼이기도 하다. 링크드인 플랫폼을 어떻게 활용하는지는 개인에 따라 차이가 있겠지만, 내 개인적인 생각으로 링크드인의 최대 장점은 다른 사람들의 이력과 커리어 패스path를 무료로 열람할 수 있다는 점이다. 생각해 보면 이런 온라인 서비스가 있기 전에는 다른 사람들이 어떤 식으로 살아왔고, 어떤 커리어를 쌓아가는지 알 방도가 없었다. 회사 선배나 주변인들을 통해 '그런 사람이 있더라' 라며 알음알음 듣는 정도였지, 어떤 사람이 어느 학교를 언제 졸업해 어떤 인턴십을 통해 어떤 회사에 들어가 몇 번의 이직을 거쳐서 지금의 자리에 왔는지는 그 사람과 직접 만나서 이야기를 듣기 전까지는 알 수 없었던 것이다. 하지만 링크드인에는 사람들이 각자의 이력을 보기 좋게 잘 정리해 놓았으므로, 이 플랫폼을 통해 많은 정보를 얻을 수 있겠다는 생각이었다.

링크드인 플랫폼을 통해 여러 전문가들의 이력과 커리어패스를 무료로 찾아볼 수 있는데, 이는 굉장히 유용하다.

처음 링크드인에 들어가서 나는 내가 지원해 보고 싶은 유수 MBA(하버드, 스탠포드, 와튼, INSEAD 등) 프로그램에 현재 재학 중이거나 올해 합격한 학생들을 찾아보았다. 검색 창에서 관련 MBA프로그램을 찾아보면 현재 그 내용을 자신의 이력에 넣은 상태인 사람들이 모두 뜨기 때문에 이는 그리 어렵지 않은 일이었다. 그리고 나서 나는 모든 사람들의 프로필을 하나씩 들어가 중요한 정보를 찾아서 정리하기 시작했다. 첫 번째는 나이였다.

신상정보와 심지어 사진까지 요구하는 한국의 이력서 혹은 지원서와는 달리 해외에서는 이런 정보를 잘 요구하지 않고(심지어 요구하는 것이 불법인 나라도 많다) 채용을 진행하기 때문에 이런 정보가 나와 있지 않은 경우도 많았다. 하지만 대학 입학 년도와 졸업 년도를 볼 수 있었기 때문에, 다른 활동을 하지 않고 20세에 대학에 진학했다고 가정하면 어느 정도 나이를 계산해 볼 수 있었다. 나이가 중요한 이유는 내가 언제 MBA에 지원하는 것이 가장 좋을지 생각해 봐야 하기 때문이었다. 물론 MBA 프로그램에 보면 대부분 지원자들의 나이가 20대 후반이라고 나와 있기는 하지만, 이 정보는 학교에서 공개하는 '평균' 정보이기 때문에 구체적으로 내 상황에 맞춘 정보는 아니었다. MBA에 진학하는 학생들은 다양한 배경에서 오기 때문에 조금 더 자세한 조사가 필요했던 것이다.

두 번째로는 이들의 커리어패스, 즉 MBA에 진학하기 전에 다닌 회사와 학교에 대한 정보를 수집했다. 여기서의 핵심은 약 몇 %정도가 금융 배경을 가지고 있는지, 혹은 아이비리그 출신인지가 아니었다. 그런 정보는 MBA 프로그램 홈페이지에서도 쉽게 찾을 수 있기 때문이다. 그 대신 여기서 중요한 점은 나와 비슷한 배경의 사람들을 찾는 것이었다. 컨설팅 혹은 투자은행 배경을 가지고 있는 사람들, 그리고 세계 20위권 내의 대학 졸업생들을 찾아 이들이 어떤 과정을 거쳐 MBA를 하게 되었는지 확인해 보게 된 것이다. 이 정보가 중요한 이유는 이를 통해 MBA에서 특히 선호하는 회사들이 있는지 알아볼 수 있기 때문이다. 똑같은 분야라고 하더라도 업계에서 '엘리트 회사'로 평판이 좋은 곳이 있는 반면, 이름이 잘 알려지지 않은 중소기업 같은 경우에는 프로그램에 지원할 때 상대적으로 더 어려움이 있기 때문이다. 당시의 나는 BNP 파리바라는 프랑스계 은행에 재직 중이었는데, 유럽에서는 가장 규모가 크다지만 상대적으로 인지도 낮은 유럽계 투자은행보다는 미국계 투자은행에 다니는 게 MBA에 지원할 때에는 더 유리하다는 이야기가 많았다. 나는 이 정보가 맞는지 직접 확인해 보고 싶었다. 또, 학교의 경우 이미 졸업을 했기 때문에 바꿀 수 없는 변수였지만 최대한 나와 비슷한 환경에서 MBA에 간 학생들과 비교하기 위해서는 학벌 역시 알아볼 필요가 있었던 것이다.

마지막으로는 기타 활동들이었다. MBA가 아니라 다른 석사 프로그램의 경우에도 그 사람의 학업적인 능력 외에 다른 활동들도 고려해서 선발하기 때문이다. 가령 봉사활동을 꾸준하게 했다거나, 특정 스포츠를 오랫동안 해서 수상경력이 있다거나, 스타트업을 운영해 본 경험이 있다거나 하는 등 자신만의 매력과 인생 경험을 어필할 수 있는 '필살기'가 하나씩 필요한 것이다. 이런 정보를 링크드인 프로필에 올려 놓지 않은 사람들도 많았지만, 올려 놓은 사람들에 한해서는 꽤나 구체적인 정보를 얻을 수 있었다. 어떤 사람은 에베레스트 정상에 올라가 사진을 찍어 올리기도 했고, 어떤 사람은 소아병원에서 오랫동안 봉사활동을 했고, 어떤 사람은 마라톤을 수십 번 완주하기도 했다. 어떤 사람은 아예 사회적 기업을 만들어서 자신이 살고 있는 동네 이웃들을 위해 여러 가지 무료 교육 서비스를 제공하고 있기도 했다. 이런 상황을 보면서 유수 MBA에 진학하기 위해서는 단순히 회사에서 일만 잘 해서는 어렵다는 생각을 했다.

이렇게 정보를 모아서 엑셀에 정리해 보니 내가 어떻게 MBA를 위해 준비해야 할지 너무나도 확실한 윤곽이 보이기 시작했다. 금융인 중 유수 MBA에 진학한 학생의 전형적인 패턴은 골드만삭스, 모건스탠리, JP모건 등 대형 미국 투자은행에서 일을 하다가 입학한 경우였다. 이들은 보통 770점 이상의 GMAT 점수(800점 만점)를 보유하고 있었고, 꾸준하게 스포츠 활동을 했을 뿐만 아니라 봉사활동에도 자주 참여했는데, 회사에서 진행하는 봉사활동 프로그램을 가지고 어필하는 경우도 많았지만 대부분의 경우에는 결손가정 자녀들에게 금융, 경제에 대한 교육을 시켜 주거나 학생들의 이력서를 무료로 검토해 주는 등 자신이 가지고 있는 재능을 기부하는 형태가 더욱 많았다. 이런 결론들로 미루어 보았을 때, 당시 유럽계 투자은행에 근무하고 있었고 갓 일을 시작한 상태라 일에 집중하느라 스포츠나 봉사활동 등에 많이 신경을 쓰고 있지 못했던 내가 MBA 준비를 하기 위해서 무엇을 해야 할지 생각해 볼 수 있었다. 첫째는 미국계 투자은행으로 이직을 하는 것이고, 둘째는 어느 방식으로든 '인증'할 수 있는 스포츠 활동을 하는 것이고(자격증을 따거나, 무언가를 완주하거나, 대회에서 수상하거나 하는 등의 활동), 마지막은 독창적이고 금융과 관련이 있는 봉사활동을 하는 것이다. 그렇게 하면 세계 유수 MBA에 진학할 수 있는 전형적인 'A급' 프로필을 갖출 수 있었다.

나는 이 결론을 내리는 데에서 멈추지 않고, 몇 단계 더 검증을 거쳤다. 우선 내가 들여다봤던 프로필 중 나와 유독 공통점이 많은 사람들에게 직접 메시지를 보내서 이메일이나 전화로 질문을 해도 되는지 물어본 것이다. 처음 보는 사람에게 메시지를 보내는 게 당황스럽다고 느껴질 수도 있겠지만 만약 답이 오지 않더라도 잃을 것이 없고, 질문하는 것 자체는 민폐가 아니니 문제될 것이 없다. 흥미로운 점은 먼저 내 소개를 간단히 하고 MBA 지원과 관련해 궁금한 점들을 정중하게 물어보니 약 30% 정도의 사람들이 친절하게 답변을 해 주었다는 점이다. 이들 중 직접 전화를 통해 약 30분 정도 대화를 한 경우도 있었다. 이런 인터뷰를 통해 현재 MBA에 진학해 있거나, 최근에 합격한 사람들과 심층적으로 대화를 해서 내가 가지고 있는 정보가 사실이 맞는지, 또 빠뜨린 점은 없는지 등에 대해서 확인할 수 있었다. 후자가 중요한 이유는 내가 몇 가지 정보를 통해서 성공한 사례의 공통점을 발견했다고 하더라도, 링크드인 프로필에 올라와 있지 않은 무언가가 있을 수 있기 때문이다. 통계에서도 '상관관계'와 '인과관계'는 명확히 다르게 취급한다. 상관관계의 경우 A한 사람이 B할 확률이 꽤나 높다는 것인 반면 인과관계는 A함으로 인해 B가 되었다는 것이므로 후자가 훨씬 입증하기 어려운 것이다. 이처럼 내가 가지고 있는 정보가 몇 단계의 검증을 거쳤다고 하더라도 그를 맹신하지 않고 추가적으로 인터뷰를 진행했다. 일반적인 사람이라면 바로 전문가를 찾아가 상담부터 했을 텐데, 이런 절차를 거쳐서 정보를 수집하고 검증해서 그 누구라도 납득할 수 있는 확실한 로드맵을 마련한 것이다.

공개되어 있는 정보를 수집하고 나서도 한 단계 더 검증을 하기 위해 직접 인터뷰를 하는 것이 가장 확실하다.

똑똑하게 의심하는 방법
_ '왜?'와 '과연?'

.
.

　　우리는 의심을 함으로써 정보의 수집과 검증 과정에 대해서 많은 것을 배울 수 있다. 앞서 정보를 수집하는 방법 중 가장 좋은 것은 내가 원하는 것을 이미 성취한 사람 중 배경이 다양한 사람 여러 명과 이야기하는 것이라고 했다. MBA 과정에서의 예를 보면 나는 당장 내가 들어가고 싶은 학교에 재학 중인, 혹은 갓 합격한 학생들을 대상으로 조사를 시작했다. 이들의 배경에서 일관성을 찾기는 어려워 결국 나와 비슷한 배경을 가진 사람들 위주로 조사했지만, 다양한 사람들의 이야기를 들어야 '맥락'이 생길 수 있다는 점을 염두에 두고 조사를 이어 나갔다.

　　배경 조사를 하면서 내가 느낀 점은 학부 과정을 상대적으로 인지도가 낮거나 상대적으로 덜 좋다고 평가되는 학교에서 마친 사람일수록 다양한 방법으로 그 '부족함'을 메꾸려고 했다는 점이다. GMAT 뿐만 아니라 비슷한 시험인 GRE까지 응시했다거나, 본인의 학업 능력이 우수함을 증명하기 위해 유수 대학(주로 자신이 지원하는 대학원)에서 진행하는 사이버 과정 등을 들어서 졸업했다는 것을 어필하는 경우가 많았다. 반면, 학부 과정을 '좋은' 학교에서 한 사람일수록 이런 경우는 거의 없었다. 이미 본인이 학부 과정에서 좋은 학교에서 우수한 성적으로 졸업했다는 것으로 이런 학업 능력에 대한 증명은 충분하다고 느꼈기 때문이다 (이 점은 실제로 이들 중 몇 명과 이야기하면서 검증한 내용이다). 만약 내가 나와 배경이 비슷한 사람들만을 골라서 조사했다면 이런 식의 '맥락'에 대해서 잘 이해하지 못했을 수 있다.

　그 다음 중요한 것은 바로 '의심'이다. 사실 이 모든 정보의 검증은 여러 가지의 의심에서 시작된다. MBA를 경험하고 싶다는 생각이 든 뒤에 자연스레 따라온 생각은 '아, 당연히 에세이도 쓰고, SAT(미국 수능) 같은 하나의 인증 시험도 준비해야겠지? 그리고 추천서도 중요할 거야' 같은 생각이었다. 당연하다고 느껴졌지만 이것이 바로 우리가 앞서 다뤘던 보편적 진리의 위험성이다. 우선 저 문장의 첫번째 문제점은 모호함에 있다. 에세이, 인증 시험, 추천서 등이 필요하다는 것은 사실이지만 각 요소가 얼마나 중요한지, 그리고 어떻게 준비해야 하는지에 대한 정보가 전혀 없다. 단순히 저렇게 '덮어 놓고' 생각하고 말았다면 전략적으로 준비를 시작할 수조차 없다.

두 번째 문제점은 '왜' 중요한지, 그리고 이 내용이 애초에 사실이기는 한지에 대한 질문, 즉 '과연?'이 담겨 있지 않다는 것이다. 에세이는 왜 중요한가? 점수는 왜 중요한가? 추천서는? 애초에 이들이 다 중요하기는 한가? 물론 이 질문들에 당장 답을 해 보라면 에세이는 그 학생의 '사람'적인 면모와 MBA를 하고 싶은 동기 등에 대해서 더 잘 이해하기 위해서 중요하고, 점수는 MBA 과정을 준비하는 데에 필요한 학업 능력이 있는지 알고 싶어서 중요하고, 추천서는 이 사람과 같이 일을 해 본 최측근의 의견을 들어 보고 싶어서 중요하다고, 꽤나 그럴 듯하게 답할 수 있다. 물론 넓게 보면 틀린 이야기는 아니지만, 조금 더 들여다보면 놓치는 부분들이 많이 있다. 에세이를 예로 들어 보자. 에세이는 물론 그 사람을 종합적인 하나의 인간으로서 이해하기 위해서 중요한 것이기도 하지만, 학교 입장에서는 첫째로 이 학생이 이 MBA 프로그램을 통해서 유의미한 가치를 창출할 수 있는지 알고 싶어 하고, 또 둘째로 이 학생이 기존에 존재하는 MBA 커뮤니티, 즉 졸업생 네트워크 내에서 유의미한 멤버가 될 수 있는지 알고 싶어하기도 한다. 이런 점들은 당장 바로 머릿속에 떠오르는 것들이 아니라, 계속해서 의심하고, 질문하고, 정보를 모아야 생각할 수 있는 것이다. 우리가 흔히 시험공부를 할 때 '출제자의 의도'를 파악하라는 말을 많이 하는데, 이 의도를 내가 지레 짐작하는 것이 아니라 직접 화자를 만나서 물어보거나, 이 시험을 쉽게 통과한 사람에게 물어보거나 하는 식으로 심층적으로 한 단계 더 파고 들어가야 본질에 도달할 수 있다는 것이다. 이런 점들을 알아야 에세이에서 '나는 이런 사람입니다' 뿐만 아니라 '내가 지금 가지고 있는 능력은 이러이러한 것들인데, MBA 과정을 통해서 내 장점을 이렇게 극대화시키고 싶다'거나, '내가 현재 이러이러한 투자 전문가 네트워크에 속해 있는데 이 내에서 MBA 네트워크를 활용해 이렇게 가치를 창출하고 싶다'거나 하는 메시지를 넣을 수 있는 것이다.

본인이 확신이 있다고 느낀다고 하더라도 적극적으로 정보 수집을 하다 보면 기존에는 생각해 보지 못했던 것들을 찾을 수 있다.

똑똑하게 의심하기 위해서는 '왜'와 '과연'이라는 질문을 습관화해야 한다. 다시 우리가 앞에서 설정했던 20억 아파트의 목표로 돌아가서 이야기를 해 보자. 이 예에서 나는 억대의 연봉을 어린 나이에 받을 수 있는 직장으로 몇 가지를 꼽았다. 이 정보는 고연봉을 받을 수 있는 '스펙'을 가진 사람들과 교류하면서 알게 된 정보이다. 인터넷 검색은 물론이고(당장 '억대 초봉' 이라고만 쳐도 나오는 정보가 굉장히 많다), 실제로 이런 연봉을 받는 사람이나, 이런 연봉을 받는 사람이 주위에 있을 명문대생, 소위 말하는 상류층과의 교류를 통해서 이런 직업들이 존재한다는 것을 알 수 있었다.

'왜?'와 '과연?'이라는 질문은 아무리 많이 해도 충분하지 않다.

여기서 이런 생각이 들지도 모른다. '에이, 결국 인맥과 환경이 그 만큼 중요하다는 거 아니야? 저런 환경이 주어지지 않으면 정보도 얻을 수 없는데?'라고 말이다. 이 문장에 대해서 감히 부정할 수는 없다고 생각한다. 이 예를 가지고 이야기하자면 저 정도의 초봉을 주는 직장이 존재한다는 것 자체를 모르고 있는 사람들이 대부분이고, 그 이유의 핵심에는 이런 직업군과 교류할 일이 없거나 하는 등 그런 환경이 조성되지 않았다는 점이 있기 때문이다. 하지만 바로 그 이유 때문에 적극적인 정보의 수집이 중요한 것이다. 내 주위에도 MBA 과정을 고려하거나, 이미 하고 있는 사람들이 있었지만, 그럼에도 불구하고 나는 링크드인이라는 더 넓은 플랫폼에서 정보를 수집했다. 정보 수집과 검증은 주위에 아는 사람들이 있는지, 없는지와는 별개로 진행해야 한다는 것이다. 오히려 아는 사람이 없다면 더 적극적으로 해야 한다. 물론 시작점이 다르다는 것은 사실이지만, 그것이 적극적으로 정보를 얻으려 노력하지 않는 것에 대한 핑계가 될 수는 없다. 요즈음은 정보 격차가 그 어느 때 보다도 적은 시대이다. 인터넷과 스마트폰의 보급으로 대부분의 사람들이 방대한 양의 정보를 접할 수 있고, 게다가 요즘은 유튜브, 인스타그램 등의 플랫폼이 있어 서로 보여주기 바쁜 시대이다. '잘 나가는 사람'이 주위에 없다면 조금만 검색해 보아도 이런 사람들이 엄청나게 많다.

하지만 이런 절차로 정보를 얻어도 이를 검증하지 않으면 엄청난 리스크를 진다는 것을 잊으면 안 된다. 만약 내가 수집한 정보가 완전히 거짓이라면 어떻게 할 것인가? 목표를 향한 로드맵, 즉 지도를 그리고 있는데 '카더라'에 따라서 그릴 수는 없지 않은가? 만약 내가 저기서 '아, 투자은행이라는 곳에 취업하면 억 단위의 초봉을 받으며 커리어를 쌓을 수 있겠구나. 이 직급에서는 이 정도의 연봉, 그리고 이 직급 에서는 이 정도의 연봉을 받는구나'라고 아는 사람을 통해서 들었는데 막상 일을 시작해 보니 전혀 그렇지 않았다면 어쩔 것인가? 그 때는 단순히 새로 플랜을 짜는 문제를 넘어서 내가 지금까지 잘못된 정보에 기반해서 목표를 향해 노력해온 시간이 낭비되었다는 더 큰 문제와 직면해야 할 지도 모른다. '과연?'이 중요한 이유다.

또, '왜?'도 적용해서 생각해 보자. 투자은행에서는 왜 고연봉을 주는가? 로펌에서는? 소프트웨어 회사에서는? 이런 맥락을 이해해야 본질에 다가갈 수 있다고 했다. 결론부터 쉽게 정리해서 이야기하자면 투자은행과 로펌 등의 전문직 직종에서는 기업 가치가 수십 조가 되는 대기업들에 서비스를 제공하기 때문에 그 서비스에 대한 대가로 받는 돈 자체가 규모가 다르다. 한 건, 즉 한 '딜' 마다 수십, 수백 억씩 돈을 받기 때문에 그런 매출에서 많은 금액이 인건비로 제공되는 것이다. 소프트웨어 회사의 경우, 아마존, 페이스북, 구글, 애플 등의 회사는 규모가 엄청난데 이 규모를 유지하고 넓혀 나가기 위해서는 소프트웨어 개발에 능통한 인력을 최대한 보유하는 것이 중요하기 때문에 돈을 많이 주는 것이다. 왜 이런 직업들이 돈을 많이 버는지 본질을 이해하고 나면 비슷한 원리가 적용되는 다른 업종이 무엇이 있는지 생각해 볼 수 있다. 투자은행이 돈을 많이 버는 이유에 대해서 공부하고 알아보다 보면 그들의 고객 중 사모펀드 등의 투자 회사가 있다는 것 역시 알 수 있고, 그 반대도 성립한다(사모펀드에 대해서 알게 되면 그들이 투자은행, 컨설팅 회사 등의 전문성을 가지고 있는 업체를 고용해 딜을 진행한다는 것을 알게 된다).

나는 영국 옥스퍼드에서 대학을 졸업하고 나서 쭉 영국에서 커리어를 쌓아 왔다. 다양한 배경의 회사를 거쳐 왔지만 런던 및 유럽의 금융시장에서 딜에 참여했기 때문에 어느 정도 커리어의 연속성이 있다. 바로 이런 점 때문에 한국에서 일을 하고 있는 동종업계 분들이나 선배들, 그리고 친한 형, 누나들을 만나면 '야,

너는 우리나라보다 훨씬 큰 유럽의 시장에서 경력을 쌓았으니 언제가 한국으로 돌아온다면 한 자리는 따낸 당상이겠다' 같은 이야기를 많이 들었다. 실제로 이런 이야기는 해외에서 커리어를 쌓을까 고민하는 사람들이 하나의 보편적 진리로 받아들이는 이야기이기도 하다. 왠지 모르겠지만 뉴욕, 런던, 홍콩 등 훨씬 더 규모가 크고 성숙한 시장에서 경력을 쌓은 사람이라면 한국의 유수 기업에서 너도나도 높은 연봉을 주고 데려올 것 같지 않은가? 실제로 '엄친아'로 소개되는 사람들을 보면 유학파에, 해외에서 일을 하다가 한국에서 '모셔온' 경우라는 식으로 기삿거리가 나는 경우도 많다. '글로벌 인재' 등의 단어로 포장되어 이런 식으로 커리어를 해외에서 쌓은 사람들은 한국에서 그 값어치가 굉장히 높게 책정된다는 것이다.

사실 이는 나에게 굉장히 달콤한 말이었다. 많은 사람들이 해외에서 좋은 커리어를 쌓으며 젊은 나이에 소위 말하는 '성공적'인 로드맵을 따라간다면 마냥 행복하고 즐거울 것이라고 생각하지만 꼭 그렇지만은 않다. 더군다나 내 경우에는 한국에서 나고 자랐고, 고등학교까지 한국에서 쭉 지낸 소위 '토종' 한국인이기 때문에 해외에서 생활하는 것 자체가 처음에는 크나큰 스트레스였다. 새로운 사람을 만나는 것을 좋아하고 새로운 환경에 잘 적응하는 편이기는 하지만, 갑작스럽게 영국이라는 새로운 나라에 와서 결코 쉽지 않은 옥스퍼드의 교과 과정을 따라가는 일은 정말로 힘들었던 것으로 기억한다. 거기에 단순히 학교 공부만 하는 것이 아니라 졸업을 하고 영국에 더 남기 위해서는 영국 내에 있는 유수 기업에 취직을 해야만 했고, 앞서 우리가 이야기했던 나의 인생 목표 로드맵을 따르기 위해 투자은행이라는 커리어를 택하고 나서는 수천, 수만 명의 지원자들과 경쟁해야 했기 때문에 정말 쉬운 나날들이 없었다.

일을 시작하고 나서도 엄청난 업무 강도를 이겨내야만 했다. 물론 한국에서의 삶도 굉장히 치열했지만, 가족과 친구들과 떨어져 혼자 생활하는 것, 여러 가지 인종차별을 겪고 소외감을 느끼는 것 등은 생각보다 많은 스트레스였다. 요즈음은 많이 나아졌지만 나는 아직까지도 영국에서는 집에 있어도 완전히 집에 있는 것 같지가 않다. 그럼에도 불구하고 커리어적으로, 또 인생 전반의 큰 목표가 있기 때문에 열심히 버티고 이겨내는 중이었기에 언젠가 내가 어느 정도 성공하게 되면 한국에 돌아간다고 해도 그 만큼, 혹은 그 이상의 대우를 받을 수 있을 거라는 이야기는 그야말로 감언이설이었다. 친척들을 만났을 때 이모부와 외삼촌들이 '나도 회사에서 그런 경우 많이 봤어. 해외에서 일을 조금 하다 왔다는 사람인데, 갑자기 낙하산 식으로 인사발령이 나더니 글쎄, 말도 안 되는 연봉을 받더라고. 너도 그렇게 될 수 있는 거야!' 같은 말씀을 하시면 속으로는 '그래, 나도 저렇게 될 수 있으니 지금은 열심히 앞만 보고 달려야지!' 같은 생각을 하고는 했다. 나 역시 보편적 진리의 오류에서 완전히 자유롭지만은 못 했던 것이다. 어떻게 보면 내가 보편적 진리의 오류를 겪고 있다는 것을 알고 있었지만 딱히 그 오류에서 벗어나고 싶지 않았던 것일지도 모른다. 늘 정보를 열심히 수집하고 검증하는 것의 중요성을 스스로 느꼈었지만 저 말이 진실인지만은 알고 싶지 않았던 것이다. 마치 그리스 로마 신화에 나오는 판도라의 상자처럼, 저 말이 만약 사실이 아닐 경우에 내가 겪게 될 의지력 저하가 두렵기도 했다.

하지만 그럼에도 불구하고 나는 이 사실을 검증해야만 했다. '왜?'와 '과연?'을 물어봐야만 했던 것이다. 내가 저 내용을 바탕으로 런던에서, 혹은 뉴욕에서 커리어를 장기적으로 쌓겠다고 결론을 내린다면, 적어도 저 이야기만은 확실하게 사실이어야 하기 때문이다. 가족과의 시간, 친구와의 추억, 그리고 가장 기본적인 '마음의 평안함'을 포기하고 오랜 시간을 보내겠다는 각오를 하는데, 그 근거가 되는 내용을 '다들 그렇게 말하시니 당연히 그렇겠지~' 하고 넘길 수는 없는 것 아닌가. 그래서 나는 예외 없이 이 내용에 대해서도 검증을 시작했다.

나 자신에게 먼저 던져본 질문은 '왜'였다. 이 이야기는 어디서 나온 것일까? 잠깐 멈추어서 생각해 보면 단순히 해외에서 왔다고 해서 한국에서 더 대우를 해 줄 이유가 많아 보이지는 않는다. 물론 해외의 금융시장을 직접 눈으로 보고, 경험하고, 그 시장이 어떻게 돌아가는지 알 수 있다는 것은 큰 장점이기는 하다. 그런데 내가 의아했던 점은, 이미 한국에서도 이런 것을 할 수 있는 능력자가 많다는 것이었다. 이제는 너도 나도 출중한 영어실력을 뽐내는 시기이기도 하고, 한국에서 일을 한다고 반드시 한국의 시장과 관련해서만 일을 하는 것도 아니기 때문이다. 특히 투자은행 같은 업계는 실무에서 영어를 사용하기 때문에 한국에 있는 인력들도 해외에서 하는 일과 굉장히 유사한 일을 할 것이라는 게 나의 생각이었다(그리고 실제로도 그렇다). 그런데도 가족을 비롯한 주위의 사람들이 저런 식으로 해외에서 경력을 쌓고 돌아와서 좋은 대우를 받는 경우를 보았다고 하니, 그 경우에 대해서는 더 조사를 해 볼 필요가 있어 보였다. 나는 당연히 나에게 이런 이야기를 해 준 분들께 되물었다. '그 경우에는 그 사람의 어떤 능력을 높게 사서 그 만큼의 연봉을 주었나요?'하고 말이다.

이렇게 '왜' 그런 좋은 대우가 가능했는지에 대해서 의문점을 던지자 조금 더 납득이 가는 답들이 돌아왔다. 첫 번째는 MBA 이후 해외에서 몇 년간의 경력을 쌓고 돌아오는 경우였는데, 이런 경우의 특징은 조금 오래 된 사례라는 점이다. MBA의 가치가 예전만 하지 못하다는 이야기가 많은데, 보통 이런 이야기를 할 때 비교대상이 되는 때가 금융위기 전/후, 그리고 1990년대 후반이다. 전자의 경우 MBA 붐이 일어서 회사들이 정확히 이 MBA의 가치에 대해서 평가가 끝나지 않은 상태에서 너도 나도 우선 해외 MBA 인력을 확보하는 데에 급급했고, 후자의 경우 애초에 영어 및 다른 외국어가 가능한 인력이 그렇게 많지 않았으며, 거기에 유학파는 해외의 문화에도 익숙하고 현지인들과 자연스러운 사업 관계를 맺을 수 있는 능력까지 있으니 더 가치가 높았던 것이다.

두 번째의 경우에는 CEO급의 높은 자리로 스카우트되어 한국에 돌아오는 경우였다. 그런데 이 경우는 단순히 해외에서 일을 했기 때문에 그렇게 스카우트되었다기보다는, 한국에서 필요로 하는 일을 더 큰 규모로 이미 해외의 시장에서 했기 때문에 그 구체적인 경력을 보고 스카우트한 경우가 많았다. 예를 들어, 한국에 있는 인터넷 기반 서비스 회사가 상장, 즉 최초 기업공개Initial Public Offering, IPO를 하려고 한다고 하자. 상장이란 회사의 주식을 일반 투자자들이 매매할 수 있게 해서 주식 시장에서 거래될 수 있게 하는 것을 의미한다. 이때 이 회사는 기업의 가치를 일반 투자자들에게 잘 어필할 수 있고, 또 이 모든 절차를 순조롭게 진행시킬 수 있는 능력자를 필요로 한다. 이때, 비슷하거나 더 큰 규모의 회사를 해외의 더 크고 복잡한 시장에서 상장시킨 경험이 있는 사람이라면 당연히 한국 회사의 입장에서는 얼마를 주더라도 데려오고 싶을 것이다.

이 두 가지 이야기를 들으며 나는 '과연?'이라는 질문을 꼭 해야겠다고 생각했다. '해외에서 일하다 돌아오면 대우가 훨씬 좋아' 라는 이야기가 완전히 거짓이거나 근거가 없는 것은 아니지만, 예상했던 대로 이 명제에는 조금 더 복잡한 속사정이 있다는 것이 나의 결론이었다. 어떤 조건이 성립되어야 참이 된다거나, 예전에는 통하는 이야기였지만 더 이상은 그 만큼 통하지 않는 이야기 라거나 하는 가능성을 고려하기 시작한 것이다. 그리고 나서 나는 휴가를 내서 한국에 돌아갈 때마다 이런 선, 후배들을 만나 이런저런 이야기를 하다가도 혹시 회사에, 혹은 다른 회사에서 해외 근무 경력을 높게 인정받아 높은 연봉으로 스카우트되어 들어온 사람을 아냐고 물어보았다. 앞서 MBA에 대해서 이야기했을 때의 흐름과 크게 다르지 않다.

재미있는 것은 내가 이야기한 사람들 중에서도 이런 질문을 듣기 전에 나의 영국 생활 이야기를 듣고 먼저 '한국에 들어오면 엄청나게 좋은 대우를 받을 수 있을 것이다'라고 이야기한 사람도 많다는 점이다. 그런데 내가 막상 '왜'와 '과연'으로 질문을 해 보니, 그렇게 많지 않다는 답이 지배적이었고, 있다고 해도 비슷한 직급으로 한국에 들어왔다는 이야기가 훨씬 많았다. 이런 경우에는 그간의 커리어를 인정받기 위해 귀국했다기보다는 결혼, 자녀 교육, 건강 등의 문제로 귀국을 택한 경우가 많았다. 결국 그들도 어느 정도는 보편적 진리의 오류에 빠져 있던 것이다. 이런 답을 듣고 나서 내가 '그렇지? 생각해 보면 해외에서 일을 했다는 이유만으로 대우를 잘해 줄 이유가 없잖아?'라고 되물으면

'그렇게 생각해 보니 그러기도 하네요'라는 정도의 답을 들을 수 있었다.

바로 이 점이 정보의 검증이 얼마나 중요한지를 보여준다. 어떻게 보면 하나의 조언일 수 있는 내용이지만 조금만 더 깊이 파고 들어가 보면 보편적 진리, 혹은 '그렇지 않을까?'에 의거한, 무게와 책임이 없는 내용일 수도 있는 것이다. 나중에 무언가 잘못되고 나서 따져서 물으면 '그래? 그럼 아니었나 보지 뭐'라는 답을 들을 정도의 말들일 수 있다. 만약 내가 이 이야기만 듣고 해외에서 경력을 쌓으면 한국에서 엄청나게 인정받을 수 있을 거라는 생각으로 커리어 로드맵을 짰다면 어땠을지 생각해 보면 정말 아찔하다.

그렇게 여러 사람들과 '인터뷰'를 하던 중 재미있는 이야기를 들었다. 실제로 홍콩이나 싱가폴, 뉴욕 등에서 일을 하다가 돌아오는 사람들이 그 경력을 잘 인정받기는 하지만, 올바른 '타이밍'에 귀국을 해야 가능하다는 이야기였다. 이 이야기를 해 준 선배의 말에 따르면 특히 금융 업계의 경우 사업 관계, 즉 네트워크와 시장에 대한 이해도가 굉장히 중요한데, 오히려 해외 시장에서만 이런 네트워크를 가지고 있고 한국 시장에 대한 이해도가 없으면 그런 점이 하나의 단점으로 여겨진다는 것이다. 따라서 실질적으로 본인의 네트워크를 활용하고, 자신의 금융 인사이트를 활용해서 매출을 내야하는 직급을 넘어서서 귀국을 하게 되면, 경력을 잘 인정받지 못하는 것 정도가 아니라 스카우트 자체가 어려울 수 있다는 이야기였다. 나는 이 이야기를 듣고 눈이 번쩍 떠지는 느낌이었다. 무조건 해외에서 일을 하기만 하면 귀국해서 '한 자리'를 꿰찰 수 있다는 꿈만 같고 허황된 이야기보다는 훨씬 그 논리적 근거가 탄탄하지 않은가? 되돌려서 생각해 보면 이 이야기를 하기 전까지 들어 본 귀국 사례가 대부분 중간 관리직 단계이기도 했다. 내가 직접 조사하면서 얻은 통계가 이 가설을 오히려 더욱 증명하는 것이다. 정리해 보자면 일반적인 경우에는 해외에서의 업무 경력이 언어, 시장 이해도, 문화적 이해도 등의 측면에서 당연히 도움이 되지만 한국에서 금융 전문가로 장기적인 커리어를 쌓으려면 한국 내에서의 사업 관계와 시장 이해도를 쌓을 수 있는 직급, 즉 중간 관리직 정도에는 한국으로 들어와야 한다는 결론이 나온다. 앞서 말했던 대로 내가 가지고 있는 구체적인 경험을 필요로 하는 자리가 나는 것이 아니면 어렵다는 것이다.

물론 해외 경력과 관련해 새로운 이해를 하게 되었다고 해서 당장 나의 인생 로드맵이 바뀐 것은 아니다. 한국에 귀국해서 장기적으로 일을 하고 싶은지 결정하는 것은 여전히 큰 숙제이고, 앞으로도 그럴 것이다. 그러나 단순히 나에게 '꽃길'만이 기다리고 있을 거라고 생각했던 과거의 모습과는 다르게, 내가 영국에서 투자 전문가로 얼마나 인정을 받는지와는 무관하게 한국 시장에서 나의 가치를 입증하는 것은 다른 문제임을 이해할 수 있게 되었다는 점에서 큰 의미가 있다. 전자의 나였다면 분명 어느 순간 귀국과 관련해서 생각을 하다 내 마음대로 풀리지만은 않는다는 하나의 벽을 느끼고 좌절했을 것이지만, 후자의 나는 이를 고려해서 의사결정을 할 수 있기 때문이다.

'왜?'와 '과연?'을 습관적으로 질문하는 것이 이런 차이를 만든다. 이 원리는 모든 것에 적용된다. 대학 입시를 준비할 때 보통의 학생들은 수많은 유언비어를 듣게 된다. '이 전형의 경쟁률은 이렇다더라' 부터 시작해서 '추천서는 이런 사람에게 받아야 한다더라'까지, 그리고 수능이 끝나고 나서는 '제대로 공부하기 위해서는 이 재수학원이 제일 좋다더라' 같이, 검증해야 되는 정보가 너무 많다. 커리어를 선택할 때도, '이 회사가 워라밸(work-life balance)이 그렇게 좋다더라', '이 회사에 들어가기만 하면 나중에 어떤 회사든 갈 수 있다더라' 같은 쉽게 큰 생각 없이 받아들이기 쉬운, 혹은 받아들이고 싶은 일종의 보편적 진리들이 떠다닌다. 주식투자를 할 때도, 집을 살 때도, 하다 못해 취미생활을 시작하기 위해서 장비를 살 때도 떠 다니는 정보를 절대 그 자체로 믿으면 안 된다. 그 정보가 사실인지 아닌지 검증하고 싶다면, 내가 그 정보를 통해 얻고 싶은 것을 이미 가지고 있는, 혹은 내가 도달하고 싶은 곳에 이미 도달해 있는 사람 다수를 통해 그 정보를 철저히 검증하고 내 상황에 맞는 가장 객관적인 결론을 내려야 한다. 그 누가 한 말이라고 하더라도 그 말을 그대로 믿고 행동에 적용했을 때의 책임은 온전히 내가 져야만 한다는 점을 기억하자. 맹목적인 믿음과 흐름에 따라 이리저리 휘둘리는 것은 포커 테이블에서 게임의 룰을 모른 채 옆 사람이 하는 것이 무조건 맞겠거니 하며 따라 하고 있는 바보 같은 남자의 행동과 전혀 다르지 않다.

'왜?'와 '과연'을 통해 습득한 정보를 철저히 검증해야만 객관적인 결론을 내릴 수 있다.

금융과의 연결고리
_ 딜 소싱과 기업 실사

·
·

많은 정보를 모으고 검증하는 것은 그야 말로 금융 업무의 핵심이라고 할 수 있다. 내가 정확히 무엇에 투자를 고려하고 있는지 이해하는 것은 목표, 즉 수익률을 설정하는 것만큼이나 중요하기 때문이다. 펀드의 투자 사이클 중 이 과정은 '기업 실사'에 해당된다. 일반적으로는 펀드가 목표 수익률을 설정하고, 그 수익률을 달성할 수 있는 자산 종류를 선정한 다음 오는 절차이다. 가령 친환경 기술에 투자하려는 펀드가 있다고 하자. 이 펀드는 약 20%의 연간수익률을 목표로 하며 조성되었고, 그에 따라 친환경 기술을 가지고 있는 회사 중에서도 먼저 전기 자동차 관련 회사에 투자하기로 정했다. 그렇게 전기자동차 업계로 선정 기준을 좁히고 한 회사를 찾게 되면 바로 기업 실사가 시작된다. 펀드는 투자 자산, 즉 회사에 대해 온갖 종류의 정보를 수집한다.

가장 중요한 것은 물론 재무제표다. 공시되어 있는 정보는 물론이고, 공시자료에 포함되지 않은 내용들까지 요구하는 경우가 대부분이다. 가령, 임원진의 연봉이 얼마인지, 인센티브 구조는 어떤지 같은 정보까지도 말이다. 회사가 다른 하청업체에게 사업을 맡기거나 파트너십을 유지하고 있는 경우, 관련 계약서도 요구한다. 혹시 계약서 내에 있는 조항 때문에 수익률이 영향을 받을 수 있는 가능성이 있는지 알아봐야 하기 때문이다. 또, 전기차 시장에 대한 회사의 견해나 회사의 기술에 대한 대략적인 정보를 제공받는다. 그런데 펀드는 전기자동차 사업과 관련해서 전문가가 아니므로, 이런 정보를 절대 곧이곧대로 믿지 않는다. 일반적으로는 전문 컨설팅 회사를 고용해서 회사가 제공한 정보가 어디까지 사실인지, 만약 견해가 다르다면 어떻게 다른지 등에 대해서 의견을 듣는다. 심한 경우 컨설팅 회사 여러 곳이 투입되기도 한다. 내가 참여했던 딜 중에서 제일 치열했던 딜에서는 회계법인만 세 곳, 법무법인만 두 곳, 그리고 컨설팅 회사만 네 곳, 총 아홉 개 업체가 투입되었다. 이 회사들은 각각 수 억의 수임료를 받고 사모펀드가 제공받는 정보를 검증한다.

궁극적으로 펀드가 정보를 이렇게 열심히 수집하고 검증하는 이유는 이 자산에 투자하는 리스크를 정확하게 이해하고, 또 투자를 하게 될 경우 얼마나 투자해야 하는지를 측정해야 하기 때문이다. 가령 회사가 제공하는 정보에 따르면 이 회사는 기업 가치가 500억인데, 펀드가 이 회사를 인수하려고 한다면 정말 이 회사가 500억의 가치가 있는지 알아보아야 할 것이다. 회사가 주장하는 것 보다 미래의 매출과 수익이 덜 나올 수도 있고, 새로운 사업 영역에 진출하지 못할 수도 있고, 규제의 변화로 인해서 기존에 진출해 있는 시장에서의 입지가 줄어들 수도 있기 때문이다. 따라서 이렇게 수많은 가능성을 모두 고려하기 위해서는 그야말로 방대한 양의 정보가 필요한 것이다. 심지어 회사가 상대적으로 생긴지 얼마 되지 않거나, 임원진 몇 명이 주도적인 역할을 맡고 있는 경우에는 핵심인력에 대한 배경조사를 하기도 한다. 혹시나 핵심 인력이 이탈하게 되거나, 혹은 행위 등 각종 논란에 휘말리게 되면 이로 인해서 사업이 영향을 받을 수 있기 때문이다. 꼭 이런 극단적인 상황이 아니더라도 그들의 경영 능력이 어떤지를 이해하기 위해 그들과 과거에 같이 일했던 사람들, 그리고 현재 같이 일을 하고 있는 사람들과의 심층 인터뷰를 진행한다.

펀드들은 리스크에 대해 정확하게 이해하기 위해 엄청난 시간과 공을 들여 '기업 실사'를 진행해 자산에 대해 낱낱이 파헤친다.

어떻게 보면 이렇게까지 할 이유가 없다고 느낄 수 있다. 컨설팅 회사들은 이미 각종 업계에 대해 이해도가 높은 전문 인력을 보유하고 있기 때문이다. 법무법인은 또 어떤가? 수년동안 로스쿨에서 공부를 하고 세계적인 수준의 법인에서 수년간 실제 상황에서 법적 자문을 제공한 사람들의 말인데, 어느 정도 믿어도 되지 않는가? 하지만 펀드는 이것조차 하나의 리스크로 생각한다. 엄청난 금액이 걸린 투자에 대한 분석을 단 한 사람, 혹은 한 팀의 견해에만 맡길 수 없다는 것이다. 그렇기 때문에 여러 회사를 고용해 다양한 의견을 듣고, 만약 의견이 다른 부분이 있다면 왜 견해가 다른지 물어봄으로 인해 그 펀드만의 주체적인 입장을 굳히는 것이다. 이 과정은 우리가 이번 장에서 다룬 정보에 대한 접근 방식과 굉장히 유사하다.

실제로 기업 실사와 관련된 회의에 참여해 보면, 답답한 마음이 들 정도로 질문을 많이 한다. '내부적 투자는 어떤 절차를 거쳐 진행되나요?', '왜 인플레이션이 이렇게 높을 것이라고 생각하나요?', '성장률의 근거는 무엇인가요?', 'ESGenvironmental, social and governance(환경, 사회, 기업구조)와 관련한 프레임워크가 있나요?' '신사업부가 생기면 핵심 인력은 어떻게 충원할 예정인가요?', 하청업제를 대체할 수 있는 선택지는 무엇이 있나요?', '이 기술이 대체될 현실적 가능성이 있나요?'와 같이 질문이 꼬리에 꼬리를 문다. 이런 회의가 몇 달 동안 지속된다.

'제발 이제 그냥 넘어가면 안 될까요?'라는 말이 목 끝까지 올라올 때도 많다! 실사 과정이 시작되면 아예 엑셀 파일에 질문을 정리해서 보내는 경우가 많은데, 내가 본 Q&A 파일 중에는 1,500개가 넘는 질문이 있는 경우도 있었다. 정말 혀를 내두르게 되는 까다로움이다. 이런 정보에 대한 양적, 질적 우위는 펀드들이 언제나 승리할 수 있게 하는 주역이라고 할 수 있다. 얼핏 보기에 중요하지 않은 정보이거나, 그냥 있는 그대로 받아들여도 되는 경우임에도 불구하고 해당 주제와 관련해 아직 풀리지 않은 의혹이 있다면 펀드는 절대 투자를 진행하지 않는다. 보통 펀드에서는 최종적으로 투자를 할 것인지 결정하는 투자심의회investment committee, IC가 존재하는데, 이들을 설득하기 위해서는 '좋은 회사 같아 보입니다' 따위의 설명으로는 턱도 없기 때문이다. 투자심의회는 보통 여러 펀드를 수십 년간 운영해 온 펀드의 임원진들로 구성이 되어 있는데, 수없이 많은 투자를 검토하면서 성공 사례와 실패 사례를 모두 기억하고 있기 때문에 조금이라도 문제가 될 수 있는 요소가 있다면 더 정확히 조사해 오라고 주문을 하는 경우가 많다.

투자 자산에 대해 풀리지 않은 의문이 있는 경우 투자 절차를 연장하게 되는 한이 있더라도 사모펀드들은 자산에 대한 완벽한 이해를 추구한다.

우리는 인생을 좌지우지하는 큰 결정들을 할 때 마치 이 IC처럼 생각해야 한다. 스스로가 수천 억, 수 조의 펀드를 운영하는 펀드매니저라고 생각을 해 보자. 과연 당신은 '그래, 이 정도면 맞겠지' 정도로 생각되는 정보를 바탕으로 의사 판단을 할 것인가? 이렇게 큰 규모의 펀드의 경우 절대 돈을 한 곳에 몰아서 투자하지 않고 분산 투자를 하기 때문에 한 번 실패한다고 하더라도 다른 투자로 이를 메꿀 수 있다. 하지만 사람은 성장하는 동물이고 일직선인 시간을 살아가기 때문에 비록 한 번 실수를 했을 때 나중에 노력을 통해 이를 메꿀 수 있다고 하더라도 '그 순간'에만 경험할 수 있고 성취할 수 있는 것들은 다시 얻을 수 없다. 이런 맥락에서 보면 사람이 인생과 관련해서 하는 의사 결정은 수십 조를 운영하는 펀드들의 의사 결정보다도 더욱 철저히 검증된 정보를 바탕으로 해야 한다. 절대로 남들이 좋다고 하기 때문에, 혹은 내가 아는 사람이 추천했기 때문에, 그리고 별다른 문제 없이 다들 그렇게 살길래 그 길을 따라가지 마라. 당신이 리버스 엔지니어링한 인생 로드맵을 어떻게 하면 현실화할 수 있을지 끊임없이 생각하고 어떤 정보를 통해 현재와 미래의 갭을 메꿀 수 있는지 생각해 보아라. 그리고 그 정보가 무엇인지를 알고 나서는 인생의 선배들을 통해 정보를 수집하고 검증해라. 스스로 이 정보를 기반으로 인생을 디자인해도 괜찮다는 생각이 들 때만 중대한 결정을 해도 되는 것이다. 그 어떤 정보도 절대적으로 신뢰하지 마라.

단계적 노력

규칙 3: "고민은 카드를 손에 쥐고나서 해도 늦지 않다"

펀드 매니지먼트

ALIN6

'고민'에 대한
불편한 진실

•
•

     '나중에 뭐 하고 싶어?'라는 질문에 대해서 명확하게 답을 할 수 있는 20대 초, 중반의 사람이 몇이나 있을까? 10대 까지는 법적으로도, 또 사회적 인식으로도 아직 성인, 즉 온전한 어른이 되지 않은 상태이기 때문에 미래에 대한 고민을 하는 것이 당연하게, 혹은 너무 이르다고 받아들여지고는 한다. 하지만 대학에 입학하고 나서, 혹은 고등학교를 졸업하고 나서 시간이 얼마 지나면 일반적으로는 앞으로 무얼 해야 할지에 대한 질문에 마주하게 된다. 대학생이라면 정해진 전공 내에서 졸업하고 나서 어떤 일을 하고 싶은지, 바로 일을 하는 것을 택한 사람이라면 이 질문이 더욱 앞당겨 져서 어떤 일을 하려고 하는지의 질문에 답을 해야 하기 때문이다. 이 질문을 누구에게 던져

보면 돌아오는 답 중 90% 이상은 '~ 하고 싶은데, 고민 중이야' 혹은 '잘 모르겠어', '어떻게든 되겠지'일 것이다. 어떻게 보면 이런 답이 이상하기만 한 것은 아니다. 10대 내내 공부만 하다가 갑자기 사회에 던져졌는데, 앞으로 수십 년간 살아나가야 할 인생을 어떻게 디자인할지에 대해서 갑작스럽게 물어봤는데 그에 대해서 구체적인 답이 있는 것이 더 이상하지 않은가?

1장에서 다뤘던 리버스 엔지니어링을 떠올려 보자. 이를 잘 활용하고 있는 사람이라면 이미 꽤나 체계적인 계획을 갖고 있을 것이다. 하지만 무엇이 정상적인지와는 무관하게 서로 경쟁하고 성취해야 하는 사회에서 계획이 없는 것은 마치 무인도에 떨어져 지도 없이 생활해야 하는 것과 같다. '아니, 애초에 무인도인데 지도가 어떻게 있어!' 하고 억울하다고 따진다고 해도, 내가 무인도에 떨어져서 뭐가 어디에 있는지 전혀 알 수가 없다는 현실은 변하지 않는다.

이런 상황이라면 여러분은 어떻게 하겠는가? 지도가 없는데, 우선 지도를 만들어야 하지 않을까? 최소한 섬 이곳 저곳을 돌아다니면서 어디에 어떤 과일이 있고, 어떤 곳에는 나무가 많고, 어디에는 동굴이 있다는 것 정도는 알아보아야 하지 않을까? 그런데 만약 이렇게 지도가 없는 상황에서 섬을 탐험하려 하지 않고 이 섬에서 무엇을 어떻게 하며 살아가야 할지 고민 중이라며 바닷가에 가만히 앉아 며칠을 보내는 사람이 있다면 여러분은 이 사람을 어떻게 평가할 것인가? 상황을 조금 더 극단적으로 해서 여러분이 이 사람과 같이 둘이서 무인도에 갇혔다고 하자. 앞으로 동료가 되어야 할 사람이 만약 앉아서 고민만 하고 있다면 아마 답답해서 어쩔 줄 모르지 않을까? '아니, 일단 뭐라도 찾아보자고!'라며 소리를 지르며 어디로든 끌고 갈지도 모른다. 규칙을 모르는 상태로 포커를 치는 사람에 대한 비유에 이어 내가 이렇게 어이없는 상황을 상정하는 이유는 바로 이 상황이 우리 대부분이 처한 현실이기 때문이다. '나중에 뭐 하고 싶어?'라는 질문에 대해 항상 '아직 고민 중이야'라고 답하는 사람들은 사실상 무인도의 바닷가에 앉아서 멍하니 고민하고 있는 사람과 다를 게 없다.

'고민'은 그 자체만으로는 현실을 바꾸는 데에 도움이 되지 않는다.

어떻게 보면 이는 청춘에게 '위로'를 하는 것이 유행인 요즘의 사회 흐름상 비난을 받을 수 있는 말일 수도 있다. '아니, 꼭 모든 게 계획이 있어야 하나? 20대 때는 좀 실패해도 되고, 좀 즉흥적이어도 되는 시기잖아!'라며 반박할지도 모른다. 그러나 이는 내 말을 완전히 잘못 이해하고 있는 것이다. 나는 사람들에게 어떤 특정 삶의 방식을 고수하라는 이야기를 하는 것이 아니다. 바로 자격증 준비를 하라거나, 공무원 시험을 빨리 준비하라거나, 사업을 시작하라는 식으로 말을 하지 않았다. 다만, 내가 말을 하고 싶은 점은 일반적으로 이 '고민'은 그 자체만으로는 아무런 가치가 없다는 것이다. 수많은 사람들이 미래에 대해서 '고민'을 하고 있다고 한다. 그런데 현실적으로 이 '고민'은 무엇을 동반하는가? 책상에 앉아서 미래에 존재할 수 있는 다양한 가능성을 브레인스토밍 하는 것을 의미하는가? 혹은 미래에 대한 고민을 가지고 다른 사람들과 심도 깊게 이야기하며 답을 찾는 것을 의미하는가?

보통은 그렇지 않다. '고민'이란, 말 그대로 시간을 보내며 내가 무엇을 하고 싶은지 머릿속으로 '종종' 생각하는 것을 의미한다. 이 머릿속의 생각도, 적극적으로 '나는 미래에 무엇을 하고 싶은가'라는 주제를 정해놓고 깊이 있게 몰입해서 하는 생각이 아니라, '아, 나중에 뭐 해야 하지?'라는 질문에서 시작해 '누구는 뭐 하던데', '이쪽이 돈을 잘 준다던데', '근데 이것도 재밌을 거 같고' 식으로 떠다니는 생각들로 이어져 '어휴, 어른이 되는 건 참 어렵다' 같이 딱히 희망적이지 않은 결론에 도달하는 과정인 경우가 많다. 그리고 이를 계속해서 반복하는데, 결국 언젠가는 더 이상 결정을 미룰 수 없는 상황이 올 때 그 동안 '고민'했던 것을 바탕으로 어떤 선택지를 택해 버리고는 한다. 그리고 나서는 그 선택지가 '고민'에 따른 최선의 결과라고 믿는다. 하지만 과연 그럴까? 마냥 듣기 좋은 이야기는 아닐 수 있지만 스스로 자문해 보기를 바란다. 자신이 미래에 대해서 진지하게 고찰하고 있다고 자기 최면을 걸고 있다면 어서 깨어나야만 한다.

일반적으로 '고민'을 하고 있다고 할 때, 방향을 생각하고 전략을 구상하기
보다는 사실상 떠다니는 생각들에 잠겨있는 경우가 많다. 그리고 이에 가치를
부여하기가 매우 쉽다.

이 이야기는 우리가 1장에서 했던 이야기와 직결된다. 진정
한 '고민'이란, 내가 원하는 미래를 최대한 구체적으로 상상해 보
고, 그것을 수치화한 다음 그 위치에 도달하기 위해 매 단계에서
무엇을 얼마나 성취해야 할지 리버스 엔지니어링을 하는 것이다.
단순히 침대에 누워 한숨을 푹푹 쉬며 나중에 무엇을 하고 싶은
지 머릿속으로 그려 보는 것은 고민이라기보다는 하나의 몽상에
가깝다고 할 수 있다. 그리고 이는 나 역시 꽤 오랜 시간 하고 있
었던 실수다. 앞서 이야기했지만, 나 역시 단순히 머릿속으로 '나
중에 사업을 하면 좋지 않을까', '나는 사업을 해서 돈을 크게 벌
거야!' 같이 대책 없는 생각들을 하며 미래에 대해 내가 진지하게
고민하고 있다고 생각했다. 정말 사업에 대해 진지한 사람이라면
내가 이렇게 뜬구름 잡는 생각들을 하는 동안 이미 사업 계획서
를 작성하고, 프로토타입 제품을 만들고, 주위 지인들이나 벤처
캐피탈에서 펀딩을 받기 바빴을 텐데 말이다.

'고민'이라는 주제에 대해서 이야기하면 지금까지도 생각이 나는 일화가 있다. 옥스퍼드에 입학하고 나서 나는 취업 박람회 등 기업에서 주최하는 행사에 자주 참석하는 편이었다. 그 당시 나는 대학에 진학하기 위해 학업에만 집중했었기 때문에 대학에서 졸업하고 나서의 인생에 대해서 더 알기 위해서는 관련된 접점이 많이 필요하다고 생각했기 때문이다. 보통 이런 행사들은 옥스퍼드 내의 박물관이나 컨퍼런스 센터 등에서 열렸는데, 파트너 등 고위직 사람들이 와서 대해 소개하고, 그 후에는 참가한 학생들이 간단하게 와인이나 샴페인을 마시며 그들과 대화를 나눌 수 있는 기회가 주어졌다. 술뿐만 아니라 맛있는 안주도 같이 제공되었고, 또 가끔 회사 브랜드가 새겨진 공책, 볼펜, USB, 열쇠고리 등 각종 홍보성 선물도 있었기 때문에 참석하는 재미가 쏠쏠했다. 그 중에서도 유독 기억에 남은 것은 옥스포드 내의 유서 깊은 박물관인 애슈몰린Ashmolean 박물관에서 열린 맥킨지Mckinsey & Company의 설명회였다.

맥킨지는 BCG와 베인과 함께 세계 컨설팅 업계에서 압도적인 명성을 자랑하는 회사이다. 세계 500대 대기업과, 심지어 세계 각국 정부에도 컨설팅을 제공하는 기업이다. '컨설팅'이라는 특성 때문에 좋은 학벌을 가지고 있는 지원자를 선호한다는 이유로 맥킨지는 옥스퍼드에서 자주 설명회를 열었었는데, 이 행사가 특이한 점은 다른 행사와 다르게 회사와 관련된 설명이 거의 없고 자유롭게 맥킨지 출신의 고위 엘리트들과 대화를 나눌 수 있다는 점이었다. 나 역시 다른 학생들처럼 전날 열심히 다린 셔츠와 정장을 갖추어 입고 행사에 참가해서 샴페인 한 잔을 받은 뒤 박물관 로비를 서성였다. 보통 한 명의 컨설턴트 혹은 파트너가 있으면 그 주위에는 약 10-20명의 학생이 둘러싸며 마치 기자회견을 하듯이 질문 공세를 퍼붓고 있었기 때문에 누가 맥킨지 출신인지 찾는 것은 명찰을 보지 않고도 그다지 어렵지 않았다.

사람들이 굉장히 많이 참가한 행사이기도 했지만 그 중에서도 엄청난 인파가 몰린 그룹이 있었다. 그 그룹의 중앙에 서 있는 사람은 조금 나이가 있어 보였는데, 한 눈에도 이번 행사를 위해 맥킨지에서 온 사람 중 가장 직급이 높은 사람이라는 것을 알수 있었다. 가까이 가서 보니 명찰에는 파트너라고 써 있었다. 파트너는 맥킨지 내에서 가장 높은 직급으로, 사실상 컨설팅 경력이 최소 15년에서 많으면 30년 정도 있는 사람이라는 뜻이다. 런던 오피스의 파트너라면 분명히 채용과 관련해서 아는 것도 많고, 또 좋은 인상을 주면 혹시나 기회가 생길 수도 있었기 때문에 학생들이 너도 나도 달려들어 있던 것이다. 또, 채용 기회를 떠나서 수십 억의 연봉을 받는 사람과 이렇게 쉽게 대화할 수 있는 자리는 많지 않기 때문에 그 사실만으로도 사람들이 몰려 들 이유가 있었다. 사람이 너무 많아 질문을 하기가 어려울 정도여서, 나는 무리해서 남들의 말을 자르고 들어가기보다는 옆에서 경청하는 것을 택했다. 궁금한 점은 나중에 이메일로 연락해서 물어보는 것이 더 기억에 남고, 좋은 인상을 남길 수 있을 것 같기 때문이다. 대부분 학생들의 질문의 경우 정말로 궁금해서 질문을 한다기보다는 자신의 존재를 각인시키기 위한, 은근한 자기 어필이 섞인 질문들이었기 때문에 크게 관심이 가지 않았는데, 그중 유독 나에게도 울림이 있는 질문이 있었다.

한 학생이 '꼭 컨설팅 업계가 아니더라도, 진로를 선택하는 기로에 놓여 있는 학생들에게 컨설턴트의 입장에서 컨설팅을 해 달라'는 질문을 한 것이다. 어떻게 보면 이런 질문은 '나는 죽어도 컨설팅을 하고 싶다'는 메시지와는 전혀 상반되는, '저는 아직 뭘 하고 싶은지 잘 모르겠습니다'라는 메시지를 던지는 것이기 때문에 오히려 역효과가 날 수도 있는 질문이었지만, 내가 보기에 그 학생은 정말 점수를 따고 싶다기보다는 다양한 업계의 다양한 사람들에게 그런 질문을 함으로써 진정으로 그 질문에 대한 답을 찾고 싶어 하는 것 같았다. 오히려 그 파트너가 그렇다 할 만족스러운 답변을 하지 못하면 그 학생은 맥킨지라는 회사에 지원조차 고려하지 않을 것 같은, 그런 묘한 분위기를 주는 학생이었다. 이 질문을 받고 나서 파트너는 조금 웃더니 생각을 정리할 시간을 달라고 했다. 본인도 그냥 저냥 대충 대답하기보다는 조금 더 유의미한 대답을 하고 싶어 한다는 느낌을 주는 현명한 반응이었다. 많은 학생들이 그의 답을 기다렸고, 파트너는 몇 초 뒤에 입을 열었다.

"여러 가지 분야를 적극적으로 경험해 보는 게 중요합니다. 어떻게 보면 너무 진부한 답일지도 모르겠네요. 조금 더 설명을 하겠습니다. 미래에 무엇을 하는 것이 좋은지는 정말로 광범위한 질문이 아닐 수 없습니다. 아무리 열심히 많은 분야를 탐구한다고 해도 절대 모든 것을 경험할 수 없고, 그렇기 때문에 늘 미지의 세계를 탐험하는 기분이 들 것입니다. 하지만 세계가 너무 넓다고 해서 탐구하는 것을 포기하는 것은 전혀 도움이 되지 않습니다. 우리 컨설턴트들이 문제를 탐구하는 방식도 그렇습니다. 보통 의뢰가 들어오는 질문들은 당장 '예', '아니오'로 답할 수 있는 그런 것들이 아닙니다. 때로는 어떻게 시작해야 할지 감조차 오지 않는 방대한 질문들인 경우가 많죠. 기업들이 우리에게 의뢰하는 조사에 따라서 어떠한 결정이 내려지면, 그 결정으로 인해 회사가 망해서 수천 명이 일자리를 잃을 수도 있습니다. 반면, 우리의 클라이언트가 우리의 인사이트를 잘 활용해 급속도로 성장해 수많은 사람들에게 부를 안겨줄지도 모르죠. 우리가 맞닥뜨리는 질문들은 그 정도의 책임을 필요로 하는 질문들입니다. 그렇게 처음에는 방향설정조차 어려운 질문들이지만 우리는 차근차근 시장조사와 인터뷰부터 시작합니다. 가만히 앉아서 고민만 하는 방법으로는 그 무엇도 성취할 수 없으니까요. 진로에 대한 고민을 하는 올바른 방식은 당장 내가 제일 해 보고 싶은 것들을 경험하면서 내가 진정으로 좋아하고 원하는 것이 무언지를 확실하게 이해하는 것입니다. 가령 그림을 그리는 것을 좋아한다면, 그림을 통해서 돈을 벌고 싶은지, 혹은 취미로 하고 싶은지 생각해야 합니다. 전자라면 그림을 통해 돈을 벌 수 있는 진로는 무엇이 있는지 알아보아야 하고, 후자라면 그런 취미를 가능하게 하는 정도의 진로가 무엇이 있을지 고민해야 합니다. 이를 하려면 당장 눈에 보이는 기회들을 놓치지 말아야 합니다. 수많은 학생들이 방에 앉아 여러 가지 진로에 대한 이야기들을 들으며 '고민'만을 합니다. 하지만 진로 선택에 대한 답은 어느 날 아침 하늘이 갈라지며 한 줄기 빛을 타고 들어오는 것이 아닙니다. 직접 나가서 구르고, 경험해 보며 찾아야 합니다. 이는 우리 컨설턴트들에게 제가 늘 강조하는 가치이기도 합니다. 컨설팅이 탁상공론이라는 비판에서 자유로워지기 위해서는 최대한 직접 많은 것을 경험해 보거나, 그런 경험을 한 사람들의 인사이트를 모으고 그를 바탕으로 유의미한 결론을 도출해야 한다고요. 조금은 도움이 되었나요?"

사실 나도 "여러 가지 분야를 적극적으로 경험해 보는 게 중요하다"는 말까지만 듣고 실망을 감출 수 없었다. 유수 컨설팅 회사의 파트너 정도가 된다면 듣고 바로 '아!' 하며 탄성을 내지를 정도의 답을 줄 수 있을 거라고 기대했기 때문이다. 하지만 그의 이야기를 끝까지 들으면서 나는 이 사람이 단순히 누구나 할 수 있는 이야기를 그럴싸하게 포장한 것만이 아니라는 생각을 했다. 오히려 가장 정통적이고 전형적인 답이 '왜' 정통적이고 전형적인지에 대해서 논리적인 설득력을 담아 이야기한 것 같았다. 우선 그는 대부분의 학생들이 갖는 감정에 공감을 했다. 도대체 이 세상에서 나는 어떤 진로를 택해야 할지 고민하다 보면 쉽게 피로감이 온다. 어느 정도 내가 해결할 수 있는 문제라는 생각이 들어야 무언가 할 힘이 생기는데, 질문 자체가 너무 광범위하고 원대하다 보니 어디서 시작해야 할지 감조차 잡지 못하고 포기해 버리는 것이다. 파트너는 바로 이 점을 이해한다고 말한 후 '그럼에도 불구하고' 일단 눈에 보이는 것들을 잡으라는 말을 했다. 방에서 고민만을 하며 허송세월을 보내지 말고, 당장 눈에 보이는 인턴십들을 하고, 사람들을 많이 만나 보며 인사이트를 얻고, 내가 무엇을 좋아하고 무엇을 싫어하는지, 그리고 어떤 가치들이 나에게 중요하고 어떤 가치들을 포기할 수 있는지에 대해서 진지하게 생각해 보라는 조언이었다. 놀랍지 않은가?

이 내용은 우리가 앞서 두 장에서 다루었던 생각 방식과 크게 다르지 않다. 아니, 어떻게 보면 같은 이야기를 다시 한다고 느낄 정도로 같은 마인드셋이다. 정보를 수집하고, 검증하는 것, 그리고 그 엄선된 정보를 바탕으로 내가 도달하고 싶은 지점을 설정한 다음 리버스 엔지니어링을 하는 것이다. 물론 이 파트너는 컨설턴트이므로 앞서 다룬 펀드와 금융 세계에서의 일을 하는 사람은 아니다. 하지만 문제 해결을 위해 그 누구보다 뛰어난 분석력을 가지고, 높은 수준의 인사이트를 제공하는 세계 최고 컨설팅 회사의 파트너조차 이런 사고 방식을 중요시한다는 것은 확실히 의미가 있다.

방향을 재설정하는 게
차라리 빠르다

.
.

당장 눈에 보이는 기회를 잡으라고 이야기했을 때 가장 많이 듣는 반박은 아마 '기회에도 질이 있고, 좋지 않은 기회를 잡는 것은 안 하느니만 못 하다'일 것이다. 가령, 정당한 임금을 받지 못하고 하는 인턴십의 경우에는 시간을 낭비하고 고생할 만큼의 가치가 없다는 것이다. 이 책에서 굳이 인턴십의 임금과 대우와 관련해 무엇이 윤리적으로 옳고 그른지에 대해서는 다루지 않겠다. 당연히 법적으로 고지되어 있는 최저임금은 지급되어야 하지만, 그렇지 않은 경우도 많이 있다. 해외의 경우, 오히려 돈을 '내고' 하는 인턴십도 존재한다. 워낙 취업 시장에서의 경쟁이 치열하다 보니, 이름 있는 회사의 사명을 이력서에 넣는 것만으로 두각을 나타낼 수 있어 이런 회사에서 인턴십을 하기 위해 오히려 대학 등록금을 내듯 '인턴 등록금'을 내는 것이다. 여기서 중요한 점은 '기회비용opportunity cost'이다. 좋지 않은 기회를 추구하지 말아야 한다는 논리의 바탕에는 '그걸 하느니 다른 것을 하는 게 더 낫다'는 개념이 깔려 있다. 내가 돈을 내고 인턴십을 하거나 적은 임금을 받고 일을 하느니, 조금 더 기다려서라도 좋은 기회를 잡는 것이 더 낫다는 생각이기 때문이다.

하지만 맥킨지의 파트너, 그리고 내가 당장의 기회를 잡으라고 하는 이유 역시 여기에 있다. 보통 현재 아무것도 하고 있지 않은 이유는 당장 나에게 들어온 좋은 기회 자체가 많지 않기 때문이다. 그렇지 않은가? 당장 내가 잡을 수 있는 더 좋은 기회가 있었다면 그 기회를 잡았을 것인데, 그렇지 않고 있다는 것은 그런 기회가 현재 존재하지 않는다는 반증이기도 하다. 그리고 이 '기회' 역시 가만히 있는 사람에게는 절대 오지 않는다. 보통 진로를 고민하는 사람이라면 20대의 대학생, 대학원생 혹은 갓 고등학교를 졸업한 사람일 텐데, 가만히 집에서 앉아 있는 상황에서 먼저 한 번쯤 일해 보고 싶지 않냐며 일이나 기회를 주는 사람은 거의 없다고 보아도 무관하다. 기회가 찾아오는 수준까지 올라가기 위해서는 적극적으로 기회를 좇아서 스스로 증명을 해 내야 한다. 따라서 '고민' 중이라면서 좋은 기회가 오기를 기다리기만 하는 것은 정말로 좋지 않은 접근 방식이다.

그렇다면 이런 걱정이 생길 수 있다. 사람의 몸과 정신은 하나이므로 동시에 취할 수 있는 기회의 수에는 한계가 있는데, 내가 이미 잡아 버린 한 기회 때문에 다른 더 좋은 기회를 놓칠 수 있는 것이 아닌가? 하는 고민 말이다. 실제로 이는 무조건 근거가 없는 것이 아니다. 이미 계약을 해서 일을 하는 중이라면 법적으로 '투 잡two jobs'을 뛸 수 없는 경우가 많기 때문이다. 하지만 이런 경우를 상정하고 당장의 기회를 무시하는 것은 확률적으로 좋은 선택이 아니다. 무인도에 조난당해 있는 상태에서 비행기를 타고 내륙으로 탈출하고 싶다는 이유만으로 당장 섬 옆을 지나가는 배를 잡지 않는 것과 같다. 물론 이렇게 배를 보내고 나서 실제로 기적적으로 비행기가 날아오는 경우도 있을 것이다. 하지만 결과적으로 이렇게 된다고 해서 배를 보낸 선택이 현명한 선택이 되는 것은 아니다. 앞서 이야기했듯 기적을 노리는 방식은 현명한 인생의 설계 방식이 아니다. 우리는 매 순간 현명한, 최선의 선택을 해서 인생에서의 승률을 최대한으로 높이는 것을 목표로 하는 중이지 않는가? 또, 이렇게 하나의 기회 때문에 다른 기회를 놓친다고 하더라도, 그렇게 새로운 세계를 알게 되어서 방향을 재설정 하는 것이 아무것도 하지 않는 것보다 낫다.

기회비용을 걱정하며 '고민'을 하기에는 우리에게 이미 주어진 시간을 최대한으로 활용하지 않고 있는 경우가 많다. 또, 방향을 재설정 하는 것이 차라리 더 빠르다.

이런 경우를 실생활에서 자주 찾을 수 있다. 한 회사에서 부서에 있는 사람들 중 능률이 좋은 사람을 승진시킬 계획을 세우고 있다고 하자. 이 회사에 있는 사람들은 모두 이 정보를 알고 있으며, 매우 좋은 기회이기 때문에 너도나도 이 승진 대상으로 발탁되기 위해 노력을 하고 있다. 당신이 이 회사에서 일을 하는 과장이라고 하자. 당신의 인사고과는 최근 계속해서 좋게 나왔고, 상사와의 관계도 상당히 좋은 편이다. 그런데 이런 상황에서 경쟁사의 차장 자리가 나서 인터뷰를 한다는 공고를 보았다. 당신은 이 자리에 지원할 것인가?

아마 대부분의 사람들은 현재 다니는 회사가 익숙하고, 당장 더 빠른 승진을 위해 전념해야 한다는 이유로 이 다른 기회를 그냥 놓아 버릴 것이다. 혹은 당장 눈 앞에 좋은 기회가 있으니 새로운 기회를 잡는 것이 맞는지 '고민'을 하다 결국 지원하지 못하고 끝날 수도 있다. 하지만 이는 어리석은 행동이다. 내가 경쟁사에 지원했다는 사실이 알려지지 않는다는 전제 하에 모든 카드, 즉 선택지를 쥐고 있는 것이 훨씬 유리하기 때문이다. 고민은 이 자리에 지원해서 합격하고 나서 해도 늦지 않다. 이 상황에서 일어날 수 있는 네 가지 경우의 수는 다음과 같다.

먼저 1번의 경우 최고의 결과라고 할 수 있다. 바로 회사에서 승진이 확정됨과 동시에 지원한 외부 회사에도 합격한 경우이다. 이 경우는 두 가지의 오퍼를 모두 쥐고 있으니 각자의 조건을 따

그림 3.1 가능한 경우의 수를 보여주는 항렬(매트릭스)

		지원한 회사	
		합격	불합격
현재 회사	승진	1. 현재 회사에서 승진, 지원한 회사 합격	2. 현재 회사에서 승진, 지원한 회사 불합격
	승진 실패	3. 현재 회사에서 승진 실패, 지원한 회사 합격	4. 현재 회사에서 승진 실패, 지원한 회사 불합격

져 가며 본인에게 가장 좋은 결과를 선택하면 된다. 합격한 다른 회사의 조건이 더 좋은데 현재 회사에 남고 싶다면 경우에 따라 이 다른 오퍼를 이용해서 협상을 통해 더 좋은 조건을 따낼 수도 있다. 2번의 경우 아무런 문제가 없다. 비록 외부 회사에는 불합격했지만 현재의 회사에서 승진해 남아 있으면 되기 때문이다. 3번의 경우 구사일생의 경우이다. 현재 회사에서 기대와는 다르게 다른 내정자가 있어 승진을 빼앗겼는데, 기적적이게도 지원한 외부 회사에서 더 높은 직급의 오퍼를 받게 된 것이다. 마지막 경우는 안타깝게도 두 회사 모두에서 승진 기회를 놓친 경우라고 할 수 있다. 여기서 중요한 점은 이 네 가지의 경우에서 그 어떤 경우도 '외부 회사에 지원했기 때문에 더 좋지 않은 결과로 이어진' 경우가 없다는 점이다.

어떤 사람들은 이렇게 말할 지도 모른다. '새로 지원서를 쓰고 면접 준비를 할 시간에 지금 승진할 수 있게 더 노력하는 게 낫지! 만약 괜히 다른 회사에 지원하지 않았으면 현재 회사의 일에 더 집중해서 승진을 따낼 수 있었을지 몰라'하고 말이다. 하지만 실제로 사람이 자신의 시간을 100% 활용하고 있어 더 이상 새로운 무언가를 하지 못하는 상태인 경우는 극히 드물다. 만약 진정으로 자신의 인생을 업그레이드하고 본인의 인생 로드맵을 현실화하는 데에 관심이 있다면, 정말로 하루에 한 시간, 혹은 30분 만이라도 할애해서 지원서를 쓰는 것이 불가능하지는 않을 것이다.

투자은행과 사모펀드 업계에서 일을 하면서 하루에 20시간씩 일을 하는 경우도 많았다. 어떤 주는 총 128시간을 근무한 경우도 있었다. 월요일부터 일요일까지 약 18시간씩, 즉 9시부터 새벽 3시까지 근무를 계속 하면 도달할 수 있는 수치이다. 내가 일을 많이 했다고 자랑하려는 것이 아니다. 이런 업계에서 막대한 업무량을 소화하는 사람들도 자신의 커리어를 업그레이드하기 위해 시간을 내서 이직을 준비하고, 부업을 꾸린다는 말을 하려는 것이다. 실제로 투자은행에서 근무하다가 상대적으로 수동적인 자문 업무가 아니라 더 능동적인 투자 업무가 하고 싶어 펀드로 이직하는 경우가 많은데, 이런 경우 인터뷰 자체가 현재 투자은행에 근무 중인 사람들을 대상으로 진행되므로 말도 안 되는 시간대에 하는 경우가 많다. 가령 아침 6시에 인터뷰를 한다거나, 당일 새벽 2시에 이메일이 와서 다음 날 오후에 면접이 가능하냐고 묻는다거나 하는 식이다. 만약 야근을 하고 있지 않아 이 메일을 놓쳤다면 아쉽지만 기회는 다른 지원자에게 간다. 바로 이런 이유 때문에 언제 어떤 식으로 인터뷰가 잡힐 지 알 수가 없어 수많은 투자은행 애널리스트들은 점심, 저녁 시간을 쪼개 지원서를 작성하고 잠을 줄여 가며 면접을 준비한다. 혹시 새벽에 면접 관련 이메일이 올까봐 알림을 놓치지 않기 위해 이어폰을 끼고 자는 사람도 많다. 내가 그런 경우였다. 이런 스케줄이 극단적인 만큼, 여기서 말하고 싶은 점은 기회비용, 즉 내가 무엇을 하는 데에 시간을 써서 다른 것을 하지 못하는 것을 걱정하기에는 이미 낭비되거나 여유를 부리는 데에 그저 그렇게 사용되는 시간이 많다는 것이다.

또, 무엇보다 정말로 다른 무언가를 추가적으로 하는 것이 현재 내가 하려고 하는 일과 상충되는지는 스스로가 누구보다 잘 알고 있다. 다만 '효율을 따지며 현재 일에 집중하고 싶다는 이유로 상대적으로 불편한 도전과 외부 기회들을 멀리하려는 것이 인간의 당연한 본능일 뿐이다. 마치 늑대가 자신이 따지 못한 포도를 보며 '저 포도는 신 포도라서 내가 먹었어도 의미가 없었을 거야'라고 자기합리화를 하듯, '고민'만을 하며 수 없이 많은 기회를 그냥 지나 보내며 '아니야, 저것들을 하겠답시고 내가 흔들렸다면 지금 하고 있는 일도 제대로 못 했을 거야' 라며 스스로 위안을 하기가 참 쉽다는 것이다. 이런 특성은 사람이라면 누구나 가지고 있는 것이기 때문에 의식적으로 이런 생각을 눌러야 한다. '언제나 카드를 쥐고 생각하는 것이 중요하다', '결정은 일단 모든 선택지가 주어지고 나서 하자'라는 식의 사고방식을 장착해야만 이런 함정에서 벗어날 수 있다.

만약 이렇게 갑작스레 다가온 기회를 잡았는데, 그 기회가 나와는 맞지 않다고 느껴진다고 하자. 어쩌면 기존에 생각했던 것보다 업무환경이 마음에 들지 않을 수도 있고, 좋지 않은 기회일 수도 있다. 그런 경우에는 방향을 빠르게 재설정하면 된다. 사실 방향을 재설정해야겠다고 생각이 든다는 것은 꽤나 긍정적인 시그널이다. 왜냐하면 현재 상황에 대해 상당히 객관적인 평가를 통해 무언가가 잘못되었다고 확실한 결론을 내리기 전까지는 현재 상태를 유지하는 것, 즉 '컴포트 존'에 남아 있으려는 것이 사람의 당연한 습성이기 때문이다. 정보에 기반한 자기 객관화를 통해 현재 추구하고 있는 것에 문제가 있다고 판단했다는 것은 이런 습성을 극복했다는 반증이므로 굉장히 좋은 신호이다. 물론 이런 일이 일어나지 않게 사전에 앞서 다룬 정보 수집과 검증을 하는 것이 중요할 것이다. 여기서 중요한 것은 이것저것 경험을 하면서 방향을 빠르게 재설정 하는 것이 차라리 아무것도 하지 않고 고민만 하며 기회를 재는 것보다는 훨씬 낫다는 것이다.

방향을 재설정해야 한다는 생각이 든다는 것은 현재 상황에 대한 평가가
가능하다는 의미이므로 좋은 시그널이다.

앞서 말했듯 나는 투자은행에서 일을 하며 인사팀HR과 굉장히 가까이 지내며 많은 교류를 했다. 일을 잘 하는 것만큼 중요한 것은 내가 그 만큼의 성과를 내고 인정받고 있다는 것을 승진과 보너스 등의 보상과 관련된 결정을 할 수 있는 사람들에게 알리는 것이라고 생각했기 때문이다. 자연스레 이런 교류를 통해 인사팀은 내가 회사를 대표할 수 있는, 회사의 '얼굴'로 써도 되는 사람이라고 생각하게 되었고, 나를 채용 활동에도 꽤나 활발히 참여시켰다. 대학생, 대학원생들이 제출하는 이력서와 자기소개서를 내가 검토하고 면접도 보기 시작한 것이다. 심지어 나중에는 회사의 홍보 영상에 출연해 달라는 부탁도 받았다. 이렇게 점점 인사 관련 활동에 깊게 참여하게 되었다.

아마 이미 회사에서 일을 하고 있는 사람들은 공감할 수 있는 내용이겠지만, 기업에서 한 사람을 평가할 때 중요하게 생각하는 것 중 하나는 이력서의 '공백 기간'을 이해하는 것이다. 이력서와 자기 소개서를 통해서 나 자신을 어필할 때 내가 무엇을 했는지에 대해서 화려하게 적을 수 있지만, 그 기간 외, 즉 대학을 졸업하고 나서 인턴을 하기까지, 또 학기 중간중간의 방학 등의 기

간에 내가 무엇을 했는지에 대해서는 과장해서 적기가 어렵기 때문에 회사에서는 이를 이해하고 싶은 것이다. 이력서에서 몇 년간의 설명할 수 없는 공백이 있다면 면접에서 이에 대해 십중팔구 질문을 받게 된다. 면접 준비를 할 때 이런 예상 질문에 대해 '저는 미래 진로에 대한 고민을 하며 이런저런 생각들을 했습니다'라고 말을 하라고 하는 면접 코치는 없을 것이다. 그렇다면 우리는 왜 무언가를 행동으로 옮기지 않고 '고민' 하고 있는 시간에 많은 의미가 있다고 생각할까? 물론 면접관이 이력서를 검토하는 방식이 인생을 재단하는 방식과 완전히 같다고는 할 수 없을 것이다. 하지만 타인에게 인정받기 위한 목적의 대화에서 작은 아르바이트라도 큰 의미를 부여해서 이야기하거나, 여행을 통해 무엇을 배웠는지 어떻게든 생각해 내려고 노력을 하게 된다면 스스로 인정하고 만족할 수 있는 삶을 살기 위해서도 같은 접근을 해야 하지 않을까? 회사는 사람이 경험을 통해서 성장한다는 것을 알기 때문에 이력서에 무언가가 적혀 있지 않은 기간이 있다면 이 사람이 그동안 무엇을 경험했고, 그 경험이 이 사람의 인격을 어떻게 형성하고 어떤 능력을 제공해 주었는지 알고 싶어 한다. 즉, 경험에 한해서는 '무無' 보다는 '유有'를 무조건적으로 선호한다는 것이다.

바로 이 이유 때문에 방향을 나중에 바꾸더라도 우선 무언가를 잡아서 시작하는 것이 맞다. 당장 한 분야의 한 직업군만을 체험해 보더라도 그 과정에서 내가 진정으로 좋아하거나 싫어하는 것이 무엇인지, 이 업계는 어떠한 형태로 돌아가는지, 그리고 같이 일하는 사람들을 보며 어떤 점은 닮고 싶고 어떤 점은 닮고 싶지 않은지 배울 수 있다. 만약 내가 수집하게 된 정보를 근거로 내가 지금 하고 있는 것이 잘못되었다는 확신이 든다면, 바로 방향을 틀면 된다. 걱정하지 않아도 된다. 당신은 시간을 낭비한 것이 아니다. 경험을 통해 내린 결론과 방구석에 앉아서 고민을 하고 사람들과 상담을 하며 내린 결론은 천지 차이기 때문이다.

방향을 재설정하더라도 그 동안의 경험을 통해 자아의 탐구가 가능하고, 많은 정보 수집을 할 수 있다.

금융과의 연결고리
_ 돈의 시간 가치, 그리고
현금 무용론

재미있는 점은 금융과 투자의 세계에서
도 이런 교훈을 시사하듯 '가만히 있는 것보다 뭐라도 해야 한다'
는 개념이 존재한다는 것이다. 아마 독자 여러분에게 인플레이션
inflation이라는 단어는 꽤나 친숙한 단어일 것이다. 인플레이션이
란 물가의 상승을 의미한다. 가령 어렸을 때에 즐겨먹던 과자가
500원이었는데, 요즈음은 1,500원에 판매되고 있다면 이는 인플
레이션 때문이라고 할 수 있다. 인플레이션을 다르게 해석하면
화폐의 가치가 떨어진다는 뜻이다. 만약 같은 과자가 전에는 500
원이었는데 지금은 1,500원이라면, 1원의 가치가 과자의 1/500
에서 1/1,500로 된 것이기 때문이다. 인플레이션은 기본적으로
통화량 때문에 일어난다고 알려져 있다. '수요와 공급의 법칙law of

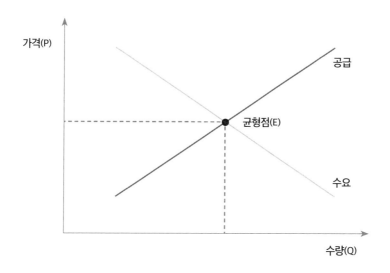

그림 3.2 수요와 공급의 법칙

가격(P)

공급

균형점(E)

수요

수량(Q)

supply and demand'은 독자 여러분도 잘 알고 있을 것이다. 가격은 수요와 공급의 교차점에서 형성이 되며, 수요가 공급보다 높으면 가격이 오르고 수요가 공급보다 낮으면 가격이 떨어진다는 간단한 법칙이다.

통화량과 관련해서도 이 법칙이 적용되는데, 장기적인 물가 상승, 즉 인플레이션이 일어나는 데에는 총수요가 지속적으로 증가하거나, 총공급이 지속적으로 감소해야 한다. 그런데, 여기서 총수요의 구성 요소인 정부 지출이나 소비, 투자 등은 장기적으로 계속해서 늘어나기 어렵기 때문에 인플레이션이 일어날 수밖에 없다는 것이다.

이 인플레이션은 개인 투자자에게 큰 리스크이다. 왜냐하면 가만히 돈을 금고에 넣어 두고 가지고 있기만 하면 그 돈이 가지는 가치가 안전하게 유지될 거라는 생각과 달리, 실질적인 가치는 계속해서 줄어들기 때문이다. 다르게 말하면 인플레이션을 극복할 만큼의 수익률을 내지 못하면 매 순간 돈을 조금씩 잃고 있다는 것이 된다. 이 내용은 재테크와 관련된 수업을 들을 때 단골같이 나오는 이야기이기도 하다. 당장 적극적으로 투자를 해서 자산을 불리지 않고 버는 돈을 계속 써가면서 생활하다 보면 큰돈을 모으지 못하고, 모은 돈 조차도 가치 하락의 영향을 받게 된다는 것이다. 당연하게도 펀드들은 이런 점을 잘 이해하고 있다. 펀드들이 관심을 가지고 모니터링 하는 리스크, 즉 위험에는 여러 가지가 있는데 그 중 인플레이션 리스크는 절대 빠질 수 없는 요소이다.

인플레이션은 자산의 실질가치를 떨어뜨리므로 펀드가 경계해야 하는 주요 리스크 중 하나이다.

일반적으로 이런 리스크에 대비하는 것을 헤지(hedge)라고 한다. 헤지는 사전적으로는 울타리라는 뜻을 가지고 있는데, 마치 울타리를 쳐서 외부의 위협에서 우리가 스스로를 보호하듯, 울타리를 쳐서 리스크에 대비한다는 뜻으로 쓰인다. 헤지라는 단어는 상당히 방어적인 의미를 가지고 있는 것 같은데, 그렇다면 제도권 금융 회사들과 펀드들은 어떻게 위험에 대해 '조심'할까? 조금은 소극적으로 투자하거나 안전한 투자를 위해 더 오랜 시간 동안 고민하고 무언가 더 엄격한 기준을 통과해야만 투자를 할까? 아니다. 인플레이션 리스크를 헤징하는 대표적인 방법으로는 채권 투자와 인프라 자산 투자가 있다. 채권의 경우 재정상태가 좋은 기업의 채권에 투자를 하면 매년 확정된 금액의 이자를 받을 수 있기 때문에 꽤 높은 정확도의 수익률을 보장받을 수 있고, 인프라 자산의 경우 일반적으로는 수요가 크게 요동치지 않고, 장기간의 계약으로 인해 사업 모델이 굉장히 안정적이기 때문에 역시 안정적인 수익률을 거둘 수 있다. 펀드들은 상대적으로 안정적인 수익률을 가진 매력적인 투자 자산에 적극적으로 투자해 포트폴리오가 인플레이션으로 인해 가치 희석을 겪는 것을 방지한다.

그렇다고 펀드들이 소극적인 투자를 하지는 않는다. 대신 수익률이 안정적인 자산에 투자해서 인플레이션 리스크를 헤징한다.

인플레이션에 대해서 이야기했지만, 펀드 입장에서 가만히 있었을 때 겪게 되는 손해는 단순히 이뿐만이 아니다. 금융에는 '돈의 시간 가치time value of money'라는 개념이 있다. 쉽게 이야기하면 현재 얻는 돈의 가치가 미래에 얻는 돈의 가치보다 높다는 뜻이다. 다음 두 가지 선택지 중에 하나를 골라보자. 첫 번째 선택지는 1만원을 오늘 받는 것이고, 두 번째 선택지는 1만원을 내년에 받는 것이다. 아마 100명 중 99명은 돈을 오늘 받는 것을 선택할 것이다. 돈을 내년에 받는 선택을 한 1명도 아마 '지금 내가 돈이 있어 봐야 낭비할 것 같아서' 같은 이유를 댈 것이다. 인플레이션에 대해서 이미 다뤘으니 눈치가 빠른 독자들은 '1년 후의 돈의 가치는 인플레이션 때문에 더 낮으니까 오늘 돈을 받는 게 나아'라고 이야기할 수 있겠다. 틀린 이야기는 아니지만 이는 사실 반쪽짜리 정답이다. 나머지 반쪽의 정답은 '내가 당장의 돈을 가지고 안정적으로 낼 수 있는 기대 수익률이 있기 때문'이다.

만약 독자 여러분이 투자에 잔뼈가 굵은 사람이라서 매년 10% 정도의 수익률은 거의 확정적으로 낼 수 있다고 생각해 보자. 사실 많은 사람들이 최근 비트코인 광풍 등으로 인해 10% 정도의 수익률은 의미가 없다고 생각하는 경우가 많은데, 꾸준히, 그리고 안정적으로 10%의 수익률을 낸다는 것은 생각보다 굉장히 어려운 일이다. 이렇게 될 경우, 오늘 가지고 있는 100만원을 1년 뒤에 110만원으로 불릴 수 있게 된다. 이 계산을 수식으로 나타내면 다음과 같다.

$$100 \times (1 + 0.10) = 110$$

이 110만원을 재투자해 1년동안 더 굴리면 121만원이 될 것이다.

$$100 \times (1 + 0.10) \times (1 + 0.10) = 121$$

여기서 조금 생각해 보면, 매년 10%의 수익률을 내는 사람의 시각에서 현재 가지고 있는 100만원은 1년 뒤의 110만원과 가치가 같다. 또, 현재의 100만원, 그리고 이와 같은 가치를 가지고 있는 1년 뒤의 110만원은 2년 뒤의 121만원과도 가치가 같다. 우리는 앞서 기회비용이라는 개념에 대해서 이야기했다. 어떤 선택을 함으로서 포기하게 되는 것의 가치를 의미한다. 이 경우에는 이 10%의 기대수익률이 기회비용이라고 할 수 있다. 현재 100만원이라는 돈을 받아서 소비해 버리면 돈을 굴려서 저 수익을 얻는 것을 포기하는 것이기 때문이다. 돈의 시간 가치는 바로 이런 개념이다. 투자를 했을 때 미래에 얻을 수 있는 수익률이 있기 때문에 돈의 가치는 미래보다 현재에 더 높다는 개념이다.

위에서 예를 든 10%의 기대 수익률은 상대적으로 높지만, 안전성이 높은 독일, 미국의 국채(나라에서 발행하는 채권)에만 투자해도 3~4%의 수익률은 매년 얻을 수 있기 때문에 일반적으로 기대수익률은 양수, 즉 0% 이상이라고 전제된다. 더 깊이 들어가면 금융 개념에 집중하게 되어 본질과는 이야기가 멀어지므로 여기까지만 설명하겠다. 이 이야기의 요지는, 금융에서도 '현재의 돈'이 가지는 '미래의' 가능성, 즉 펀드의 기대 수익률 때문에, 그리고 시간의 흐름에 따른 자연스러운 가치 희석, 즉 인플레이션 때문에 잠시도 쉬지 않고 돈을 굴리려고 한다는 것이다.

> 투자를 통한 기대수익이 있기 때문에 금융에서는 돈의 현재 가치가 미래의 가치보다 높다고 분석한다. 바로 이 이유 때문에 '노는 돈'이 없게 하도록 적극적으로 투자를 한다.

가만히 앉아서 '고민' 하는 시간은 펀드에게는 실질적인 가치 상실이다. 가령 내가 현재 근무하고 있는 싱가포르의 국부 펀드인 GIC는 수백 조의 자산을 관리하는데, 펀드가 가지고 있는 가장 큰 고민 중 하나는 바로 '드라이 파우더dry powder' 문제다. 드라이 파우더란 펀드의 운용 자금 중 아직 투자되지 않은 금액을 의미하는데, 직역하면 건조된 화약이라는 뜻으로, 전쟁에서 바로 쓸 수 있게 미리 확보해 놓는 실탄을 의미한다. 만약 펀드의 자금 대부분이 단순히 현금, '드라이 파우더'의 형태로 '놀고' 있으면 앞서 말한 이유로 돈을 잃게 되는 셈이기 때문에 내부적으로도 항상 양질의 투자 기회를 찾아 얼른 투자 집행을 해야 한다는 위기감을 가지고 있다.

물론 이렇다고 해서 돈을 아무 데나 마구잡이로 투자하는 것은 아니다. 앞서 말한 대로, 깊이 있는 실사를 통해 투자 대상을 깊게 파헤치는 것은 기본이고, 투자 결정 후에도 문제가 될 만한 내용이 뒤늦게 발견되면 투자를 철회하기도 한다. 리스크가 무서워 돈을 굴리지 않고 가만히 있는 게 아니라, 어느 정도의 리스크를 지고 적극적인 투자를 감행하고, 만약 손실이 나고 있는 투자 자산이 있다면 그 결과가 무서워 투자를 멈추는 것이 아니라 바로 다른 투자를 진행해 방향을 전환해서 손실을 메우는 것이 세계 유수 사모펀드들의 투자 방식이다.

여기서 잠시 멈춰서 이런 기관 투자자들이 관리하는 금액의 크기를 생각해 보자. 이런 투자자들은 '적게는' 수 조에서 많게는 수백 조 원을 굴린다. 내가 근무하고 있는 GIC의 경우 이 금액은 싱가포르의 국부國富, National wealth이고, 다른 사모펀드의 경우는 수많은 투자자들Limited Partners, LP에게 받은 금액이다. 이 투자자들 중에서는 연금, 기금 등 수백, 수천만 명의 돈으로 이루어진 펀드들도 있다. 이런 이야기를 갑자기 하는 이유는 이들에게 여러 번의 기회가 없다는 점을 강조하고 싶어서이다. 세간에는 이들이 굉장히 크고 강력한 영향력을 가지고 있다는 이유만으로 기관 투자자들이 제멋대로 행동하는, 무책임한 불량배 같은 존재라는 인식도 있는 것 같은데, 입장을 바꾸어 생각해 보자. 만약 당신이 가족, 그리고 지인들의 잉여자금을 모두 받아서 관리하고 있다면 어떨까? 그 중에는 평생을 열심히 살아오신 부모님의 퇴직금과 노후자금도 있을 것이고, 친구의 결혼 자금도 있을 것이다. 이런 돈을 관리하는 사람이 큰 실수를 해서 거액을 날리게 된다면 그 사람에게 두 번째의 기회를 주는 사람은 없을 것이다. 펀드를 관리한다는 것은 그 만큼의 책임감과 부담감을 가지는 것이다. 한 펀드를 망친 펀드 매니저에게 돈을 맡길 투자자는 존재하지 않는다. 대형 펀드매니저에게 '두 번째' 기회는 없다.

나는 인생도 어떻게 보면 마찬가지라고 생각한다. 우리 모두에게는 공평하게 주어진 단 한 번의 인생이 있다. 마치 게임에서처럼 죽어도 금방 다시 태어나 도전을 할 수 있는 삶을 사는 사람은 없다. 그런데 만약 수백, 수천 명의 삶을 양도받아 단 한 번의 인생에 대리로 살고 있는 사람이 있다면 어떨까? 그리고 그 사람이 그 사람에게 인생을 맡긴 수백, 수천 명을 계속해서 만족시킬 수 있는 방법으로 삶을 살고 있다면? 여러분은 그 사람을 마치 '현자'라고 생각하며 따르려고 하지 않겠는가?

어떻게 보면 대형 투자은행과 사모펀드는 그런 존재이다. 수십, 수백 조의 자산에 관여하면서도 수십 년이라는 금융의 역사의 대부분 동안 고객들에게 수익이라는 형태로 만족을 안겨주었고, 코로나 19사태 같은 전례 없는 상황에서도 크게 흔들리지 않고 오히려 전년도를 상회하는 수익을 내지 않았는가? 수십, 수백 만의 돈에 관여하기 때문에 두 번의 기회가 주어지지 않는 이들이 자산을 대하는 방식이 '단 한 순간이라도 '노는 돈'이 생기지 않게 적극적으로 기회를 찾는' 것이라면, 우리가 '이 길이 나와 맞지 않으면 어떡하지'라며 고민을 하며 시간을 낭비하는 것은 어떻게 보면 우스꽝스러운 일이 아닐까? 고민하는 데에 시간을 낭비하지 말자. 매 순간은 가능성으로 가득 찬 소중한 기회이다. 생각은 카드를 모두 손에 쥐고 나서 해도 늦지 않다. 방향을 재설정하는 것이 차라리 더 빠르다.

기회 선택

규칙 4: "한 번뿐인 인생에서 배수의 진을 치지 마라"

출구 전략

HEALING

"나중에 뭐가 되고 싶은지
몰라서 공부를 해요"

.
.

바로 전 장에서 우리는 여러 개의 카드를 우선 쥐고 나서 어떤 선택을 할지 고민하는 것이 좋다는 이야기를 나눴다. 그렇다면 자연스레 다음 질문은 그 카드들을 쥐고 있다는 전제 하에 어떤 선택지를 고르는 것이 좋을지가 될 것이다. 물론 여기서 쥐고 있는 카드 중 유독 매력적인 카드가 있다면 그 카드를 고르는 것이 좋다. 가령, 여러 대학을 붙었는데 그 중 한 학교가 유독 좋다거나, 여러 자리에 동시 합격을 했는데 한 곳의 연봉과 커리어 패스career path가 좋다거나 하는 경우이다. 하지만 이렇게 더 좋은 선택지가 무엇인지 명확하지 않은 경우에는 이야기가 복잡해진다. 조금 더 도전적이고 변수가 많은 선택을 하는 것이 좋을지, 더 안전한 선택을 하는 것이 좋을지, 그리고 이런 선택들을 할 수 있게 되기 위해 어떤 노력을 언제 어떻게 해야 하는지 굉장히 머리가 아파진다. 인생은 선택의 연속이라고 하는데 어떤 식으로 선택을 하는 것이 좋은지 어렵게 느껴지기만 한다. 이는 성별과 배경, 나이를 불문하고 모두가 겪는 문제이다.

　내가 예전에 아주 어렸을 때 읽던 어린이 신문에, 소위 '전교 1등' 학생을 인터뷰한 내용이 있었다. 몇 년 지나지 않았지만 당시까지만 해도 인터넷 기사보다는 종이 신문을 배달 받아서 읽는 경우가 많았는데, 일종의 부록으로 같이 배송 되던 교육 섹션에서는 이런 식으로 교육의 '성공 사례'를 다루고는 했었다. 그 인터뷰에서 신문 기자는 공부를 유독 잘 하고 열심히 하는 학생에게 'XX 군은 나중에 커서 뭐가 되고 싶길래 공부를 이렇게 열심히 해요?'라는 질문을 했다. 사실 이는 꽤나 클리셰cliché적인, 예상이 가능한 질문이지만 이 질문에 대한 학생의 대답은 전혀 예상 밖이었다. 일반적으로 한국의 정서 상, 소위 '사'자의 직업을 가지고 싶다는 답변을 예상한 사람들이 많았을 것이다. '변호사인 아버지를 본받아 훌륭한 법조인이 되고 싶어요', '의사가 되어서 사람들을 건강하게 해 주고 싶어요' 같은 교과서적인 답변 말이다. 그런데 사실 이런 이야기를 듣고 진실성을 느끼는 사람은 적을 것이라고 생각된다. 이제 고작 초등학생인 아이가 진로에 대해서 얼마나 깊은 고민을 했다고, 또 그 직업이 가지는 가치에 대해서 무엇을 얼마나 안다고 거기서부터 영감과 에너지를 얻어 공부를 열심히 한단 말인가?

그 학생의 답은 바로 '나중에 커서 뭐가 되고 싶은지 잘 모르겠어서 공부를 해요'라는 것이었다. 나중에 자신이 어떤 일을 하고 싶어지게 되더라도 공부를 하지 않았기 때문에 그 선택지를 잃고 싶지 않아서 공부한다는 것이다. 이 아이가 어떻게 이런 가치관을 가지게 되었는지는 나도 잘 모르겠다. 하지만 적어도 앞서 말한 '~~가 되고 싶어요' 같은 상투적인 답변보다는 훨씬 더 많은 생각이 담겼다는 생각이 든다. 아마 이 아이의 부모님이 특정 직업을 가지라고 강요하기보다는, 나중에 무엇이 되려고 하더라도 공부를 잘하는 것은 큰 도움이 된다는 것을 잘 설명해 주지 않았을까 싶다. 나는 이 때 이 글을 읽고 꽤나 큰 충격을 받았었다. 사람들은 너도 나도 목표를 설정하고 나서 그 목표를 이루기 위해서 노력을 하는데, 오히려 목표를 아직 설정하지 못했기 때문에 보편적으로, 즉 어떤 목표를 설정하더라도 도움이 될 수 있는 것을 찾아서 노력의 방향을 설정한다는 것이 굉장히 현명하다고 느껴졌기 때문이다. 생각해 보면 내가 어렸을 때 아버지께서 해 주신 말씀도 이와 크게 다르지 않았다. 우리 부모님은 나에게 공부를 강요하기 보다는 공부의 중요성에 대해 아주 현실적으로 말씀을 해 주셨다. 그 중 유독 기억에 남는 아버지의 말씀은 '결국 네가 성인이 되고 나서부터는 분야를 막론하고 네가 뛰어나다는 것을 입증하는 것의 반복'이라는 이야기였다. 내가 가수가 되어도, 회계사가 되어도, 의사가 되어도, 소방관이 되어도 그 위치에 있고 싶어하는 다른 사람들보다 뛰어나고 우수하다는 것을 증명해야 한다는 사실에는 큰 차이가 없다는 이야기였다. 아버지는 '그 때가 오면, 이게 정당한지 아닌지 와는 무관하게 너의 학벌이 좋다면 지름길을 택할 수 있다'고 말씀하셨다. 물론 학벌이 좋지 않다고 해서 우수함을 증명할 수 없는 것은 아니지만, 가령 좋지 않은 대학을 졸업하거나 대학 졸업장이 없는 사람이 자신이 왜 이 일을 잘 할 수 있는지 장문의 글로 설명하고 발표를 해야 한다고 하면, 하버드 졸업장을 가지고 있는 사람이라면 길게 들어 볼 필요 없이 우선 한번 기회를 주고 본다는 것이다.

"네가 만약 사장이고 수천 명의 지원자 중 한 명을 뽑아야 한다면, 모두와 면접을 볼 수는 없지 않겠니? 그런 경우에는 어쩔 수 없이 확실하게 입증할 수 있는 것들에 의존할 수밖에 없단다. 네가 아무리 뛰어나다고 하더라도 결국 그걸 입증할 수 있는 기회가 없다면 아무런 의미가 없어."

아버지 본인이 사회를 경험하시면서 겪은 예들을 들면서 이렇게 이야기하시니 경각심이 들 수밖에 없었다. 나는 자존심이 강한 편이었기 때문에 나중에 내가 능력이 있음에도 불구하고 그 사실을 아무리 어필해도 나보다 학벌이 좋은 누군가가 내민 명함 한 장에 밀릴 수 있다는 생각을 하니 상상만으로도 숨이 턱 막히고 화가 났던 기억이 난다. 내가 왜 그런 대우를 받고 살아야 하는가? 그런 이유로 아버지의 가르침에 설득이 되고 나서는 우선 나의 우수함과 성실함을 입증할 수 있는 좋은 학벌을 가지기 위해 노력했던 것 같다. 물론 어떻게 보면 이 또한 하나의 목적이라고 할 수 있겠다. 하지만 이 목표에는 구체성이 결여되어 있었다. 내가 좋은 학벌을 얻고 나서는 이를 어떻게 활용할지, 대학을 졸업하고 나서는 어떤 일을 하고 싶은지에 대한 생각보다는, 나의 능력을 펼칠 기회조차 잃게 되는 상황은 만들지 말아야겠다는 생각과 동시에, 남들보다 쉽게 기회를 얻을 수 있는 '입장권'을 따내자는 생각이었기 때문이다.

> 어떤 목표가 있어서 노력해야 하는 것이 아니라 어떤 목표가 생길지 모르니
> 노력해야 한다.

세상 만사가 내 마음대로 된다면 좋겠지만 꼭 그렇지만은 않다는 점에 대해서는 긴 설명이 필요하지 않을 것이다. 열심히 노력해서 들어간 회사가 대표의 잘못된 결정으로 인해 갑자기 파산할 수도 있고, 내가 선택한 직업이 나에게 정말 맞지 않는다는 것을 나중에 깨달을 수도 있고, 갑자기 집안이 기울어 원하던 유학을 가지 못하게 될 수도 있다. 이럴 때 인생에서 반드시 성공만 있을 것이라는 전제 하에 인생을 설계한 사람보다 잘 되는 경우와 잘 되지 못하는 경우 모두를 둘 다 상정하고 계획을 한 사람이

당연히 역경을 잘 이겨낼 것이다. 10대의 나에게는 좋은 대학에 입학하기 위해 공부하는 것이 이런 인생 설계의 일환이었다.

투자은행에 또래에 비해 일찍 취업하고, 회사 내에서 인사 팀 업무를 돕고 여러 학교에 방문해서 취업 세미나를 하면서 커리어와 관련해 많은 질문을 받았다. 이 중 대부분은 몇 가지의 선택지를 두고 고민하는 내용이었다. 가령, '컨설팅과 투자은행 커리어가 둘 다 매력적으로 느껴지는 데 둘 중 어떤 쪽을 준비하는 게 저랑 맞을까요?'라거나, '현재 이 분야의 공부를 계속 하고 있는데, 이 다른 분야에도 최근에 관심이 생겼습니다. 어떻게 하면 좋을까요?' 같은 고민들이다. 이 질문에 대한 답과 조언이 그들의 삶이 큰 영향을 줄 수 있다는 것을 알기 때문에 질문에 답을 하기가 참 조심스러운 것은 사실이다. 그런 만큼 나는 내 직감에 따라 답을 해 주기보다는 상황에 따라 흔들리지 않을 명확한 원칙에 의거해서 선택하라는 조언을 하는데, 그 원칙 중 대표적인 것이 바로 '향후 선택지의 '개수'와 관련된 내용이다.

가령 A와 B라는 선택지가 있다고 하자. 그런데 A 선택지의 경우 만약에 잘 되지 않으면 B로 전환할 수 없는 반면, B의 경우 마음대로 잘 되지 않으면 언제든 A로 전환할 수 있다고 해 보자. 이 경우 다른 큰 변수가 없다는 전제 하에 나는 B를 택하는 것이 좋다고 조언한다. 또, 아직 A와 B의 선택지, 즉 카드를 손에 쥐고 있지 않다면 별다른 이유가 없는 이상 B를 향해 나아가는 것이 좋다고 조언한다. 특히 나이가 어릴수록 말이다. 왜냐하면 앞서 말했듯 인생에서는 내가 통제할 수 없는 변수가 너무나도 많기 때문이다. 단순히 A가 좋다는 이유만으로 모든 것을 걸기에는 리스크가 너무 크다.

여기서는 'A를 하다가 B를 할 수는 없지만 B를 하다가는 A를 할 수 있다'를 하나의 정해진 사실처럼 이야기하고 넘어갔지만, 사실 여러 선택지 사이의 이런 상관관계를 이해하려면 많은 정보가 필요하다. 또, 여기서는 선택지가 A와 B, 두 가지뿐이었지만 실제 인생에서는 2개보다는 훨씬 많은, 수십 개의 선택지가 존재하기 마련이다. 그러나 이렇게 더 복잡한 계산이 필요하더라도, 매 순간 미래에 어떤 일이 생기더라도 도움이 될 수 있게 노력을 해 놓으면 확률적으로, 과학적으로도 성공에 가장 가까워질 수밖에 없다는 사실은 변하지 않는다. 영어권에서는 이렇게 차후 선택지가 많은 것을 '가장 많은 문을 연다opens the most doors'고 표현한다. 만약 인생을 여러 개의 문을 통과해야 하는 게임으로 비유하고, 인생의 무작위성에 따라 각각의 문이 막다른 길dead end로 이어질 수 있는 확률이 동일한 것으로 가정하자. 만약 문 앞에 그 문을 통했을 때 막다른 길일 가능성을 포함해 다음에 몇 개의 문이 있는지 숫자가 써 있다면, 당연히 숫자가 많은 문 만을 골라서 앞으로 나아가는 것이 최선의 전략일 것이다.

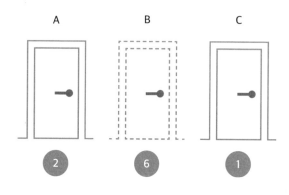

그림 4.1 문을 열었을 때 막다른 길일 가능성이 같다면,
다음에 있는 문의 개수가 가장 많은 문이 최선의 선택지가 된다

여기서 '필승' 대신 '최선'이라는 단어를 사용한 이유는, 앞서 우리가 여러 번 정립했듯이 인생에서 '무조건 승리하는' 경우란 존재하지 않기 때문이다. 그 때문에 우리는 매 순간 현명한 선택을 통해 인생에서 성공할 승률을 최대한으로 올리는 것을 목표로 한다. 이런 맥락에서 이번 장에서 다루는 내용은 이 목적에 가장 잘 맞는다고 할 수 있다. 물론 '감'에 따라 고른 문이 더 좋은 선택지일 가능성 역시 존재한다. 가령, 어떤 문이 다른 문과는 다르게 파랑색으로 칠해져 있어 괜히 더 열어보고 싶은 마음이 들어 문에 붙어 있는 숫자가 낮음에도 불구하고 그 문을 열 수 있다. 이럴 때 운 좋게 이 선택이 결과적으로 옳은 선택이 될 수도 있다. 하지만 그렇다고 그 선택이 수학적, 과학적으로 현명한 선택이 되지는 않는다. 여러 번 반복해서 말했듯, 무모한 도박으로 큰 돈

을 벌었다고 해서 도박을 한 것이 잘 한 일이 되지는 않는다. 최근 비트코인의 열풍에 힘입어 '투자 붐'이 일어났는데, 이 중에서 사람이 아닌 침팬지에게 투자를 맡긴 경우가 큰 흥미를 끌었다. 투자의 원칙을 떠나서 자신이 정확히 뭘 하고 있는지도 모르는 침팬지에게 매수, 매도 버튼 두 개를 주고 비트코인을 사고 팔게 시켰는데, 이를 통해서 얻은 수익률이 아이비리그를 졸업하고 엘리트 교육을 받아온 최상위권 펀드매니저들의 수익을 크게 상회했다는 것이다. 이 사실을 바탕으로 '침팬지보다 못하다'며 펀드매니저들의 능력을 무시하는 극소수의 사람들이 있었는데, 이는 더 말할 것도 없이 정말로 바보 같은 의견이다. 침팬지가 이렇게 높은 수익을 냈다고 해도 자신의 자산을 이 침팬지에게 맡길 사람은 아무도 없을 것이기 때문이다. 이는 이 선택이 '최선'의 선택이 아니라는 점을 보여 준다. 운이 좋게 얻어 걸려서 성공할 수 있지만, 그렇다고 해서 그 방법이 옳은 방법이 되지는 않는다.

더군다나 인생에서 한 번이 아닌 여러 번의 선택이 있다. '하이 리스크 하이 리턴' 전략을 계속해서 쓰는 것은 필패의 지름길이다.

조건이 같다면 가장 많은 선택지를 주는 길로 가는 것이 좋다. 물론 그렇지 않은 길이 더 좋은 선택지가 될 가능성도 있지만, 이를 택하는 것이 현명한, '최선'의 선택이 되지는 못한다.

투자은행에 취업하고 나서 정말 많은 사람들을 만나봤지만, 지금부터 이야기할 분은 내가 개인적으로 가장 많은 영감을 받은 분이자, 가장 닮고 싶다고 생각했던 금융인 중 한 분이다. 그리고 이 분은 이 책에서 말하고 있는 네 번째 원칙을 가장 잘 활용했다.

이 분을 처음 알게 된 것은 여름 인턴십을 진행하던 대학교 2학년 때였다. 나는 유수 투자은행 부티크 회사인 센터뷰 파트너스와 옥스포드 경영대학원이 공동 주최하는 M&A 케이스 경연 대회에서 학부생 최초로 우승을 하게 되어 그 해 여름에 인턴십을 할 수 있는 기회를 얻게 되었다. 이 분과의 첫 만남은 이 케이스 스터디의 최종 발표를 했던 때였다. 케이스 발표는 서류 심사, 비디오 발표, 그리고 최종 발표 세 단계로 이루어졌는데, 특히 최종 발표의 경우 런던의 센터뷰 파트너스 사무실에 방문해 회사의 파트너들 앞에서 케이스 발표를 하고 질의응답을 하는 식이었다. '센터뷰 파트너스'라는 사명에서 알 수 있듯, 회사의 '파트너'는 센터뷰라는 회사를 운영하는 주축이 되는, 최고 직급이다. 아마 법률 드라마인 '슈츠Suits'를 본 독자라면 익숙할지도 모르겠다. 센터뷰 같은 회사의 경우 골드만삭스, 모건스탠리 등의 대형 은행과는 다르게 사적으로, 소수정예로 운영되는 부티크이므로 상장회사가 아니다. 따라서 이런 상장사에 비해서 재정 정보를 공시해야 할 의무가 없기 때문에 일반인에게 공개되는 정보는 많지 않다. 하지만 영국의 경우 기업등록소companies house를 통해 사기업의 특정 정보를 열람할 수 있는데, 이에는 임원진, 즉 파트너들의 연봉 정보도 포함된다. 내가 인턴을 했던 2017년 기준 센터뷰 파트너스의 런던 오피스에는 총 8명의 파트너가 있었으며, 이들의 평균 연봉은 약 43억이었다. 또, 구체적으로 누구인지는 명시되지 않았지만, 이 중 가장 높은 연봉을 받은 파트너는 125억의 연봉을 받았다고 써 있다. 즉, 내 발표를 듣게 될 파트너들은 그야말로 금융계의 거물들이었다. 내가 최종 발표를 위해 연단에 섰을 때, 가운데에 앉아서 처음부터 끝까지 나의 눈을 응시하던 체구가 작은 분이 계셨는데, 이 분이 바로 로버트(가명) 파트너였다. 내 발표가 마음에 들었는지 로버트는 회사에 나를 인턴으로 받자고 적극 추천했고 그 이후에도 나와 계속해서 연락을 하며 멘토링을 해 주었다.

투자은행에서 인턴십을 하게 되면 좋은 점 중 하나는 이런 파트너들, 혹은 높은 직급의 상사들과 같이 대화를 할 수 있는 기회가 주어진다는 것이다. 특히 센터뷰 파트너스 같은 부티크 회사의 경우 규모가 작고 따라서 인턴의 수도 그렇게 많지 않았기 때문에, 매주마다 돌아가면서 인턴들이 파트너 한 명과 점심 식사를 하고는 했다. 물론 모든 파트너와의 대화가 인상적이었지만, 나는 유독 로버트와 했던 대화가 잊히지 않는다. 일반적으로 파트너와의 만남은 간단한 자기 소개와 함께, 파트너들이 자신이 어떤 커리어 패스를 밟아왔는지 소개하고, 소위 말하는 2008년 금융 위기 이전의 투자은행 업계'의 문화에 대해서 이야기하는 식이었다. 로버트의 경우 정통적인 금융권 커리어와는 조금 차이가 있었기 때문에 커리어 패스와 관련된 이야기가 주를 이뤘다.

그는 원래 금융권 같은 전문직이 자신의 진로가 될 것이라고 생각하지 못했다고 한다. 어렸을 때의 로버트는 단순히 과학을 좋아하는, 전형적인 '이과생'이었고, 연구가 좋아 자연스레 석사, 박사까지 하게 되었다고 한다. 이 과정에서 꼭 의대에 진학해서 박사 학위를 따야겠다는 생각은 없었지만, 상대적으로 유복했던 부모님 덕에 커리어와 관련된 조언을 많이 받을 수 있었다고 한다. '내가 하고 싶은 일'과 '경제적으로 넉넉한 일' 사이의 갈등을 하는 과정에서 부모님이 다양한 커리어 패스에 대해 잘 알고 있다는 것은 큰 도움이었다. 석사, 박사 과정을 거쳐 연구와 관련된 학구적 커리어를 밟았을 때에는 얼마 정도의 연봉을 받을 수 있고 어떤 선택지들이 있는지, 그리고 의대에 진학해 의사가 된다면 어떤 커리어를 밟을 수 있고 전망은 어떠한지 등에 대해서 꽤 상세하게 조언을 많이 해 주셨다고 한다. 생물학에 유독 관심이 많았던 로버트 파트너는 관련 분야에서 연구를 계속하고 싶었지만, 그와 동시에 야망과 욕심이 컸기 때문에 박사 과정까지 마치고 나서도 기업에서 그렇다 할 대우를 받지 못한다는 사실이 불만스러웠고, 따라서 원한다면 경력을 살려 언제든지 연구직으로 돌아올 수 있는 의사의 길을 가기로 마음을 먹었다고 한다. 그런데 마침 의대에서 한창 공부를 할 즈음 세계 증시는 전무후무한 상승세를 타고 있었고, 주위 친구들이 너도나도 가진 돈을 투자하는 것을 보며 금융시장에 관심을 가지게 되었다. 이 때는 2008년의 금융위기 전이었기 때문에 부동산을 중심으로 많은 거품이 끼어 있던 때였다. 금융의 세계와 투자의 재미에 대해서 알게 되고 나서 환자를 보고 돌보는 것 보다는 자신의 학구적 능력과 의학 관련 지식을 살려 금융 전문가가 되고 싶다는 생각이 들었고, 그 때문에 박사 학위를 취득했음에도 불구하고 의사 자격증을 내려놓은 상태로 모건스탠리에서 일을 시작하고, 얼마 지나지 않아 뱅크 오브 아메리카 메릴린치Bank of America Merrill Lynch의 헬스케어 Healthcare 팀에서 커리어를 쌓게 된다.

부모님의 조언대로, 로버트가 의사 자격증이 있다는 것은 헬스케어 시장에서 일하는 뱅커로서 정말로 커다란 이점이었다. 단순히 컨설턴트들에게 받은 정보를 바탕으로 사업 모델과 관련 기술을 겉핥기 식으로 이해하는 다른 뱅커들과는 달리, 그 동안 공부했던 내용을 적극 활용하여 더 깊은 사업 이해도를 가질 수 있었고, 학업을 지속하며 길러진 '공부 머리'를 활용해 빠른 속도로 습득한 금융 관련 지식과의 엄청난 시너지가 생겨 난 것이다. 로버트는 상대적으로 소극하고 조용한 성격이었지만, 빠른 속도로 움직이는 금융의 세계에 발을 들이고 나서 점차 발표도 막힘이 없었고 프로젝트도 나서서 도맡는 적극적인 성격을 가지게 되었다. 그야말로 본인이 가지고 있던 장점은 극대화하고, 단점은 메꿀 수 있는 최적의 자리를 찾게 된 셈이다. 이렇게 뱅크 오브 아메리카 내에서 빠른 속도로 승진을 해서 상대적으로 어린 나이에 상무Director 자리에 오르게 된다.

이렇게 승승장구했지만 로버트의 머릿속에는 늘 한 가지 고민이 있었다. 성공한 투자 은행가로서의 커리어도 충분히 만족스럽지만, 그를 넘어서 조금 더 주체적으로 일을 할 수 있는, 그리고 돈도 더 벌 수 있는 기회가 무엇이 있을지 생각하게 된 것이다. 동기들, 그리고 선배들과의 대화를 통해 그는 자신의 능력, 즉 스킬 셋skill-set을 가진 사람이라면 약 세 가지의 선택지가 있다는 것을 알게 되었다.

첫째는 바로 다른 시니어 뱅커들과 회사를 떠나 새로운 부티크를 차리는 것이다. 사실 이는 많은 뱅커들의 꿈이기도 하다. 그동안 회사에서 일을 하면서 세계 유수 회사들의 간부들과 쌓아온 관계를 토대로 자신의 회사를 만들어, 한 부티크 투자은행의 파트너가 되는 것이다. 둘째는 이미 차려져 있는 이런 부티크에 채용되어 파트너로 이직하는 것이다. 마지막은 헬스케어와 관련된 지식, 그리고 관련 금융시장과 관련된 지식을 십분 활용해서 헬스케어 회사의 CFO 등으로 이직하는 것이다. 로버트는 이 때를 회상하며 '세 가지 선택지 모두 굉장히 매력적이었고, 잠시 멈추어 생각해 보니 생물학 박사가 되어 교수의 길을 가려고 생각했

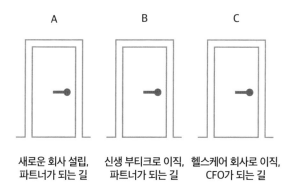

그림 4.2 로버트가 직면한 세 가지 문

A	B	C
새로운 회사 설립, 파트너가 되는 길	신생 부티크로 이직, 파트너가 되는 길	헬스케어 회사로 이직, CFO가 되는 길

던 과거와는 참 다른 커리어를 밟게 되었다는 생각이 들어 묘했다'고 말을 했다.

로버트는 세 가지의 커리어 플랜을 차근차근 검토해 보았다. 첫 번째로 새로운 부티크를 설립하는 것은 가장 큰 리스크를 동반하는 선택지였다. 당장 한 명의 투자은행가로 성공하는 것과, 한 회사를 설립하고, 경영하고 확장하는 것은 또 다른 일이기 때문이다. 일반적으로 이렇게 부티크를 설립하는 경우 단독으로 하지 않고 4-5명의 시니어 뱅커들이 모여 공동 설립 파트너로 시작하게 되는 경우가 많은데, 내가 회사를 설립하고 경영하는 데에 탁월하다고 해도 나머지 파트너들을 잘 골라야만 사업이 성공할 수 있기 때문이다. 무엇보다 로버트는 이 때 '나는 회사 내에서 기술적technical으로 복잡한 사업을 담당하는 역할을 많이 했는데, 이는 당연히 내가 의사 자격증이 있었기 때문'이라고 말했다. 즉, 자신은 고객들과의 '관계relationship'에 치중한 인력이라기보다는, 기술적인 지식을 바탕으로 사업 모델을 잘 이해하고 자문을 하는 데에 조금 더 치중되어 있었다는 뜻이다. 따라서 자신이 부티크를 차리려고 해도 많은 고객을 데려가기 어렵다는 판단이었다. 또, 부티크 은행을 설립하는 것의 또 다른 리스크는 이 부티크가 성공적으로 자리잡지 못하게 되었을 때, 대형 은행들에서 이런 인력을 다시 데려오기 꺼려한다는 것이었다. 당시 호황으로 인해 실력이 있는 시니어들이 너도나도 소형 부티크를 차려 떠나기 시작했었고, 이런 이유 때문에 대형 은행들이 골머리를 앓고 있었다고 한다. 따라서 이런 인력을 다시 받아준다고 해도 '언젠가는 다시 떠날 수 있는' 사람으로 판단되기 때문에 회사에서 높은 자리까지 올라가기는 어렵다는 의견이 많다고 했다.

두 번째 선택지의 경우 리스크와 보상의 적절한 밸런스가 맞추어져 있었다. 직접 창업을 하는 것이 아니므로 이와 관련된 리스크는 전혀 지지 않아도 되고, 잘못된 부티크로 이직해 첫 번째 선택지와 같은 문제를 겪지만 않으면 되기 때문이다. 이렇게 이직을 해서 파트너급의 직급으로 일을 하게 되면 회사의 수익을 더 직접적으로 나누어 받을 수 있기 때문에 연봉도 몇 배로 높게 받을 수 있어서 아주 매력적인 선택지였다. 다만, 이때 로버트는 갓 승진한 상무였기 때문에 다른 부티크에서 헤드헌팅되어 파트너로 임명되기에는 조금 더 시간이 필요하다고 생각을 했다. 오히려 경력이 충분하지 않은 상태에서 자신을 받아줄 만한 부티크라면 의심을 해 보는 것이 맞다고 느껴지기도 했다. 따라서 이 선택지는 우선 하나의 선택지로 남겨 두기로 했다.

마지막 선택지는 금융 전문가의 길을 떠나 전문 CFO의 길을 걷는 것이었다. 이렇게 될 경우 대형 기업에서 CFO로서 일을 하고, 나중에 다른 기업에서 비슷한 일을 할 수 있다. 그런데 이렇게 될 경우 한 회사에 집중해서 일을 해야 하므로 시장과 금융업계에 대한 이해도는 아무래도 떨어질 수밖에 없기 때문에, 이 길을 택하면 다시 투자은행가로 돌아오기는 조금 어렵다는 문제가 있었다. 또, 성과급으로 사실상 무제한의 연봉을 받을 수 있는 투자은행가의 길과는 달리, 대부분의 대형 헬스케어 기업은 상장사이기 때문에 주주들의 눈치를 봐야 한다는 이유로 어느 정도 이상의 연봉을 받기는 어렵다는 문제가 있었다.

결국 로버트는 당장 어떤 결정을 내리기보다는 내공을 조금 더 쌓아 두 번째 선택지, 즉 자리를 잡아가고 있는 부티크 투자은행에 파트너로 들어가는 루트를 택하기로 했다. 이 선택지가 유독 매력적이었던 것은 실패했을 때 리스크가 크고 다시 기존의 위치로 돌아오기 어려운 다른 두 선택지와 다르게 리스크가 적고, 또 만약 부티크가 잘 되지 않을 경우 같은 선택을 다시 해서 다른 좋은 부티크로 옮겨 갈 수 있기 때문이었다. 이런 생각을 하고 나서 몇 년이 지나지 않아 2008년, 서브프라임 모기지 사태로 인해 금융위기가 전 세계를 휩쓸었고, 우후죽순 생겨나던 수많은 부티크들이 폐업을 하게 되었다. 엄청난 규모의 대형 은행들조차 휘청거리고 무너졌는데, 금융 시장이 거의 마비된 상태에서 적은 규모의 부티크들이 자문을 할 만한 일거리가 적었기 때문이다. 다행히 로버트는 능력을 인정받아 메릴린치에서 계속해서 일을 할 수 있었다.

금융위기의 여파가 어느 정도 정리된 2010년, 로버트는 그 동안 생각해 오던 일을 실행하게 된다. 메릴린치에서 자신과 같이 일하던 상사가 미국에서 승승장구하던 센터뷰 파트너스가 런던 오피스를 최초로 설립한다며, 자신과 함께 파트너로 넘어가지 않겠냐고 제안을 한 것이다. 당시 센터뷰 파트너스는 2006년 뉴욕에서 설립하고 나서 금융위기를 이겨냈을 뿐만 아니라 넓은 고객 네트워크를 가지고 있던 뱅커들을 UBS, 메릴린치 등에서 데려오면서 급속도로 성장하고 있었다. 이미 어느 정도 검증된 사업 모델과, 경영진이 있는 부티크였기에 센터뷰의 런던 오피스 확장은 사실상 하나의 도전이라기 보다 당연히 모두가 예상하고 있었던 수순이었고, 뉴욕 오피스에서 하던 M&A 자문 업무를 똑같이 하는 것이었으므로 사실상 리스크가 굉장히 적었다. 로버트는 대표인 블레어 에프론Blair Effron 그리고 로버트 프루잔Robert Pruzan과의 만남을 가지고 확신을 얻어 런던 오피스의 창립 파트너 중 하나로

목표 설정   정보 수집   단계적 노력

함께하게 된다.

그 이후의 일은 그야말로 승승장구였다. 2010년에 오피스가 처음 생기고 나서, 센터뷰의 팀은 약 5년 내로 6명에서 30명으로 대폭 확대되었고, 로스차일드Rothschild, 그린힐Greehill, 라자드Lazard, 에버코어Evercore 같은 유수 부티크들과도 경쟁할 수 있는 수준의 딜 수수료fee를 거두게 되었다. 그 결과, 로버트 역시 앞서 말한 대로 수십억을 매년 벌어들이는 런던 금융권의 큰손 중 하나가 될 수 있었다. 이렇게 성공적인 커리어를 마치고, 그는 최근 명예퇴직을 하고 행복한 은퇴생활을 즐기고 있다.

로버트는 그야말로 금융 업계에서 한 명의 투자은행가로서 할 수 있는 최대한의 성공을 이룬 사람이라고 할 수 있다. 로버트의 이야기에서 많은 교훈을 얻을 수 있지만, 여기에서 내가 초점을 두고 싶은 점은 두 가지이다. 첫 번째는 로버트 역시 마치 약속이라도 했듯, 우리가 앞서 다뤘던 리버스 엔지니어링과 정보 수집의 법칙을 적극 활용했다는 점이다. 물론 부모님의 적극적인 조언을 통해 정보를 상대적으로 쉽게 얻을 수 있었지만, 계속해서 동기들, 선배들, 그리고 상사들과의 이야기를 통해 어떤 커리어 패스가 있고, 각 커리어 패스에는 어떤 장단점들이 있으며 잘 준비하기 위해서는 무엇이 요구되는지 정보를 수집하고 검증한 것이다. 로버트는 공부에 관심이 있어서 학술적인 커리어 혹은 의대 진학이라는 목표가 먼저 정해진 상태에서 시작했지만, 거기서부터는 본인이 진정 원하는 것이 무엇인지 관심 깊게 살펴보고, 금융 시장에서 커리어를 쌓고 싶다는 생각을 하고 나서는 자신의 장점을 살려서 커리어를 빌드업build-up 할 수 있는 방법이 무엇인지 적극적으로 조사와 연구를 했다.

회사에 들어가고 나서도 로버트의 이런 접근 방법은 크게 변하지 않았다. 모건 스탠리에서 커리어를 시작했지만 메릴 린치의 헬스케어 팀이 상대적으로 업계에서 유명하다는 정보를 얻어 이직을 통해 커리어를 업그레이드했다. 결과적으로 보면 센터뷰에서는 메릴린치의 헬스케어 팀의 시니어 뱅커들을 파트너로 데려오려고 했었기 때문에 현재 로버트의 커리어는 이런 선택들로 인해 가능했다고 볼 수 있다. 만약 적극적인 정보 수집과 리버스 엔지니어링을 통해 매 순간 어떤 선택을 해야 스스로 만족할 수 있는 모습에 다가갈 수 있는지 고민하지 않았다면 그 역시 많고 많은 은행의 시니어 뱅커 중 하나로 커리어를 마무리했을지도 모른다. 이런 결말도 꽤나 만족스럽지만, '최악의 시나리오'조차 이렇게 좋을 수 있었던 이유는 로버트가 자신의 커리어와 관련해 일찍부터 고민하고 노력해 왔기 때문이라는 점을 잊지 말자.

로버트는 리버스 엔지니어링과 정보 수집의 법칙을 적극 활용해서 실패했을 때에도 안착할 수 있는 든든한 삶의 기반을 만들었다.

두 번째는 바로 우리가 이 장에서 다룬, '플랜 B^{Plan B}' 즉 일이 내 마음대로 풀리지 않았을 경우의 대책을 항상 세워 놓았다는 점이다. 애당초 로버트는 의사가 되고 싶다는 생각보다는 그냥 계속해서 과학 공부를 하고 싶은 평범한 학생이었다. 그런데 단순히 연구만 해서는 교수가 되거나, 기업에 연구원으로 들어가는 선택지 밖에 없지만, 의대에 진학하면 언제든 위의 진로로 방향을 틀 수 있고, PhD, 그리고 '닥터^{Dr.}' 라는 호칭에 담기는 무게 때문에 금융계, 그리고 법조계에서 생물학, 의학과 관련된 분야에 진출해서 커리어를 쌓을 수도 있다는 점을 알고 나서는 후자를 택했다. 당장 하고 싶은 것은 공부일 뿐이지만 나중에 자신이 어떤 일들에 재미를 느끼고, 어떤 현실적인 한계에 맞닥뜨리게 될 지 모르기 때문에 최대한 많은 선택지를 제공하는 선택을 한 것이다. 결론적으로 로버트는 의대에 진학하고 나서 뒤늦게 금융 시장에 관심을 가졌고, 선택지가 다양한 커리어 패스를 선택했기 때문에 방향을 빠르게 전환해 플랜 B를 실행할 수 있었다. 또, 메릴린치에서 커리어를 쌓고 나서 추후 계획을 생각할 때도, 그는 '배수의 진'을 치지 않았다. 갑자기 회사에서 나와서 새로운 부티크를 설립하는 것은 너무 큰 리스크를 지는 일이라는 점을 알고 있었던 것이다. 만약 실패할 경우 재기하기 어렵기 때문에, 자신이 믿고 동업할 수 있는 파트너들이 이미 설립해 놓은 유수 부티크가 런던 오피스를 설립할 때 초기 멤버로 합류하는 대안을 택한 것이다. 이렇게 되면 회사의 경영에 대한 리스크는 상당히 줄어들지만, 부티크 이직을 통한 연봉의 폭발적인 상승, 그리고 독립적으로 일할 수 있다는 이점 역시 모두 챙길 수 있었기 때문이다. 일반 회사의 CFO 등의 직책을 맡아 이직하는 선택지도 있었지만, 이 경우 역시 나중에 투자은행가가 되는 쪽으로 다시 방향을 설정하기 어렵다는 이유 때문에 선택하지 않았다. 로버트는 인생의 불확실성을 가장 현명한 방식으로 타개한 것이다.

로버트는 또 항상 '플랜 B'를 세워 둠으로써 최악의 시나리오까지도 완벽하게 대비를 해 두었다.

사실 내 경우에도 투자은행에서의 커리어를 고려하게 된 첫 계기는 바로 이 '확장성Expandability', 즉 다양한 선택지 때문이었다. 여타 대학생들처럼 진로의 세계는 너무나도 방대하게 느껴졌었고, 앞서 말했듯 여러 커리어 페어fair를 전전하며 수백 개의 회사에서 홍보 책자를 받아서 읽다 보면 대체 내가 무엇을 해야 할지 감조차 오지 않는 순간도 많았다. 그런데 이 때 앞서 이야기한 학생의 인터뷰가 문득 떠올랐다. '나중에 어떤 사람이 되고 싶은지 아직은 모르겠기 때문에 공부를 한다'라는 그 말에 담긴 지혜는, '아직 뭘 하고 싶은지 모르겠다면 하다가 나중에 뭐든지 할 수 있는 걸 우선 해라'는 내용이었다. 옥스포드라는 좋은 학벌을 십분 활용해서 내가 추구할 수 있는 커리어 패스 중에서는 투자은행의 커리어가 그 선택지였다. 투자은행에서는 갓 입사한 사원, 즉 애널리스트 직급 때부터 일반 기업의 간부들과 회의에 같이 참여하며, 기업의 재정적, 전략적 중대 결정과 관련해서 자문하는 일을 하기 때문에 상대적으로 빠른 속도로 사업과 금융에 대한 이해도를 쌓게 된다. 아무래도 거대 조직의 사원 입장에서 회사가 어떻게 돌아가는지를 이해하려고 하는 것보다, 세계 유수 기업의 내부 정보를 자유롭게 열람하고, 업계 지형을 재정의하는 M&A 딜에 참여하면서 배울 수 있게 되는 점이 많을 수밖에 없다.

이런 점 때문에 투자은행에서 일하다가 떠나는 애널리스트들에게는 수많은 선택지가 있다. 첫째는 투자, 즉 사모펀드나 헤지펀드로의 이직이 있는데, '자문'하는 입장보다는 직접 투자하는 일을 하고 싶은 애널리스트들이 보통 이 길을 택한다. '을'의 입장에서 클라이언트를 위해 일해야 하는 투자은행과는 다르게, 본인이 '갑'의 입장에서 일을 하고 조금 더 주체적으로 투자 결정을 할 수 있기 때문에 인기가 많다. 둘째는 초기 단계의 사업인 스타트업에 투자하는 벤처 캐피탈venture capital, VC로 이직하는 것인데, 위와 비슷한 맥락이지만 조금 더 가능성을 보는 투자 전략이다. 금융권 외의 분야로도 이직이 가능하다. 일반 회사에서 일을 하고 싶다면 좋은 대우를 받으며 이직할 수 있는데, 보통 회사의 내부 전략 팀, 혹은 M&A팀으로 가는 경우가 많다. 또, 컨설팅 업계로의 이직도 가능하다. 컨설팅 업계에서는 전략적인 사고를 할 수 있음과 동시에 정량적 분석quantitative analysis도 할 수 있는 인재들을 원하는데, 투자은행에서 일을 하면서 이런 능력을 키울 수 있기 때문에 컨설팅 펌에서는 투자은행 출신의 인력을 선호한다.

　문제는 이 반대는 무조건 성립하지 않는다는 것이다. 투자은행에 입사해 커리어를 쌓을 수 있는 가장 좋은 방법은 애널리스트로 회사에 들어가는 것인데, 이 중에서도 95% 이상이 갓 졸업하거나 졸업을 앞두고 있는 학사, 석사 학생들이다(박사 학생의 경우 로버트 같은 특이한 경우를 제외하고는 투자은행으로의 커리어를 생각하지 않기 때문에 잘 없는 편이다). 따라서 이미 다른 업계나 분야에서 커리어를 쌓기 시작하고 나서는 투자은행에서 일을 하기가 굉장히 어렵다고 보면 된다. 종종 컨설팅이나 회계 분야에서 넘어오는 경우가 있지만, 이 역시 그렇게 흔하지는 않다. 나는 이 정보를 대학에 다니면서 인턴십을 할 때 선배들을 통해서 얻을 수 있었다. 감사하게도 상대적으로 어린 나이에 진로에 대해 깊은 고민을 하며 열심히 인턴십을 하는 후배를 좋게 봐 주는 선배들이 많았고, 그들은 나의 질문에 성의 있게 답을 해 주었다. 수십 명과 이야기를 해 본 결과, '투자은행에서 일을 시작하면 정말 사업과 관련해 어지간한 커리어로는 나중에 다 넘어갈 수 있다'라는 결론을 내릴 수 있었다. 이런 이유로 투자은행이라는 업계에 대해서 처음 알게 되고 나서 나는 더 심도 있는 조사를 했다. 꿍장히 빠른 속도로 일을 배울 수 있다는 점, 기업의 미래를 바라보는 거시적인 시각과 정보를 분석하는 미시적 시각을 동시에 키울 수 있다는 점, 그리고 무엇보다 당장 내가 참여하는 딜이 어떻게 업계를 변화시키는지 볼 수 있다는 점 등이 매력적이어서 투자은행에서의 커리어를 쌓아야겠다는 생각을 굳힐 수 있었다.

드라마틱하게 실패한
사람은 말이 없다

:
:

영웅담을 싫어하는 사람은 없다. 인생에서 벼랑까지 내몰려 마지막으로 동아줄을 잡는 심정으로 '올 인all-in'을 해서 인생을 역전시키는 그런 이야기는 모두의 가슴을 뛰게 한다. 처음부터 안정적으로 시작해 승승장구하고, 마지막까지 큰 실패 없이 안전하게 성공한, 그런 밋밋한 이야기에 매력을 느끼는 사람은 많지 않다. 설령 그 성공이 엄청나게 대단한 성공이라고 해도 말이다. 대부분의 사람들이 성공한 기업가인 빌 게이츠나 제프 베조스, 스티브 잡스 같은 인물에 대해서는 잘 알고 있어도, 전형적인 '엘리트 코스'를 밟아 엄청난 부를 이룩한 금융인들, 예를 들어 세계 유수 사모펀드 중 하나인 KKR의 창립자 헨리 크래비스 같은 사람에 대해서 잘 모르는 이유도 여기에 있다.

최근에 전 세계적으로 흥행한 '오징어 게임' 역시, 감당할 수 없는 빚을 짊어진 주인공 '성기훈'이 우승자에게 456억의 상금을 안겨주는 오징어 게임에 참여해 우승까지 달려가며 겪는 이야기를 다루고 있다. 드라마의 주인공인 성기훈은 사채업자들에게 쫓기며, 돈을 갚기 위해 성실하게 일하기 보다는 경마장에서 일확천금을 노리는, 말 그대로 '갈 데까지 간' 인생을 살고 있는 사람으로 그려진다. 만약 성기훈이라는 캐릭터가 서울의 고급 아파트 펜트하우스에서 야경을 보며 와인을 마시다 휴대폰 메시지를 통해 오징어 게임의 초대장을 받는, 그리고 상류층으로서의 이점을 활용해 매 게임을 안전하게 이겨 나가는 그런 설정이라면 드라마의 재미는 급감했을 것이다.

사람들은 드라마틱한 성공을 한 사람들에 대해 열광한다.

갑자기 영웅담, 그리고 영화에 대해서 이런 이야기를 하는 이유는 우리에게 극적인 연출에 대한 편향성이 있다는 점을 말하고 싶어서이다. '막판 뒤집기', '올인', '승부사' 같은 단어는 마치 이렇게 뒤를 돌아보지 않는, 때가 맞다면 망설임 없이 전부를 거는 그런 인생이 매력적이라고 느끼게 만든다. 물론 이런 이야기에 마냥 거짓만 있는 것은 아니다. 인생에서 우리가 하는 선택의 대부분은 리스크risk와 리턴return, 즉 위험성과 보상이 비례하기 때문이다. 더 어렵고, 더 극적인 도전일수록 보상도 큰 경우가 많다. 따라서 인생에서 더 많은 리스크를 지고 사는 사람이 극적인 성공을 하게 될 수 있는 가능성이 더 크다. 안정적인 직장에 취업해서 안정적으로 돈을 모으고, 안정적으로 은퇴 설계를 해서는 억만장자가 될 수 없지 않겠는가? 이런 대단한 목표를 이루기 위해서는 무언가 퀀텀 점프quantum jump를 해야 한다. 퀀텀 점프란 물리학에서 양자가 불연속적으로 도약하는 현상을 말하는데, 경제, 경영학에서는 비약적인 성장과 발전을 이르는 용어로 사용된다. 가령, 사업을 시작해서 이 사업을 키워 상장시킨다던가, 다른 대기업에 비싼 가격으로 판매한다거나, 유튜브를 통해 수백만의 구독자를 가진 크리에이터가 된다거나 하는 그런 폭발적인 도약 말이다. 안타깝게도, 보편적인 인생을 살며 보편적인 리스크를 감내하면서는 도달할 수 없는 부와 라이프스타일은 분명히 존재한다. 그리고 최근에는 인스타그램, 유튜브와 같이 SNS를 통해 그런 라이프스타일이 전보다 더 쉽게, 많이 공유되면서 이런 삶이 존재함을 더 많은 사람들이 알게 되었다. 가령 20-30년 전에는 수 억을 하는 외제차를 타고, 수백 억을 호가하는 펜트하우스에서 사는 사람의 일상이 어떨지 상상조차 하기 힘들었다면 요즈음은 조금만 검색해 보아도 브이로그V-log나 인스타그램 계정을 통해 이런 삶을 엿볼 수 있기 때문이다.

이런 자극을 기회로 활용하는 사람들이 있다. 바로 사람들로 하여금 이런 자극을 위해 도전하라고 종용하는 사람들이다. 인생 코치, 자기계발서 작가들, 그리고 '자수성가' 한 사람들은 '도전을 두려워하지 말라'는 메시지를 반복적으로 전한다. 당장 유튜브에 동기부여 영상을 검색해 보면, 두려움에 지지 말고 앞으로 나아가라거나, 오늘이 마지막인 것처럼 열심히 살라고 말하거나 되려 극단적인 표현들이 많이 들어가 있음을 알 수 있다. 이유는 간단하다. 이런 말들이 자극적이고 더 와 닿기 때문이다. 아마 이 책을 여기까지 읽은 독자라면 내가 가지고 있는, 그리고 상대적으로 '보수적'인 금융권에서 성공과 성장에 대해서 가지고 있는 가치관은 이렇게 극단적이지 않다는 사실을 잘 알고 있을 것이다. 이미 이 책의 여는 말에서 나는 모든 사람을 억만장자로 만들어 줄 수 있는 인생의 가르침이란 존재하지 않는다고 말했다. 왜냐하면 각자의 상황이 다를 뿐만 아니라, 인생에서 어쩔 수 없이 적용될 수밖에 없는 운이라는 요소가 존재하기 때문이다.

타인의 삶을 더 잘 엿볼 수 있게 되면서 이렇게 드라마틱한 성공을 하는 것에 대한 열망은 더욱 쉽게 커지게 되었다.

억만장자가 되려면 보통 한 번의 퀀텀 점프가 아니라 두, 세

번의, 혹은 그보다 많은 퀀텀 점프를 필요로 하는 경우가 많다. 보통 이렇게 소위 성공했다는 사람들의 인생을 살펴보면, 마치 영화처럼 극적으로 인정받거나, 꿈만 같은 일들이 몇 번씩 일어나고는 한다. 이런 일들이 단순히 운 때문에 일어났다는 이야기를 하는 것이 아니다. 아니, 오히려 '운' 하나만으로 일어나는 일이란 존재하지 않는다. 진부한 말일 수도 있겠지만 똑같은 기회가 왔을 때 얼마나 준비되어 있는가에 따라 그 기회를 잡을 수도, 놓칠 수도 있기 때문이다. 결국 본인도 이런 퀀텀 점프에 대한 지분을 어느 정도 가지고 있는 셈이다. 하지만 중요한 것은 이게 아니다. 이런 억만장자들과 같은 길을 걷던 사람들 중, '좋지 않은' 흐름 때문에 역사에 큰 이름을 남기지 못하고 사라져 버린 사람들에 대해서는 아무도 이야기하지 않는다. '큰 리스크'를 통해 '큰 리턴'을 노렸는데, 아쉽게도 승리하지 못하고 패배한 사람들 말이다.

연예인이 되기 위해 연습생으로 기획사에 들어가는 사람들 중 실제로 연예인이 되는 사람의 비율이 어떻게 될까? 아니, 기획사에 들어가는 것 자체도 하나의 성공이라고 할 수 있으므로 기획사 오디션에 지원하는 사람들까지 고려한다면? 인터넷 버블이 터지면서 사업이 망해 빚더미에 앉게 된 사람들은 몇이나 있을까? 오징어 게임에서 죽어 나간 455명은? 드라마틱하게 성공한 사람, 즉 방탄소년단과 블랙핑크 같은 탑 아이돌, 애플, 마이크로

소프트 같은 거대 IT기업, 그리고 오징어 게임의 우승자 성기훈은 모두가 기억하고 그들의 성공을 존경하지만 드라마틱하게 실패한 사람에 대해서는 그 아무도 기억하지 않는다.

마냥 비관적인 이야기를 통해 도전을 멀리하라는 이야기를 하는 것이 아니다. 앞서 말했듯, 무언가 거대한 리스크를 짊어지려고 한다면 '내가 내 인생에서 큰 마음을 먹고 무언가에 도전한다!'는 편향에 잡아 먹히지 말고, 오히려 의식적으로, 의도적으로 내가 지금 어떤 리스크를 감수하려고 하며, 만약 일이 계획대로 흘러가지 않았을 때는 어떻게 할 것인지에 대해서 차분하고 냉정하게 생각해 보라는 의미이다. 위에서 연예인과 사업에 대해 예를 든 이유는 이것들이 '기회비용'이 큰 길이기 때문이다. 가령, 연예인이 되고 싶어 연습생 준비를 하며 학창 시절을 보내는 청소년은 보통 학업에 크게 비중을 두지 않으므로 만약 데뷔를 하지 못할 경우 대학 진학에 어려움이 많으며, 요즈음은 예/체능 분야에서도 학벌을 중요하게 생각하고 대학에 진학해서 장기를 더욱 극대화하는 '엘리트' 예/체능인도 존재하기 때문에 추후의 경쟁에서 어려움을 맞닥뜨리게 된다. 예를 들어 연습생 시절에 연습한 춤과 노래를 바탕으로 관련 수업을 하는 학원을 연다고 해도 명문 예술대학 졸업생 출신의 강사가 있다면 그 강사보다 본인이 더 능력이 있음을 증명해야 하는, 업힐 배틀up-hill battle(오르막길 싸움)이 된다는 것이다.

사업의 경우도 같다. 아무리 벤처 캐피탈이나 엔젤 투자자 등에게 자본을 빌려서 창업한다고 해도 초기 창업 비용을 어느 정도 내야 한다. 금전적 기회비용과 더불어, 사업을 어느 정도 궤도까지 성장시킨 것이 아니면 보통 일반 기업에서는 이런 창업 경력을 하나의 '프로젝트'처럼 생각하기 때문에 만약 나중에 방향을 전환해 취업을 하고자 한다면 같은 시간 동안 인턴십을 하거나 자격증 준비를 한 다른 학생들과 경쟁하기에 어려움이 있다. 물론 사업이 실패하고 나서 다른 사업에 다시 도전한다면 과거에 창업했던 경력이 펀딩에 도움이 될 수는 있지만, 이 과정에서 위와 같은 리스크를 더 지게 되는 점도 무시할 수는 없다.

오해를 방지하기 위해 다시 한번 말하지만, 이렇게 '도전'을 해야 하는 인생의 선택지들을 기피하라는 이야기가 아니다. 가령, 내가 연예인이 되고 싶다고 연습생이 되기 위한 준비를 하기 위해 갑자기 자퇴를 할 필요는 없다는 이야기이다. '이것저것 다 챙기면서 연예인이 되기는 어렵다'는 의견도 있겠지만, 극단적으로 이야기해서 서울대학교를 졸업한 성공한 연예인도 있다. 내가 이 꿈에 진심임을 보여주고 스스로를 설득하기 위해 스스로 배수의 진을 치는 것은 어리석은 행위이다. 창업을 한다고 하면 스스로 몇 살까지 창업에 도전할 것인지 생각해 보는 것도 한 방법이다. 무작정 '나는 될 때까지 할 거야'라고 생각하고 플랜 B를 생각조차 하지 않는 게 아니라, '내가 지금 너무나도 하고 싶은 사업에 도전해서 잘 되지 않는다고 해도, XX살 까지는 도전을 계속하자. 그 정도 나이 대라면 만약에 결국 사업가의 길을 내려놓는다고 해도 미련 없이 다른 길을 준비하기 시작할 수 있을 것 같아'라는 생각을 해 보라는 것이다.

인생이 마음대로 흘러가지 않았을 때의 경우를 상정하고 확실한 대책이나 임계점을 지정하는 것이 좋다.

이런 생각을 잘 하기 위해서는 리버스 엔지니어링의 법칙을 잘 활용해야 한다. 몇 살까지 도전을 계속해야겠다는 생각을 하려면 그에 대한 근거가 필요하지 않은가? 28살이라면 왜 28살인지, 34살이라면 왜 34살인지 생각을 해 봐야 할 것이다. 가령, 보통 회사에서 신입 사원을 뽑을 때 대학을 졸업하고 바로 취직하는 것이 아니더라도 다양한 경험을 한 사람이라면 XX살 까지는 입사할 수 있는 것 같아'라던가, '나는 결혼을 XX살에 하고 싶은데, 어느 정도 사회적 입지가 갖추어진 상태에서 결혼을 해야 하고, 또 하고 싶으니, 결혼하고 싶은 나이인 XX살보다 2년 정도 어린 나이까지는 조금은 무모하더라도 도전을 하는 것이 좋겠다'는 식의 구체적인 생각을 하는 것이다. 이런 생각을 하려면 당연하게도 '세상이 어떻게 돌아가는지' 최대한 많은 정보를 얻어야 하

고, 내가 진정으로 원하는 것이 무엇인지, 즉 내가 가진 내적 욕
망에는 무엇이 있고, 나는 내 인생에서 일어날 수 있는 실패와 아
쉬움을 어디까지 수용할 수 있는지에 대해서 탐구해 보아야 한
다. 이는 우리가 이 책의 첫 장에서 이미 다룬 내용이다.

　이런 탐구를 통해 분명한 플랜 B, 즉 실패했을 경우의 추후 전
략이 있는 사람이라면 정말로 도전에 실패해서 리스크로 인한 결
과를 모두 떠안게 되더라도 본인이 어느 정도 예상했던 전개이기
때문에 크게 당황하지 않는다. 또, 무모하게 전부를 걸지 않았기
때문에 이 경우에 대해서도 어느 정도 대비를 해 놓았을 것이고,
따라서 방향을 재설정할 수 있다. 물론 아쉬움은 남겠지만, 그래
도 본인이 스스로 설정해 놓은, 자신에게 가장 잘 맞는 '리스크-
리턴 프레임워크risk-return framework'에 따라 행동한 것이므로 마음의
안정 또한 취할 수 있다.

'플랜 B' 프레임워크가 있으면 쉽게 흔들리지 않는다.

　배수의 진을 치지 말라는 이 이야기는 앞서 이야기한 '무엇
을 해야 할지 모르겠다면 나중에 가장 선택폭이 많은 쪽으로 향
해라'는 말과도 어느 정도 일맥상통한다. 만약 내가 스스로 생각
해 보았을 때 리스크가 큰 길을 갔다가 성공하지 못해서 그 동안

의 기회비용, 그리고 그 분야에만 집중해서 준비해 온 사람들과의 경쟁에서 뒤처지는 것에 대한 두려움을 이겨낼 수 없다면 이런 리스크를 짊어지지 않는 것이 옳다.

성공한 사업가, 연예인, 운동선수의 삶을 살고 싶지 않은 사람은 없다. 다만, 사업 성공이라는 꿈을 놓지 못하고 계속해서 사업 실패를 하다가 빚더미에 앉는 시나리오, 혹은 단 한 번도 무대에서 빛나지 못하고 재능이 훨씬 뛰어난 다른 연습생들에게 밀려 젊음을 모두 낭비하는 시나리오, 그리고 수 년간 운동에만 전념해 왔는데 부상으로 선수 준비를 그만두고 체대 입시조차 준비할 수 없어 뒤늦게 수능 공부를 시작하는 시나리오를 감당할 수 있는 사람은 많지 않다. 지금에야 '나는 꿈을 위해서 모든 것을 불태워 도전했기 때문에 그 결과가 어떻다고 하더라도 나는 만족할 수 있어'라며 숭고한 마음으로 자기암시를 하겠지만, 이 내용이 바로 앞서 이야기했던, 우리가 가장 조심해야 하는 '극적인 것들에 대한 편향'이다.

바꾸어 말하면, 무언가가 잘 되지 않았을 때의 가능성을 꼼꼼하게 점검하고 준비하는 것은 멋과 낭만이 없는 행위가 아니다. 오히려 무언가가 아니면 안 된다는 생각만을 가지고 그 분야에서 가장 성공한 사람들에 대해 이야기하며 별 다른 계획 없이 나도 그렇게 될 수 있다고 생각하며 크게 떠들고 다니는 사람보다, 잘 풀렸을 때와 그렇지 않았을 때의 가능성을 폭넓게 고민하며 철저히 계획을 세우는 사람이야말로 진정으로 책임감 있고 성공의 마인드셋을 가진 사람이라고 할 수 있다.

나 역시 '젊은 세대'의 일원으로서 이런 유혹을 많이 느낀다. 비트코인이나 고위험 파생상품 등 수십, 수백 %의 수익률을 자랑하는 금융상품으로 돈을 번 사람들이 이에 대해서 자유롭게 이야기하는 요즘, 무언가 더 안정적이고 조심성을 가지고 인생을 설계하는 것에 대해 회의감을 느끼기 쉽다. '그렇게 해서 어떻게 성공하려고 해?'라며 주위에서 핀잔을 줬을 때, '그건 그 사람들이 잘 풀렸으니까 그렇지, 돈 잃었다고 자랑하는 사람이 어디에 있어? 너가 그렇게 될 수도 있는 거야'라는 식으로 반박하기는 생각보다 어렵다. 왜냐하면 본인도 사람들이 이야기하는 '큰 성공'을 하기 위해서는 어느 정도의 리스크를 져야 함을 이해하고 있기 때문이다.

하지만 이 문제를 해결하기 위해 그 높은 리스크를 지는 것은 현명하지 않다. 가령, 내가 지금 1의 위치에 있는데, 매년 나의 위치가 1만큼 상승한다고 하자. 그런데 나의 목표치가 100이라고 한다면, '1씩 올라서 언제 100까지 도달해? 어차피 이런 식으로 살아서 거기까지 가지도 못할 거, 나는 한 번에 100으로 갈 수 있는 '올 인'을 할 거야!' 라고 생각하는 것만이 답이 아니라는 이야기이다. 꽤 익숙한 비유라고 느껴졌다면 정답이다. 앞서 우리가 첫 장에서 리버스 엔지니어링의 법칙에 대해서 이야기할 때 나왔던 접근 방법이기 때문이다. 1에서 100까지 차근차근 1씩 성장하는 것만이 답이 아니다. 물론 100까지 바로 뛰는 것은 어렵겠지만, 당장 성장속도를 1이 아니라 2로, 3으로 늘려가는 방식에 대해 생각을 해 보는 것이다. 그렇게 예상보다 빠르게 성장을 해서 원래는 10에 도달해야 했을 때 20, 혹은 30에 도달했다고 생각해 보자. 그러면 이 때, 1에서 100이 되는, 100배의 리스크를 지는 것이 아니라, 3배의 리스크를 지는 것만으로도 100에 근접할 수 있다. 만약 이 과정에서 실패하더라도, 이미 1이 아니라 2, 3의 성장 속도를 가지고 있기 때문에 다시 일어나서 금방 더 빨리 제자리로 돌아올 수 있는 것이다. 이렇게 상황이 막막하고, 무모한 '도전'을 미화하기 쉬울 때일수록, 잘못될 경우를 생각하고 이를 극복할 수 있는 성장 플랜을 탐구해야 한다.

금융과의 연결고리
_ 출구 전략과 리스크 헤징

．
．

'출구 전략^{exit strategy}'이라는 단어는 원래 전쟁에서 임무를 완수한 군대가 어떻게 퇴각을 해서 본대로 돌아올 수 있는지를 생각해 보는 것에서 유래되었다. 가령 적군의 우두머리를 암살하기 위해서 몇 명의 자객을 적진으로 투입시켰는데, 암살을 성공하고 나서 어떻게 본대로 복귀할지 계획을 짜 놓지 않으면 100% 적군에게 잡혀서 고문을 당하다 죽게 될 것이다. 그나마 이 경우는 훈련된 자객들을 잃어가며 임무라도 성공한 경우이지, 만약에 암살에 실패했을 경우 다음 기회를 잡아서 다시 자객을 보내야 하는데 적진에 잡혀 이들이 고문을 당하다 죽는다면 이는 커다란 전략적 손실이 될 것이다. 따라서 지휘관으로서 출구 전략을 생각해 두는 것은 정말로 필수불가결한 능력이라고 할 수 있다. 경제·경영학에서는 이 용어를 회사의 경영에서 원하던 시나리오대로 흘러가지 않을 경우 다시 원래의 이상적인 계획으로 되돌릴 수 있는 방법을 설명할 때 사용한다.

반면 펀드의 입장에서 이 단어는 조금 다르게 쓰인다. 펀드는 크게 두 가지의 방법으로 수익을 올린다. 첫째는 어떤 자산을 보유하면서 그 자산이 창출하는 현금 흐름, 즉 돈을 통해서 투자수익을 얻는 것이다. 가장 대표적인 예로는 주식에 투자를 해서 배당금을 받는 것이 있다. 상장된 기업의 경우 그 해에 얻는 당기순이익을 투자자들에게 나누어 주는 경우가 있는데, 이 돈이 바로 배당금이다. 배당금은 주식을 가지고 있기만 하면 얻을 수 있는 돈이기 때문에 굳이 주식을 더 높은 가격에 팔지 않아도 수익을 올릴 수 있다. 펀드가 돈을 버는 두 번째 방법은 바로 '엑시트exit', 즉 '탈출'을 통한 것이다. 탈출을 통해서 돈을 번다니, 이게 대체 무슨 소리냐고 생각할 수도 있다. 하지만 이렇게 생각해 보면 이해하기가 편하다. 탈출, 즉 나오는 것의 반대는 들어가는 것, 즉 엔트리entry다. 일반적으로 펀드가 어떤 자산을 매입하거나, 투자를 진행할 때, 이런 행위를 '엔트리'라고 한다. 가령, 한 펀드가 어느 회사의 주식을 1주당 1,000원에 매입했다고 하면, 이 펀드가 '들어간 가격', 즉 '엔트리 가격entry price'은 1,000원이 되는 것이다. 주식을 매입하는 것을 엔트리라고 했으니, 당연히 엑시트는 이 주식을 판매하는 것, 즉 수익 실현이 될 것이다. 만약 펀드가 투자를 해서 이 주식을 가지고 있던 기간 동안 이 주식이 1,500원이 되었다면 이 펀드는 500원의 수익을 올린 것이다.

일반적으로 펀드는 가지고 있는 자산을 다른 투자자 혹은 회사에게 되팔거나, 주식 시장에 상장시켜 여러 투자자들에게 나누어 판매하거나(이를 '기업 공개'라고 한다), 그 자산이 그 해 창출한 순이익에서 배당금을 받는 식으로 수익을 올린다. 즉, 이 세 가지 방식이 펀드의 '출구 전략'이 되는 것이다. 거꾸로 말하면, 출구 전략 없이는 펀드는 큰 돈을 벌기가 어렵다. 물론 배당금의 경우 큰 노력없이 어느 정도의 수익을 얻을 수 있는 방식이지만, 이는 아무래도 기업이 내는 순이익의 일부를 받는 것이기 때문에, 이 자체만으로는 큰 수익을 올리기 어렵다. 따라서 배당금을 통한 수익 실현은 회사의 매각M&A, 혹은 IPO를 통해서 많이 이루어진다.

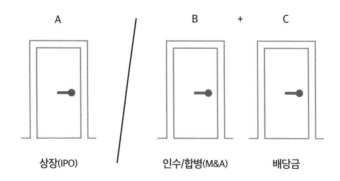

그림 4.3 펀드의 출구 전략

펀드가 추구하는 출구 전략에는 상장(IPO) 혹은 매각이 있다.

바로 이 이유 때문에 펀드들, 그리고 이들을 자문하는 투자은행은 항상 투자 전에 출구 전략에 대해서 심도 있게 조사한다. 가령, '우리가 가정한 대로 이 회사가 1년에 5%씩 꾸준히 성장하지 못한다고 하자. 그렇게 될 경우에 그래도 이 회사를 괜찮은 가격에 사려고 하는 투자자가 있을까?' 같은 분석을 하는 것이다. 이상적으로는 회사를 소유하고 있는 동안 잘 성장시켜서 좋은 가격에 판매하면 되겠지만, 만약 이 시나리오대로 되지 않을 경우에 어느 정도의 가격을 받을 수 있을지, 원금 회수는 가능할지 등등에 대해서 생각을 하는 것이다. 당장 주어진 정보만 보았을 때 너무 좋아 보이는 딜이라고 해도 출구 전략이 명확하지 않은데 투자를 강행하는 펀드란 존재하지 않는다. 본질적으로 투자란 '정해진 시간'동안 '목표 수익률'을 가지고 하는 것이기 때문에, 수익 실현 방식, 그리고 타이밍에 대해 고려하지 않고 돈을 준다는 것은 그야말로 하나의 도박과 같기 때문이다. '투자'라는 개념 자체가 성립하지 않는 것이다.

펀드에게 출구 전략에 대한 탐구가 중요한 이유 중 하나는 펀드는 항상 시간에 쫓기는 존재이기 때문이다. 이는 앞서 말한 인플레이션으로 인한 가치 희석 때문이기도 하지만, 사모펀드에는 보통 만기가 있다. 여기서 만기란 펀드에 출자를 한 투자자들에게 원금과 실현된 수익을 돌려주는 기간으로, 가령 7년이 만기라고 하면 7년이 지나기 전에 펀드는 모든 투자자산을 엑시트하고 수익 실현을 통해 투자원금과 투자수익을 투자자들에게 나누어 주게 된다. 그렇기 때문에 타이밍이라는 요소는 펀드에서 굉장히 중요하다. 가령 7년 만기의 펀드가 있는데, 펀드가 결성된 지 6년이 지났다고 하자. 만기까지 약 1년이 남은 것인데, 만약에 좋은 투자 기회를 발견해서 이 자산에 투자해 가치를 얻기 위해서는 최소 2-3년 정도의 투자 기간을 예상하고 있다면, 이 자산은 적어도 아직 만기까지 1년이 남은 펀드의 자금으로는 투자하기가 애매해지는 것이다. 꼭 이렇게 만기가 임박한 경우가 아니라고 하더라도, 가치 실현을 위해서 10년간 장기 투자를 해야 하는 경우, 혹은 인플레이션 헤징을 목적으로 하는 인프라 투자의 경우 (20+년 이상의 투자 기간) 특정 펀드들에게는 적합하지 않을 수 있다. 따라서 언제, 어떻게 수익실현을 할 것인지 꼼꼼하게 살펴봐야만 한다.

출구 전략에 대한 조사 과정도 만만치 않다. 앞서 펀드가 수익 실현을 하는 방법, 즉 엑시트 전략은 몇 가지로 정해져 있다고 했는데, 단순히 '이 몇 가지의 방법 중 어떻게 수익실현을 할까?' 같은 일차원적인 질문만 하는 것이 아니기 때문이다. 첫 번째 디테일은 앞서 말했던, 엑시트 대상에 대한 조사다. 만약 다른 회사나 펀드에 매각하고자 한다면, 시장에 어떤 종류의 구매자들이 남아 있을지 생각해야 한다. 이것이 중요한 이유는, 특히 다른 펀드의 경우 그들 역시 목표 수익률을 가지고 운영하고 있기 때문에, 어떤 투자 자산을 하나의 펀드가 매각해서 사실상의 가치 실현을 모두 해 버리면 다른 펀드 입장에서는 이 회사를 성장시킬 수 있는 기회가 상대적으로 적을 수 있으므로 목표 수익률을 달성하기 어려운, 그런 애매한 자산이 되어 버릴 수 있는 것이다. 물론 자산의 가치를 최대한으로 끌어냈을 때만 엑시트 하는 것은 아니고, 앞서 말했듯 펀드의 만기가 임박하면 어쩔 수 없이 중도 수익 실현을 해야 해서 매각하는 경우도 많은데, 이런 경우에도 제3자 펀드 입장에서 이때 인수를 하면 어느 정도의 수익률을 낼 수 있는지 계산해 봐야 한다. 이런 분석을 재구매자 분석re-buyer analysis이라고 한다.

두 번째 디테일은 미래 시장의 수요를 예측하는 것이다. 예를 들면, 현재 금융계에서 정유 사업은 투자기피 업종 중 하나이다. 왜냐하면 전 세계적으로 친환경 에너지의 개발과 상용화를 장려하면서 기존의 화석연료 업계는 빠른 속도로 크기가 줄어들 것이라는 예측이 지배적이기 때문이다. 이런 경우에 만약 펀드가 '막차'를 타는 개념으로 관련 정유 사업에 투자를 검토한다고 하자. 이 경우 현재는 아직 정유 시장이 건재하기 때문에 좋은 현금흐름을 낸다고 해도, 5년, 혹은 10년 뒤에는 시장이 얼마나 줄어들어 있을지, 그리고 그 때 이 회사를 매각해서 수익실현을 하려고 하는데 이 회사를 인수할 다른 회사가 존재할지, 만약에 기업공개 혹은 재상장re-listing을 고려하고 있다면 주식 시장의 투자자들이 과연 이 회사의 주식 가치를 높게 평가할지 등을 생각해야만 한다. 즉, 출구 전략에 대한 분석은 단순히 그 상황, 그리고 그 안건에 대한 분석을 넘어서 미래에 일어날 수 있는 일들, 즉 사회적 맥락에 대한 이해 역시 동반해야 한다는 것이다.

> 펀드는 자산의 재구매자를 예상하고 미래 시장에서 이 자산의 수요를 분석해서 출구 전략을 구상한다.

이런 식의 사고방식은 우리가 인생에서 중요한 선택을 할 때 가져야 할 이상적인 마음가짐과 크게 다르지 않다. '투자자의 마인드'를 가지고 모든 결정에 대해서 그 결정으로 인한 내 인생의 가치를 어떻게 실현할 수 있는지, 그리고 만약에 내가 원하는 대로 일이 흘러가지 않는다고 해도 그 가치를 어떻게 다른 방법으로, 언제 활용할 수 있을지 생각해 보아야 한다. 모든 펀드가 정해진 시간 내에 수익을 내야 한다는 책임감을 가지고 운영되는 것처럼, 우리도 모두 인생에서 한정적인 시간 동안 경험을 하고 성취를 해야 한다는 공통점이 있다. 대학원 진학을 생각하고 있다면 그 시간을 통해 어떤 선택지를 얻을 수 있고, 각각의 선택지를 통해 무엇을 얻을 수 있는지(커리어 기회, 연봉, 복지 등)를 잘 생각해 보아라. 또, 만약 그 선택지들을 모두 놓친 경우에는 어떻게 할 지에 대해서도 생각해 보아라. 현재 회사가 마음에 들지 않는다고 하면, 어떻게 해야 여러 가지의 커리어 선택지를 놓치지 않으면서 변화를 추구할 수 있는지 생각해 보아라. 절대 홧김에 갑자기 퇴사하지 마라! 플랜 B가 없는 극단적인 선택에는 그 어떤 낭만도 없다. 새로운 회사로 이직을 계획하고 있다고 하더라도, 그 입사한 회사가 마음에 들지 않거나 문제가 있을 때 또 다른 회사로 이직할 기회가 여전히 남아 있는지 생각해 보아라.

잘 되었을 때는 미래에 최대한 많은 기회를 열어 주는, 또 잘 되지 않았을 때에도 방향을 전환해 '본전은 챙길 수 있는', 즉 퇴로가 있는 선택을 계속해서 반복한다면 당신이 인생에서 원하는 바를 성공적으로 이룰 수 있는 확률은 극대화될 수밖에 없다. 우리는 '배수의 진'이라는 단어를 스스로를 궁지에 몰아넣어서 자신의 최대 능력을 끌어내는 전략으로 이해하고 있지만 이는 사실 역사적으로는 정확하지 않은 해석이다. 배수의 진이 때에 따라 성공적인 전략일 수 있는 이유는 상대방으로 하여금 방심을 유발하기 때문이고(실제로 사마천의 《사기》에서는 이 영향으로 전투를 승리할 수 있었다), 또 뒤에 물을 끼고 있어서 후방 공격을 방지할 수 있기 때문이기도 하다. 병사들이 '여기서 더 물러서면 죽음

밖에 없다!'는 생각을 하게 되기 때문에 더 악에 받쳐 싸우게 된다는 식의 해석은 사실 낭설에 불과하다. 만약 이런 이유 때문에 병사들을 물가에 배치한 장군이 있다면 그 장군은 사실상 자신의 부하들을 사지로 몰았다고 할 수 있다. 뒤에 물이 있다고 하더라도 당장 궁지에 몰린 상황에서 정면에 상대할 수도 없는 많은 수의 적군이 몰아닥친다면 병사들은 차라리 물에 뛰어들어 조금이라도 살 수 있는 확률을 택하지, 100% 죽게 되는 전면전을 택하지 않는다. 한 번뿐인 인생에서 배수의 진을 치지 마라. 드라마틱하게 실패한 사람은 말이 없다는 점을 잊지 말자. 출구 전략을 철저하게 계산하고 움직여야만 큰 패배를 피해 갈 수 있다.

환경 조성

HEALING

규칙 5: "타인을 통해 접근할 수 있는 분야에 시간을 낭비하지 마라"

공동 투자

근데 누가
이미 해 놨잖아?

:
:

「아빠 어디 가」와 「슈퍼맨이 돌아왔다」를 중심으로 최근 몇 년 간 유행한 '관찰 예능' 중 우리에게 친숙한 프로그램 중 하나로는 「나 혼자 산다」가 있다. 혼자 살고 있는 1인 가구 연예인들의 삶을 들여다보는 예능 프로그램인데, 이 중에서 내가 유독 재미있게 봤던 에피소드는 아침 드라마에서 활약하고 있는 이장우 배우가 나온 장면이었다. 이 편에서 이장우는 집을 방문한 친구들을 위해서 요리를 해 주는데, 그 과정이 일반적으로 알려진 요리 과정과는 조금 달라서 이목을 끌었다. 이장우만의 요리 비법이란, 신선한 재료를 사서 직접 손질하고, 육수를 내는 등의 조리 과정을 거치는 것이 아니라, 이미 가공되어 있는 식품을 활용해서 조리 과정을 최대한 생략해 가며 요리를 한다는 것이었다. 대표적으로 이 방송에서 그는 제육볶음과 족발을 만들었는데, 양념을 만들 때 소고기 맛 미원, 멸치 가루를 사용하고, 족발을 만들 때 국물에 치킨스톡과 쌍화탕을 사용해 맛을 내서 이슈가 되었다.

패널들은 당연히 경악을 했다. '몸에 안 좋을 것 같다', '이런 방법이 있는 걸 몰라서 우리가 안 하는 게 아니다', '너무한 거 아니냐' 등의 반응이 지배적이었는데, 재미있는 점은 패널들 모두 이장우가 나중에 해 준 요리를 먹고 나서는 생각보다 맛이 있고, 레시피를 보지 않았다면 제대로 된 조리 과정을 거쳐 만들어진 요리라고 생각했을 거라는 반응을 보였다는 것이다. 이 에피소드에서 개인적으로 재밌다고 느꼈던 대사가 있었는데, 바로 이런 '가루 요리'의 레시피를 알게 된 손님 중 하나가 왜 이런 식으로 요리를 하냐고 질타를 하자, 이장우가 '내가 직접 재료를 다지고 갈 수도 있어. 근데 누가 이미 해 봤잖아?'라며 답을 한 부분이었다. 어떻게 보면 틀린 말이 아니기 때문에 그 답을 들은 손님도 어안이 벙벙해졌고, 그 장면을 보는 나도 굉장히 재밌어했던 기억이 난다.

갑자기 이렇게 요리에 대한 이야기를 꺼내는 이유는 지금까지 우리가 이 책에서 다뤄 왔던 내용들을 다시 한번 정리해 보고, 그 내용에서 한 단계 더 확장을 하기 위해서다. 우리는 첫 번째 법칙에서 리버스 엔지니어링과 수치화의 개념을 설명하며 시작했다. 이 장에서의 내용은 말 그대로 '인생 설계' 방법에 대한 것이라고 할 수 있다. 어떻게 하면 명확하고, 준비가 가능한 목표를 설정할 수 있는지, 그리고 그 결과에서부터 비롯해 인생의 매 순간 어떤 단기적 목표를 세울 수 있는지에 대해. 그 다음, 2장에서는 두 번째 법칙, 즉 정보의 수집과 검증에 대해서 이야기했다. 리버스 엔지니어링과 수치화를 제대로 하기 위해서는 나만의 생각 프레임워크를 구축할 수 있는 근거가 필요하고, 이런 근거를 찾기 위해서는 최대한 많은 사람들로부터 정보를 수집하고, 그 정보를 계속해서 교차 검증해야만 한다고 강조했다. 확실하게 검증되고 내가 스스로 설득될 수 있을 만한 내용에 기반을 두고 인생을 설계하는 것의 중요성에 대해 피력했다. 그 다음 3장과 4장에서는 목표 추구의 과정에서 기회의 선택에 대해 다뤘다. 3장에서는 망설이지 말고 주어진 기회를 적극적으로 탐구하며 기회비용을 줄이는 것에 대해서 4장에서는 '배수의 진'을 치지 않는 것의 중요성, 그리고 출구 전략을 미리 생각해 보는 것의 중요성에 대해서 이야기를 했다. 이렇게 각 장에서 다룬 이야기를 금융권에서 사용하는 전략과 연관 지어 설명하기도 했다. 1장에서의 인생 설계 방법은 펀드의 목표 수익률 설정, 2장에서의 정보 수입과 검증은 딜 실사Due diligence, DD, 3장에서의 기회비용 이야기는 돈의 시간 가치와 현금 무용론, 그리고 4장에서의 '배수의 진' 이야기는 출구 전략과 리스크 헤징과 연관이 있었다.

여기까지 읽은 독자라면 개인의 관점에서 목표와 관련된 가치 사슬value chain의 전부를 이해했다고 할 수 있다. 가치 사슬, 혹은 영어로 밸류 체인이란 5가지 세력five forces 모델로 유명한 경제·경영학자인 마이클 포터Michael Porter가 고안한 개념으로, 한 회사가 고객에게 가치를 제공할 때 직·간접적으로 연계되는 일련의 활동들을 의미한다. 이렇게 이야기하니 조금 어렵게 들릴 수도 있는데, 아주 쉽게 생각해서 레모네이드를 만들어서 파는 작은 가게가 있다면, 이 회사의 밸류 체인은 재료인 레몬과 설탕, 얼음 등을 구입하고, 직원을 고용해서 직원으로 하여금 재료를 가공해서 레모네이드를 만들게 하고, 완성된 레모네이드를 가게를 통해 직접적으로 소비자에게 판매하거나 대량의 도매 주문을 통해 학교나 다른 매장에 판매하는 것이 될 것이다. 그야말로 '시작부터 끝'을 다루는 개념이라고 생각하면 편하다. 목표와 관련된 밸류 체인이 있다면 이는 단순하게 생각했을 때 '목표 설정 – 목표 추구 방식 설정 – 목표 추구 – 지속적 방향 조정 – 목표

그림 5.1 목표의 밸류 체인

목표 설정   정보 수집   단계적 노력

의 달성' 정도가 될 것이다.

말 그대로 처음에는 목표를 설정하고, 그 다음에는 어떻게 하면 이 목표를 달성할 것인지 생각해서 계획을 세우고, 직접적으로 그런 노력들을 하고, 매 과정 마음대로 되지 않는 일이 있거나 기존의 생각과 다른 현실을 맞닥뜨리며 방향을 재설정함으로서 목표 달성에 도달하는 것이다. 1장부터 4장의 내용은 이 밸류 체인 전체를 다루고 있다. 1장은 목표 설정과 목표 추구 방식 설정, 그리고 목표 추구를, 2장은 밸류 체인 전체, 즉 목표 설정, 목표 추구 방식 설정, 목표 추구, 방향 조정을, 3장은 목표 추구와 방향 조정을, 4장은 목표 추구 방식 설정, 목표 추구, 그리고 방향 조정에 대한 내용인 셈이다.

그런데 아직 우리가 다루지 못한 핵심적인 내용이 한 가지 남아 있다. 어떻게 보면 내용이라는 표현 보다는 '차원dimension'이라는 표현이 더 알맞을지도 모른다. 이 '차원'이란, 타인의 개입, 즉 목표 추구 과정에서의 '사회적social' 관점을 의미한다. 지금까지 우리는 목표 달성과 관련해서 내가 아닌 타인이 어떻게 개입할 수 있는지, 즉 타인을 통해 무엇을 얻고 잃을 수 있는지에 대해서 이야기하지 않았다. 이 장에서 다룰 다섯 번째 규칙은 바로 이에 대한 내용이다. 타인의 개입은 사실 앞서 다룬 내용만큼이나 중요하다. 타인을 어떻게 잘 활용하느냐에 따라서 목표 달성이 훨씬 쉬워질 수도 있고, 배로 어려워질 수도 있기 때문이다.

이미 눈치 챈 독자들도 있겠지만, 이런 의미에서 이장우가 「나 혼자 산다」에서 말한 '근데 이미 누가 만들어 놨잖아?'라는 대사는 어떤 관점에서 생각해 보면 꽤 많은 의미를 지닌다. 내가 직접 모든 것을 경험하고 성취할 수도 있지만, 이미 그 분야에서 그 경험을 하고 무언가를 달성한 사람이 있다면 그 사람을 통해서 비슷하거나 같은 이익을 볼 수 있기 때문이다. 독서는 우리의 시간을 아껴주는 가장 흔하고 편리한 방식이다. '간접 경험' 이라는 표현을 많이 쓰고는 하는데, 가령 내가 직접 에베레스트에 등반하려고 한다면 이는 수 년의 노력과 금전적 투자를 필요로 할 것이다. 기초 체력 훈련부터 시작해서 각종 등산장비, 그리고 같이 등반할 크루와 셰르파Sherpa를 구하는 등, 그야말로 이 일을 위해서 목숨을 건 사람처럼 준비를 해도 쉽지 않을 일이다. 하지만 이 모든 과정을 고프로go pro 카메라로 녹화해서 자신의 에베레스트 등반기를 유튜브 영상으로 남기거나, 책을 집필한 사람이 있다면 이런 컨텐츠를 통해 실제만큼은 아니더라도 비슷한 감동을 느낄 수 있다.

이렇게 이야기를 하면 '실제만큼은 아니더라도'라는 부분에 집중을 하는 사람들이 많이 있다. '에이, 그렇다고 해도 당연히 직접 해 보는 것과는 큰 차이가 있지!'라며 말이다. 맞는 말이다. 간접 경험은 그 어떤 경우에도 직접 경험과 비교될 수 없다. 하지만 앞서 우리가 시간에 대해서 이야기했던 것을 기억하는가? 돈의 시간 가치의 개념을 떠올려 보자. 현재의 시간은 미래의 시간보다 가치가 있고, 그렇기 때문에 현재의 시간을 어떻게 사용하는가를 신중히 결정할 필요가 있다. 정해져 있는 인생의 시간 내에서 모든 것을 경험할 수 없다면, 간접 경험을 통해 어느 정도의 시간과 노력을 절약할 수 있을지 전략적으로 생각해야만 한다. 타인과의 관계를 통해 이를 어떻게 할 수 있는지에 대해서 이야기하기 전에, 먼저 우리가 가지고 있는 한 가지의 또 다른 편향에 대해서 이야기해 보도록 하자.

직접 경험과 비교하기는 어렵지만 타인의 성취물을 통한 간접 경험으로
시간과 노력을 어느 정도 절약할 수 있다.

'스스로' 하는 것에
가치를 부여하지 마라

.
.

우리는 앞서 사람이 가지고 있는 여러 가지 생각의 함정에 대해서 이야기를 했었다. 정보의 수집과 검증에 대해서 이야기할 때, 사람은 보편적인 진리에 의지하려고 하는 경향이 있다고 했다. 나이가 많은 사람이 하는 말, 많은 사람들이 진리라고 여기는 말, 그리고 '전문가'가 이야기하는 것들이 진실이라고 생각하기 쉽기 때문에, 이 사실을 항상 의식적으로 인지하고 피하려고 해야 한다고도 강조했다. 또, 바로 전 장에서 플랜B와 출구 전략에 대해서 이야기할 때도 무언가에 올인하는 것이 미화되는 편향성이 있기 때문에 이 생각을 피하고 조금은 덜 '극적'이더라도 다양한 시나리오에 대비하는 것을 습관화하는 것이 필요하다고 했다.

여기서는 다른 편향성에 대해서 이야기해 보고자 한다. 다름 아닌 '스스로', '직접' 무언가를 하는 것에 가치를 부여하게 되는 편향성이다. 성실함은 분명 사회적으로 인정받는 하나의 미덕이다. 스스로 무언가를 하겠다고 생각하고 나면 직접 움직여서 그것을 꿋꿋이 해내고야 마는 모습에 사람들은 감동을 느끼고 환호하고는 한다. 반면, '노력'을 하지 않고 무언가를 쉽게 얻어내는 모습을 보며 사람들은 허무감, 배신감, 그리고 상실감을 느낀다. 개미와 베짱이의 이야기에서 사람들은 개미가 옳은 선택을 했기를 바란다. 스스로 성실하게 한 노동에 가치가 있다고 믿고 싶은 것이다. 이 이야기에서 부지런한 개미는 추운 겨울에도 열심히 모아 놓은 식량으로 잘 지내는 반면, 그늘에서 노래만 부르고 놀던 베짱이는 추위와 굶주림에 시달린다. 성실하게, 열심히 움직여서 무엇을 성취해야 한다는 개념이 너무나도 매력적이라는 점은 이런《이솝 우화》에서조차 확실하게 드러난다.

인간은 무언가를 '스스로' 하는 것에 더 큰 가치를 부여한다.

그런데 만약 여기에서 개미와 베짱이의 이야기를 조금 다른 관점에서 생각해 보자. 이 이야기는 사실 굉장히 일차원적인 관점에서 쓰여 졌다. 겨울을 대비하기 위해, 즉 소기의 목적을 달성하기 위해서는 '열심히 산다'는 한 가지의 방법밖에 없다고 전제했기 때문이다. 여기서 '열심히 산다'란 식량을 모으고 집을 짓는 것으로 묘사되었는데, 개미는 이렇게 음식을 많이 모아 놓고 집을 지었고, 베짱이는 아무것도 하지 않고 그늘에서 노래나 부르며 시간을 낭비했기 때문에 겨울이 왔을 때 다른 결과를 맞이하게 되었다는 이야기이다. 그러나 현실은 이렇게 단순하지 않다. 달성할 수 있는 목표도 다양하지만, 이를 추구하는 방식, 그리고 각자 목표 달성에 기여할 수 있는 방향이 다르기 때문이다. 우리는 이를 '전문 분야'라고 한다. 개미는 군집 동물이며, 자신의 몸무게보다 수십, 수백 배가 되는 물건들을 들어 올릴 수 있다. 바로 이런 특성 때문에 개미는 버려진 빵 조각이나, 음식으로 섭취할 수 있는 다른 동물의 사체 등을 분해해서 개미집으로 가져갈 수 있다. 또, 이 개미집을 짓는 과정에서도 여왕개미를 필두로 한 사회적 조직성을 바탕으로 체계적인 접근 방식으로 집을 짓는다. 하지만 베짱이는 그런 동물이 아니다. 실제로는 개미 등의 다른 곤충을 먹고 사는 포식 동물이지만, 그런 부분을 차치하고서라도 애초에 음식을 모아 놓고 집을 짓기에 적합한 개미와는 전문 분야 자체가 다르다는 이야기이다. 개미와 베짱이의 이야기에서 베짱이를 떠올려 보면 우리는 보통 나무 그늘에 누워 기타를 치며 노래를 부르는 모습을 상상하고는 한다. 만약 이런 설정을 그대로 따라간다고 하면, 베짱이의 전문 분야는 음식을 모으고 집을 짓는 노동이 아니라, 청각적 즐거움을 선사하는 음악, 즉 음유시인의 역할이라고 할 수 있겠다.

이렇게 생각해 보면 베짱이의 입장에서 겨울을 대비하는 이상적인 방식이 무엇일지 다른 해석이 가능하다. 베짱이가 군이 직접 자신이 잘 하지도 못하는, 그리고 잘 알지도 못하는 분야에 뛰어들어서 개미와 함께 음식을 나르고 각자의 집을 짓는 것이 효율적일까, 아니면 그런 일을 잘 하는 개미에게 부탁해 정당한 비용을 지불하고 대신 음식과 집을 마련하는 것이 효율적일까? 여기서 정당한 대가란 아무것이나 될 수 있지만, 개미의 전문 분야의 기술과 노하우를 빌리는 만큼 자신의 전문 분야의 기술과 노하우를 공유하는 것이 가장 좋다. 즉, 이 상황에서는 개미에게 노래하는 법을 가르쳐 주거나, 기타를 치는 방법을 가르쳐 주거나, 혹은 그저 단순히 개미를 위해, 혹은 그 친구들이나 가족들을 위해 음악을 연주해 주는 것이 될 수도 있겠다. 베짱이의 입장에서는 잘 하지 못하는 일을 억지로 하지 않아서, 또 자신이 좋아하고 잘 하는 일을 통해서 다른 목적도 동시에 달성할 수 있어서 이게 가장 좋은 선택지라고 할 수 있다.

이렇게 우화에 빗대어 이야기를 하니 베짱이에게 거부감이 크게 들지 않지만, 현실에서 사람들은 '직접, 성실하게' 일을 한 개미에게 더 호감을 가지게 된다. 이는 앞서 이야기했던 '스스로' 하는 것에 대한 편향성 때문인데, 이런 사고는 개인으로 하여금 무엇이든 스스로 해야 의미나 보람이 있다는 생각을 하게 만든다. 물론 다른 사람의 결과물을 믿지 못하는, 타인에 대한 불신이 한 가지의 이유가 될 수도 있겠지만 사회에 존재하는 다양한 자원들을 활용하는 것에 대한 막연한 거부감을 느끼는 사람들이 많다. '내 일인데 내가 해야지'만 마음이 편해지는 것이다.

이는 실제로 스타트업 대표들이 굉장히 많이 하는 실수다. 자신이 직접 돈을 투자해서 설립한 회사이고, 자신의 이름을 걸고 하고 있는 사업, 즉 자신의 아이와 같은 일이기 때문에 다른 사람이 더 잘 할 수 있는 일임에도 불구하고 스스로 모두 해결하려고 하는 것이다. 이렇게 필요 이상으로 열심히, 밤을 새 가며 비효율적으로 일을 하고 나서 '나는 내 사업을 위해 이렇게나 열정적으로 일하고 있어'라고 생각하며 위안을 받는 것이다. 하지만 현실적으로 생각해 보면 이런 접근 방법은 재무 관련 지식, 법률 관련 지식, 그리고 다른 직원들을 관리, 감독할 수 있는 리더십 스킬을 가지고 있는 사람을 통해 해결할 수 있는 문제들인데, 그 모두를 갖췄을 리가 없는 본인이 모두 떠안아서 엄청난 기회비용을 낭비하는 것이라고 할 수 있다.

타인의 전문성과 경험을 빌려 같거나 더 나은 결과물을 낼 수 있다면 내가 가장 잘 할 수 있는 일에 집중하며 타인에게 빌릴 수 있는 것은 빌리는 것이 더욱 현명하다.

우리는 앞서 정보 수집과 검증에 대해서 이야기를 할 때 그 어떤 이야기도 믿지 말고 '스스로' 검증하고 움직이라는 이야기를 했다. 그랬기 때문에 어떻게 보면 모두 스스로 떠안으려고 하지 말라는 이야기가 모순처럼 느껴져서 갸우뚱하는 독자가 있을지도 모르겠다. 하지만 모든 노력을 스스로 하려는 것과, 노력의 방향 설정을 위해 정보를 모을 때 본인이 주체가 되어 최종 승인을 내리는 것에는 큰 차이가 있다. 또, 어떻게 생각해 보면 노력을 스스로 하는 것이 아니라 타인의 결과물이나 지식을 빌리는 과정에도 스스로 수집한 정보와 자체적인 평가가 필요하다. 예를 들어서 독자 여러분이 최근 부동산 가격이 많이 오른 것을 보고 부동산 재테크에 관심이 생겨 지금까지 모은 돈으로 작은 오피스텔을 구입해서 임대수익을 얻어보려 한다고 가정해 보자. 일반적으로 부동산 투자는 단순히 은행, 혹은 증권사에 가서 '이 주식을 사 주세요'라고 말하면 쉽게 체결되는 주식 거래와 다르게 그 과정도 복잡하고 알아야 할 규정도 많다. 특히, 최근의 부동산 규제 흐름이 계속해서 변하고 있기 때문에, 은행에서 돈을 얼마나 빌릴 수 있는지, 관련된 세법 조항은 무엇이 있는지 등에서도 정확히 알고 있어야 예상하지 못한 지출과 절차를 방지할 수 있다. 이런 지출은 그대로 투자 수익에서 빠지는 금액이기 때문에 사전에 열심히 공부를 해야 하는 것이다. 정확히 본인이 무엇을 모르는지는 알지 못하지만, 이렇게 부동산 매매 과정이 복잡하다는 것을 알기 때문에 많은 사람들이 쉽게 부동산 투자에 발을 들이지 못한다.

여기서 독자 여러분이 다니는 회사의 상사가 '내가 이번에 이 지역에 오피스텔을 샀는데 매년 만족스러운 수익률을 얻고 있어. 이 근처에 신도시도 생기고 학생들도 많아서 전망이 좋으니 근처에 하나 사 봐' 라고 조언을 했다고 하자. 이 때, '정보의 검증'은 본인의 몫이 되어야 한다. 즉, 이 상사가 부동산 투자를 넘어 재테크 자체에 대해서 경험이 많고 관련 지식이 많은 사람인지, 이 사람이 가지고 있는 정보의 질이 어느 정도인지, 그리고 나에게 알려 준 정보들이 사실인지는 직접 인터넷 검색을 통해, 그리고 직접 그 지역을 방문해 중개인과 부동산 전문가들과의 대화를 통해 확인해야 한다. 하지만 여기서 '에이, 이런 걸 할 때 남의 말에 휘둘리면 안 돼. 내가 직접 해야지'라며 구태여 이 사람이 가지고 있는 노하우를 무시하고 0에서부터 자료 조사를 시작하고 공부를 할 필요는 없다는 이야기이다. 만약 아는 사람 중 부동산 투자업을 오래 해 온 사람이 있다면 그 사람에게 조언을 구하는 것이 서점에 가서 부동산 투자와 관련된 책 스무 권을 사 오는 것보다 훨씬 효율적이다. 적어도 하나의 시작점을 잡을 수 있다는 점에서 말이다. 실제로 나는 이런 사람들을 많이 봐 왔다. 갑자기 사업, 암호화폐, 예술 등의 주제에 대해서 관심이 생겨 공부를 해 보고 싶다고 이야기하더니 대형 서점에 방문해 보이는 책을 일단 닥치는 대로 다 사 오는 사람들 말이다. 이런 접근이 잘못되었다는 것은 아니지만 이들을 보면서 나는 '아니, 저 사람들이라면 분명 주위에 저 분야에 대해서 정통한, 믿을 수 있는 사람들이 많을 텐데 그들을 통해서 공부의 방향이라도 잡고 시작하는 것이 훨씬 낫지 않을까'라는 생각을 감출 수 없었다. 이는 마치 누군가에게 고소를 당했을 때 변호사를 바로 찾아가지 않고 인터넷에 접속해 방대한 관련 법 조항을 직접 읽어가며 상황에 대한 법적 해석을 스스로 하려는 것과 같다. 해당 분야의 전문지식을 갖춘 믿을 수 있는 타인을 통해 정보를 얻는 것이 훨씬 효율적이다. 성공한 사람들은 바로 이런 이유 때문에 자신만큼 다른 분야에서 성공한 이들을 곁에 둔다. 그리고 서로 가지고 있는 지식과 노하우로 이득을 보고, 이득을 받을 수 있게 도와주며 선순환을 추구한다.

유대인들과 친해지려면
유대인 친구를 만들어라

.
.

　　내가 투자은행 취업을 한창 준비하던 때
일이다. 최근 창의적인 방식으로 채용 과정에 변화를 주고 있는
수많은 스타트업들과는 달리, 금융 업계는 상당히 보수적이고 전
통적인 면접 절차를 유지하고 있기 때문에 무엇을 준비해야 하는
지 정확하게 이해하는 것이 중요했다. 가령, 어떤 개념들을 알고
있어야 하고, 어떤 모습을 보여 주어야 하고, 이력서는 어떤 형식
으로 작성해야 하고, 자기소개서는 어느 정도의 분량이 적절하며
어떤 내용은 넣는 것이 좋고, 어떤 내용은 빼는 것이 좋은지 등등
말이다. '뭐 그런 정도는 어디서나 적용되는 부분 아닌가?'라고
생각할 수 있지만, 일반인들에게도 고연봉의 직장으로 알려져 있
는, 골드만삭스, 모건스탠리 등의 이름있는 투자은행의 경우 수

만 명의 지원자를 받기 때문에 지원서를 척 보고 '아, 이 친구는 '금융권의 언어'를 하는구나', 즉, 금융 업계에서 원하는 방식대로 이력서를 작성하고, 자기소개서를 정리하고, 준비를 했는지 확인할 수가 없으면 바로 떨어뜨리는 경우가 많다.

　인터넷을 통해 상당히 많은 정보를 얻을 수 있었지만, 바로 그 점이 오히려 문제가 되었다. 필요 이상으로 너무 많은 정보가 있어서 어디까지가 사실이고, 어디까지가 거짓인지 정확하게 판별하기가 어려웠기 때문이다. '금융권 취업 코스'를 검색하면 수십 개의 온라인 코스가 나왔고, 가격도 천차만별일 뿐 더러 각자 하는 이야기도 달랐다. 어느 한 곳에서는 '금융권 자기소개서가 정해진 형식으로 작성되는 경우가 많은 만큼 자신만의 변화구를 던지는 게 중요하다'며 방법을 소개하는 반면(뒤늦게 알게 됐지만 위에서 말했듯 이건 완전히 틀린 접근이었다) 어떤 곳에서는 정해진 파일 템플릿을 주고 이 템플릿에서 줄 간격, 폰트 크기 등을 하나도 건드리지 말고 있는 그대로 작성할 것을 권고했다(이 역시 접근 방식은 대략적으로 맞지만 주어진 템플릿이 잘못된 경우도 많았다). 따라서 결국 정보 검증을 제대로 하려면 투자은행 입사에 성공한, 혹은 인턴십을 구한 선배들과 이야기를 해 봐야 하는데, 옥스포드라는 학교가 워낙 넓다 보니 누구를 어떻게, 어디서 찾아야 할 지 감 조차 오지 않았다. 시작점은 금융 동아리였다. 옥스포드에는 금융업계 취업을 위한 동아리가 여럿 있는데, 이 동아리들에 가입하면 은행들에서 이런 동아리를 위해 주최하는 취업 행사에 참여할 수 있으며, 케이스 스터디나 면접 연습 등과 관련해 도움을 받을 수 있다. 그러나 내가 처음 품었던 큰 기대와 달리, 이런 동아리들은 생각보다 큰 도움이 되지 못했다. 동아리가 주최하는 금융 관련 행사들이라고 해 봐야 회사들이 학교에 방문해서 주최했던 취업 설명회와 크게 다른 점이 없었고, 면접 준비를 한다고 해도 결국 내가 이미 알고 있는 예상 질문을 누군가가 물어보고 내가 직접 답하는 식이었기 때문에 충분히 혼자서도 준비할 수 있었기 때문이다. 그런데 조금 더 자세히 알아보니 이 동아리의 진짜 이점은 옥스포드라는 학교 내에서 '투자은행 취업을 진지하게 준비하고 있는' 학생들 간의 네트워크가 형성된다는 점이었다. 앞서 말했듯 금융업계, 그리고 컨설팅 업계는 고객에게 전문 서비스를 제공해야 한다는 이유 때문에 직원들의 학벌을 중요하게 생각한다. 따라서 거꾸로 학벌이 좋은 학생들이라면 명확한 이유 없이 너도 나도 한 번쯤 생각해 보게 되는 진로가 투자은행과 컨설팅이기도 하다. 이런 학생들의 경우 자신이 왜 투자은행, 사모펀드, 혹은 컨설팅 회사에서 일을 하고 싶은지에 대한 명확한 이유 없이 '나도 지원 알아보고 있어~'라는 식으로 이야기하는 정도이기 때문에 정확하지 않은 정보들을 알고 있는 경우가 많다. '어느 회사는 이미 지원이 끝났다더라', '동양인은 투자은행 취업이 어렵다고 하더라', '인터뷰를 따 내려면 회사에 직접 방문해서 로비에서 이력서를 전달해야 한다더라' 같은 사실관계가 확인되지 않은 유언비어들에 휩쓸리지 않으려면 정말 '제대로' 투자은행 취업 과정에 대해 알고 있는 사람들과 친해질 필요가 있었다.

이런 정보를 많이 알고 있는 그룹이 하나 있었는데, 바로 유대인들이었다. 유대계 배경을 지닌 학생들의 경우 가족 구성원 중에 이미 금융권에 있는 사람들이 많아서 그런지, 금융 커리어를 준비하는 학생들 중 상당수의 학생이 유대인이었다. 그런데 이들은 자신들만의 집단을 형성해 다녀서 쉽게 만나기가 어려웠다. 예를 들면 유학생 중에서도 중국인이나 한국인들은 중국인, 한국인 모임을 따로 만들어서 모이는 경우가 많기 때문에 서양 학생들의 입장에서는 '중국인, 한국인들은 자기들끼리만 놀고 서양인은 껴 주지 않아'라는 느낌을 받듯이, 유대인들도 어느 정도는 비슷한 성향을 가지고 있던 것이다. 그럼에도 불구하고 한국이 아닌 타지에서 커리어 준비를 하는 상황이기 때문에 이들과 가까워져야만 얻을 수 있는 정보들이 많았다. 그래서 나는 유대인 학생들과 가까워지기 위해 많은 노력을 했다. 유대인 행사에 참석해 인사를 나누고, 페이스북에서 친구 추가를 하고, 메시지를 먼저 보내 보기도 했다. 이런 과정에서 알게 된 친구들이 몇 있었고, 페이스북 친구가 되기도 했지만 안타깝게도 전부 거기까지였다. 이들은 나를 외부인으로 인지해서인지 쉽게 마음을 열지 않았다. 가령, 나는 이 친구와 어느 정도 친해졌다고 생각했는데 막상 사람들을 초대해서 집에서 하우스 파티를 열 때 초대받지 않거나 하는 식이었다. 특정 목적을 가지고 친해지려고 하는 게 문제라는 의견도 있을 수 있지만, 유대계 사회 내에서, 그리고 금융권 취업을 준비하는 학생들 중에서도 정말로 마음이 잘 맞아서 친해지는 경우도 있었지만 정보 교류를 위해, 그리고 추후의 인맥 관리를 위해 친하게 지내는 학생들도 많았다. 그러다 취업 시즌에 좋은 결과를 받지 못하면 갑자기 냉대하는 경우도 있었지만, 내가 하고자 하는 말은 어떤 부분에서 도움을 받고 싶어서 누군가와 친해지려고 하는 일은 잘못된 일도 아니고 꽤나 흔한 일이라는 이야기다. 서양권에서는 이를 '네트워킹networking'이라고 따로 명명하고, 취업과 사업 성공을 위해서는 그야말로 필수불가결한 요소로 생각한다. 실제로 나 역시 투자은행에 취직하고 나서 매일같이 링크드인이나 이메일을 통해 모르는 학생들과 직장인들에게 메시지를 받는다. 노골적으로 나에게 도움을 달라는 것으로 해석해서 거부감을 느낄 수도 있지만, 반대로 생각해 보면 취업을 하기 위해서 절실한 상황이고 도움을 청하는 것이기 때문에 마냥 이상할 것도 없는 것이다.

이렇게 유대인 친구들과 연결고리를 만드는 데에 어려움을 겪던 와중, 하나의 기회가 찾아왔다. 당시 나는 옥스포드 한인회의 학부회장이었는데, 한인회의 일원으로 있던 친한 선배가 해외에서 살면서 알고 지낸 유대계 친구를 알고 있다는 이야기를 했다. 나는 이 선배를 통해서 한인회 행사에 그 친구를 초대했고, 같이 맥주를 마시면서 이런저런 이야기를 했다. 이 때 내가 별다른 소득이 없더라도 여러 유대인 학생들과 친하게 지내려 노력했던 것이 큰 도움이 되었다. 그렇게 생긴 몇 명의 페이스북 친구들과 이 친구가 친분이 있었기 때문에 '나 그 친구 알고 있어'라는 식으로 이야기를 하면서 자연스레 아이스 브레이킹ice-breaking이 되었기 때문이다. 나는 내가 투자은행 및 사모펀드 업계에 관심이 많은데, 유대인 사회에서 이런 쪽으로 진로를 생각하는 친구들이 많은 것으로 알고 있다고 말했고, 그 친구는 흔쾌히 자신이 아는 친구들 중에서도 몇 명이나 지난 여름에 투자은행에서 인턴십을 했다고 했다. 마침 그 친구 중 한 명이 새로 이사를 해서 자신의 집으로 친구들을 초대해 하우스 파티를 하기로 했는데, 여기에 나도 초대하겠다고 했다. 기존에 억지로 친해지려고 연락을 돌렸을 때는 받지 못했던 초대장을 드디어 받을 수 있게 되었던 것이다. 그 동안 나에게 꽤나 냉랭하게 대했던 유대인 친구들이 많은 자리에 가서 괜히 어색하게 시간만 보내다 오는 게 아닌가 내심 걱정도 되었다.

하지만 내가 어색하게 겉도는 일은 없었다. 선배를 통해 알게 된 친구가 나를 데리고 파티에 왔기 때문에, 다들 나에 대해서 궁금해하고 먼저 질문들을 해 왔기 때문이다. 특히 내가 당시 한인

회의 운영을 담당하고 있었기 때문에 나중에 기회가 되면 한국인
– 유대인 간의 공동 행사도 주최해 보자는 식으로 이야기를 꺼
낼 수 있었다. 그 다음부터는 정말 일사천리였다. 내가 예상했던
대로 유대인 친구들은 인턴십 경험도 많고, 주위에 금융권에 종
사하는 지인들이 많기 때문에 실제 업계에 있는 사람들도 많이
알고 있었고, 이 중에서는 각 은행의 채용 절차를 담당하는 사람
들의 연락처를 알고 있는 사람도 있었다. 최근 채용 시장의 트렌
드가 어떤지, 채용 단계의 각 부분을 어떻게 공략해야 하는지 등
에 대해서 알고 있는 정보의 질이 달랐던 것이다. 물론 이런 정보
역시 아무런 배경 지식이 없는 상태에서 접하게 되었다면 100%
활용하지 못했겠지만, 이미 배경 조사를 충분히 한 상태에서 정
보를 검증할 수 있게 되니 정말로 천군만마를 얻은 것만 같았다.
특히 금융 개념을 공부할 때 나는 전공자가 아니었기 때문에(나
는 정치, 철학, 경제Philosophy, politics and economics, PPE를 전공했는데 옥스
포드는 굉장히 전통적인 학풍 때문에 경제 전공 임에도 불구하고 재무
나 금융에 대한 과목이 충분히 존재하지 않는다) 어디서부터 어디까
지 공부를 해야 하는지 감을 잡기가 어려웠는데, 이 파티에서 만
난 친구들이 '아, 그건 알아야 하고 그건 알 필요 없어' 라고 조언
을 해 주니 도움이 많이 되었다. 게다가 어떤 사이트에서 제공하
는 어떤 과정이 제일 퀄리티가 좋고, 그 중에서도 특정 부분에 대
해서 보완해서 공부하고 싶다면 어떤 사이트를 활용하면 되는지

등에 대해서도 알려 주었다. 내가 투자은행에서 커리어를 시작하게 될 수 있었던 이유들을 나열해야 한다면 나는 반드시 이 이야기를 넣을 것이다.

이 이야기에서 나는 유대인 친구를 소개받아서 내가 그 동안 발을 들이지 못했던 유대계 사회와 더 가까워질 수 있었다. 물론 유대인이라는 것이 하나의 전문 지식이나 성취물이라고 하기는 힘들다. 하지만, 이 이야기의 교훈은 내가 가지고 있지 않은 타인의 특성을 잘 활용하면 정보의 수집과 검증의 측면에서 효율성을 극대화할 수 있다는 것이다. 비슷한 예로는 이런 것이 있다. 당신이 만약 유학 생활을 끝내고 막 한국에 들어온 사람이라고 하자. 창업을 하려고 하는데 투자금을 받기 위해 벤처 캐피탈 펀드들에 연락을 취해야 하는데 한국에서의 인맥, 특히 학벌을 통한 인맥이 갖추어지지 않아 어려움을 겪고 있다고 하자. 여기서 '아, 한국 사회에서 일을 잘 하려면 우선 학연을 갖추어야만 하겠구나!'라는 생각이 들기 쉽다. 그러나 이런 경우에도 직접 석·박사 공부를 통해서 인맥을 쌓는 것보다, 한국에서 대학을 졸업했고, 인맥이 넓은 친구가 있다면 이 친구의 도움을 통해 이런 문제를 상당수 해결할 수 있다는 것이다. 혹은 그런 친구가 사업에도 관심이 있다면 그 친구와 같이 동업을 해도 좋다. 실제로 성공한 스타트업에는 기업의 실질적인 경영 부분을 담당하는 대표 한 명과 사업의 대외적인 부분, 즉 마케팅과 펀딩 등의 부분을 담당하는 대표가 따로 있는 경우가 많다. 여기서 「나 혼자 산다」에 나온 이장우 배우의 말을 다시 떠올려 보자. '내가 직접 대학에 다니면서 인맥을 쌓아 올릴 수도 있어. 그런데 이미 그 인맥을 다 만들어 놓은 사람이 있잖아?'

내가 가지고 있지 않지만 타인이 가지고 있는 특성이나 성취물을 잘 활용하면 정보의 수집과 검증에서 효율성을 극대화할 수 있다.

인맥 관리의 함정을
조심해야 한다

∶

여기까지의 내용은 꽤 직관적으로 이해하고 공감할 수 있을 것이다. 항상 '스스로' 해야 한다는 것에 대한 강박을 버리고 '꼭 내가 가지고 있지 않은 것을 스스로 쟁취하기 위해 싸울 필요 없이, 그것을 가지고 있는 사람을 통해 같거나 비슷한 결과를 얻을 수 있다'는 것이다. 꽤 당연한 이야기처럼 들리지만 바로 그 이유 때문에 생기는 다른 함정이 있다. 다른 사람을 통해서 필요한 노력의 시간을 줄일 수 있다는 이야기를 잘못 이해하면 꼭 내가 힘을 들이지 않고 모든 노력을 다른 사람에게 '아웃소싱outsourcing' 할 수 있다는 뜻으로 해석하기가 쉽기 때문이다. 실제로 이런 생각을 가지고 사는 사람들을 우리 주위에서 꽤 쉽게 볼 수 있다. 당장 그렇다 할 비전이나 성취한 것이 없는 사람인데, 다른 사람과의 인맥과 관계만을 유독 중요하게 생각하며 '자신에게 도움을 줄 수 있는' 사람들만 선별하여 긴밀한 관계를 유지하는 사람들 말이다. '인맥이 중요하다', '사회성이 중요하다' 같은 이야기는 많이 들어서 이해하고 있지만 이런 사람들을 보면 왠지 모를 의문점이 생긴다. 정말 이런 식으로 타인에게 의존하며 살아가도 괜찮은 걸까?

물론 아무런 능력을 가지고 있지 않은 사람이 둘 있다고 했을 때, 주위에 능력이 좋은 사람들을 인맥으로 많이 두고 있는 사람과 그렇지 못한 사람 사이에는 어느 정도 격차가 존재할 수밖에 없다. 이 사람의 무능함을 불쌍하게 여긴 나머지 능력이 있는 사람 중 한 사람이 도움의 손길을 건네어 주거나, 이런 사람의 주위에 있다는 것 만으로 생기는 기회들이 존재하기 때문이다. 하지만 이런 관계의 함정은 그 한계가 명확하다는 데에 있다. 정말 아무런 능력과 내공 없이 타인의 도움만을 통해 성장한 사람은 그 위치가 올라가면서 생기는 기대치에 계속해서 부응할 수 없다. 생각해 보면 이는 당연한 일이다. 지인을 통해 '낙하산'으로 취직한 사람이 있다고 해 보자(물론 취업의 기회조차 가지지 못한 사람이 보기에는 이 조차도 매우 부러울 것이다). 이 사람은 취업과 동시에 그 직급에 맞는 기대치를 충족시켜야 한다는 부담감에 휩싸이게 된다. 특히 지인 혹은 가족의 추천으로 인해 얻게 된 기회라면 추천인의 명예와도 직결되는 문제이므로 더더욱 그렇다. 하지만 이 사람은 그런 기대를 충족시킬 수 있는 능력을 가지고 있지 않다. 단순히 노력과 깡만으로 해결할 수 없는 내공의 차이가 존재하기 때문이다. 결국 그의 성장은 더딜 수밖에 없고, 더 나아가서는 크게 실망스러운 결과를 보일 경우 자신에게 기회를 주었던 인맥을 잃게 될 것이다.

스스로의 내공이 없이 타인의 도움에만 의존하면 자신에게 주어지는 기대치를 충족할 수 없어 결국 벽에 맞닥뜨리게 된다.

아마 독자 여러분은 지금 이런 생각을 하고 있을지도 모른다. '글쎄, 사장의 아들 혹은 딸이라는 이유로 회사에 취직한 사람들은 쉽게 쉽게 승진하고, 절대 잘릴 일도 없는 거 같던데?'라고 말이다. 이 말에 대해서는 두 가지 이야기를 하고 싶다. 첫 번째로, 이런 이야기는 애초에 인맥을 통해서 이 정도의 기회를 거저 얻을 수 있는 극소수의 경우를 전제로 한다. 만약 이 글을 읽는 독자에게 이런 기회가 존재하지 않는다면 이 경우를 굳이 생각하며 인맥이 가장 중요하다고 결론을 내버리는 것은 그야말로 '신 포도' 이야기와 같다. 우리는 계속해서 사람마다 가지고 있는 능력과 기회, 그리고 운에 차이가 있다는 점을 이야기하며 여기까지 왔다. 인생의 '승률'을 최대한으로 올리기 위해서는 개인의 능력치와 상황에 따라 결정되는 것이 아닌, 모두에게 언제나 적용될 수 있는 승률 상승의 법칙을 따라야 한다. '타인에 100% 의존하려는 생각은 잘못된 것이며, 본인의 내공을 올리는 것의 중요함을 잃으면 안 된다' 라는 법칙은 심지어 이런 '금수저'들에게도 적용될 수 있는 승률 상승의 법칙이다. 저런 기회가 있는 사람들이 자신의 내공을 키우기 위해서 노력까지 겸비한다면 어떻게 되겠는가?

둘째는, 공짜로 얻은 기회인 만큼 본인의 만족도와 사회의 인정을 위해서는 별도의 노력이 필요하다는 점을 간과하면 안 된다. 우리가 1장에서 이야기한 목표 설정의 과정을 다시 상기해보자. 우리가 생각해야 할 '종착점'은 하나의 라이프스타일이다. 이 라이프스타일이란 단순히 무엇을 먹고, 어떤 일을 하는 것을 넘어, 내가 스스로 만족할 수 있는 인생의 다면적 상태를 의미한다. 본인이 부유하고 기회가 풍족한 배경에서 태어났다면, 본인이 생각하게 될 인생의 '종착점'이 '인생의 모든 것을 아무런 노력 없이 공짜로 얻은, 아버지 혹은 어머니의 그늘에서 영원히 벗어나지 못한 껍데기 같은 존재'일 사람은 없을 것이라고 생각된다. 실제로 러시아, 중국, 터키, 사우디아라비아 등의 석유 재벌, 부동산 재벌, 대기업 자제 등 정말 부유한 배경을 지닌 사람들을 많이 만나 보았는데, 이들은 오히려 자신이 부모보다 더 많은 것을 증명하고 자신의 가치를 스스로 입증해야 한다는 강박을 가지고 있다. 또, 이런 가정의 부모들은 자녀가 어느 정도의 능력을 가지고 있을 때 날개를 달아주는 것에 대해서는 큰 거부감이 없지만, 정말 무능력하고 골치 아픈 삶을 살고 있는 자녀에게 억지로 기회를 주어 가며 성장시키는 것에 대해 사회적인 부끄러움을 느낀다. 지원을 해 준다고 해도 사랑과 위로, 믿음을 가장 많이 받아야 할 가족 내에서 '아픈 손가락' 취급을 받는 것이다. 독자 여러분이 생각한 대로, 이런 식으로 과분한 기회를 얻는 사람에 대한 사회적 시선은 절대 좋지 않고, 엘리트일수록 이런 사회적 평가에 민감하기 때문이다. 따라서 이런 극소수의 경우에 대해서 염세적인 시각을 가질 필요는 전혀 없다.

다시 본론으로 돌아가 보자. 자신이 가지고 있는 내공보다 과분한 기회와 정보를 공짜로 받게 되는 사람은 그 만큼의 기대치혹은 보상 심리에 반드시 부응해야 하는데, 그런 능력을 가지고 있지 않으므로 추후에 반드시 문제를 겪게 된다. 또, 이런 사실을 이 사람의 지인들이 깨닫게 된다면(보통 시간이 오래 걸리지 않는다) 이 사람과의 관계가 길게 유지되기 어렵다. 대개 능력이 있는 사람일수록 주위에서 여러 가지 부탁을 받기 마련이며, 사람들이 좋은 관계를 유지하기 위해 갖가지 애정공세를 펼치는 경우가 많다. 예를 들어 실력이 좋은 피부과 의사, 혹은 치과 의사가 있다고 하자. 이 사람의 주위에서 '나중에 믿을 수 있는 사람에게 좋은 가격으로 피부과 시술, 혹은 임플란트를 받기 위해' 연락을 유지하는 사람이 몇이나 될지 상상이 가는가? 보통 자신의 지인들을 넘어, 자녀가 있다면 다른 학부모들, 그리고 그 학부모들의 친척까지 추천을 받기 위해 안달인 경우가 많다.

이런 상황일수록 '내가 이 사람에게 무언가를 받게 될 경우 무엇을 제공해서 보답할 수 있는가'가 중요해진다. 가령 친한 의사에게 수술을 받는 큰 도움을 받았는데 내가 법조인이라고 한다면, 그 의사의 가족 중 한 명에게 골치 아픈 법적 문제가 생겼을 때 변호를 해 주거나 유명한 로펌의 선배를 소개시켜 주는 등으로 갚을 수 있어야 한다. 또, 유명한 자산관리사에게 투자 자문을 받았다면 그 사람이 부동산 투자에 관심이 있다는 이야기를 들었을 때 투자 유망지역을 추천해 주고 관련 지식이 많은 사람을 소개해 줄 수 있어야 한다. 결론적으로 나의 내공이 있고, 조금 더 극단적이게는 '이용 가치'가 있어야 반대로 내공이 있고 이용 가치가 있는 사람들이 내 곁에 함께하게 된다는 이야기이다. 따라서 진정한 인맥 관리를 하는 방법은 여러 사람에게 주기적으로 연락을 취하고, 술자리를 전전하며 '많은 시간을 같이 보내는 것'이 아니라 서로가 서로에게 필요한 존재가 되어줄 수 있도록 내공을 키우는 것이다. 이런 사람이 주위에 많아질 경우, 처음에는 직접 돌아다니며 정보를 수집하고 검증해야 했던 과정이 굉장히 단축될 수 있으며, 따라서 더 많은 것들을 손쉽게 이뤄낼 수 있게 된다. 인생에서 노력을 하는 데에 시간이 단축될 수 있다는 것은 당장 그 단축된 시간만큼의 이득이 아니라 그 단축된 시간 동안 내가 미래에 창출할 수 있는 가치, 즉 내가 그 시간을 나의 노력에 사용해서 성취할 수 있는 것들의 가치까지 얻게 되었음을 의미한다. 반대로, 무늬만 화려한 '인맥'을 유지하기 위해 시간을 헛되게 사용하고, 내가 줄 수 있는 도움 없이 이렇게 애매하게 '아는 관계'들은 큰 의미가 없음을 뒤늦게 깨닫는다면 그 낭비된 시간만큼을 잃는 게 아니라 그 시간 동안 내가 이뤄낼 수 있었을 모든 것들의 가치만큼을 같이 잃게 되는 것이다. 인맥 관리의 함정은 누구나 빠지기 쉬운 함정이다. 나보다 능력이 좋고 '대단한' 사람들과 같이 어울리고 시간을 보내다 보면 나의 격과 질이 올라간 것이라는 착각을 하기 쉽기 때문이다. 하지만 그 관계를 통해 유의미한 도움을 주고받으려면 나의 내공이 그만큼 뒷받침되고 어느 정도의 수준은 유지되어야 한다는 점을 절대로 잊지 말자.

도움을 요청할 수 있는 관계를 만들기 위해서는 내가 도움을 제공할 수 있는 사람이 먼저 되어야 한다. 그렇지 않은 상태에서 타인에게 의지하는 것은 역효과를 낳는다.

금융과의 연결고리
_ 공동 투자와
투자 심사 최적화

대형 사모펀드들이 참여하는 딜은 규모가 엄청난 경우가 많다. 적게는 수천 억에서 크게는 수십 조까지 하는 딜들에 참여하는데, 이 때 리스크 분산은 중요한 문제이다. 가령 한 펀드의 금액이 10조라고 가정해 보자. 이 때 일반적으로 펀드는 이 10조를 최소 10개에서 많으면 20개 정도의 딜에 나누어서 투자한다. 이는 투자의 기본인 분산투자의 원칙 때문이다. 일반적으로 금융에 대해 배경지식이 없는 사람이라고 하더라도 투자 자산을 한 곳에 몰아넣으면 좋지 않다는 것은 알고 있다. 이렇게 되면 자산의 가치 변동에 따라서 포트폴리오 전체의 가치가 크게 휘둘리게 되기 때문인데, 만약에 그야말로 '대박'이 나서 높은 수익률이 나면 큰 수익을 낼 수 있지만 조금이라도 떨어지면 엄청난 손실을 낼 수 있다.

투자에서 리스크는 크게 두 가지로 분류된다. 바로 체계위험 systematic risk과 비체계위험unsystematic risk이다. 여기서 체계위험이란 말 그대로 '체계'에 걸쳐 존재하는 위험을 의미한다. 즉, 시장 전반이나 시장 내에서 특정 그룹과 관련한 리스크로, 예를 들면 금융 시장 전체를 뒤흔들 수 있는 금리와 관련되었거나, 헬스케어 시장에 영향을 줄 수 있는 복지 정책과 관련된 리스크 등이 있다. 반대로 비체계위험은 체계와는 상관이 없는, 특정 투자자산과 관련된 리스크를 의미한다. 특정 회사의 경영과 관련된 리스크나, 오너 리스크, 즉 경영진의 수준과 관련된 리스크가 있다. 투자 이론에서는 체계위험은 포트폴리오 내의 투자 자산의 수를 늘린다고 해도 줄어들지 않지만, 비체계위험의 경우 투자 자산의 수가 많아지면 포트폴리오 전반에 끼치는 리스크의 노출도가 줄어든다고 한다. 쉽게 설명하면, 포트폴리오에 자산 몇 개가 있다고 해도 그 자산 모두에 영향을 주는 사건과 관련해서는 대비할 수 없지만, 한 개의 자산에 문제가 생겼을 때 그 자산이 포트폴리오 내의 유일한 자산인 경우와, 50개의 자산 중 하나인 경우와는 타격의 정도가 다르다는 뜻이다.

바로 이런 이유 때문에 펀드들은 투자를 절대 한 곳에 과도하게 크게 하지 않는다. 그런데 여기서 문제가 생긴다. 만약 10조 규모의 펀드를 약 10-20개의 자산에 나누어서 해야 하는데, 규모가 엄청난 딜의 기회가 찾아왔다면 어떨까? 가령, 3조의 돈을 직접 투입했을 때 기대수익률이 평소에 그 펀드가 추구하는 수익률을 크게 상회하는 딜이 있으면 펀드의 입장에서는 너무 크지 않은, 그러나 어느 정도 유의미한 수준의 금액을 이 딜에 분배해서 투자하고 싶을 것이다. 이런 경우에 펀드는 다른 사모펀드들과 같이 공동 투자를 하는데, 이렇게 몇 개의 펀드가 공동으로 투자하는 경우를 '컨소시움^consortium'이라고 한다. 일반적으로 규모가 큰 대형 딜의 경우 2-3개의 사모펀드, 혹은 사모펀드와 기업이 손을 잡고 컨소시움을 형성해서 투자하는 경우를 많이 볼 수 있다. 꼭 이렇게 여럿이서 비슷하게 금액을 분배하는 경우가 아니더라도, 한 펀드가 리더 역할을 맡은 뒤 투자금의 일부를 몇 개의 사모펀드에게 나누어주는 공동 투자 방식도 존재한다.

펀드가 관리해야 하는 리스크는 크게 체계위험과 비체계위험으로 나뉘는데, 이 중 비체계위험을 관리하기 위해 다른 사모펀드들과 공동 투자를 하는 경우가 많다.

과거보다 딜의 규모가 커지고 빈도 수도 급격하게 늘어나면서 이런 공동 투자 역시 굉장히 빠른 속도로 늘어나고 있다. 사모펀드는 공동 투자 기회가 오는 것을 굉장히 좋아하고 긍정적

목표 설정   정보 수집   단계적 노력

으로 검토하는 경우가 많다. 이유는 크게 두 가지인데, 첫째는 새로운 딜을 찾는 과정(이를 소싱sourcing이라고 한다)을 생략하고 딜을 진행할 수 있어서이다. 보통 딜 소싱은 다양한 방식으로 진행되는데, 투자은행들이 시장 전망에 대해서 업데이트해 주면서 아이디어를 제공해 주거나, 회사들이 직접 접근해서 사모펀드에 인수 의사를 표명하기도 한다. 이런 과정에서 좋은 딜을 찾아내고 조금 더 본격적으로 실사를 진행할 딜을 구분한다는 것은 꽤 많은 일을 필요로 해서 좋은 기회가 들어온다는 것은 그야말로 '거저'이기 때문이다. 두 번째 이유는 더 중요한데, 바로 실사 과정의 부담을 상당히 덜어낼 수 있기 때문이다. 물론 펀드마다 목표 수익률도 다르고, 추구하는 투자 성향도 어느 정도 차이가 있지만 보통 특정 자산에 투자하는 것에 관심이 생겼다는 것은 이런 리스크 프로필risk profile, 즉 수익을 위해 감내할 수 있는 리스크의 정도가 비슷하다는 것을 의미한다. 따라서 비슷한 시각에서 이 자산을 바라보는 경우가 많다. 그래서 어느 정도 세계적인 입지가 있고, 몇 개의 대형 펀드를 성공적으로 조성하고 만기까지 채웠던 펀드가 이 자산에 대한 투자를 긍정적으로 검토하고 실사 과정을 만족스럽게 끝냈다면 어느 정도 신뢰가 생기는 것이다. 이렇게 될 경우 공동 투자에 참여하는 펀드들은 특별한 경우가 아니면 이 투자 기회를 단독 투자 때 하는 것처럼 자세하게 실사하지 않는다. 많은 시간 들이지 않고 정말 확실하게 이해하고 싶은 부분만 짚고 넘어가는 식으로 일을 진행해서 인력과 실사 비용을 절약하는 것이다.

이런 일 방식은 그야말로 상호 존중과 신뢰를 기반으로 한다. 가령, KKR나 브룩필드Brookfield같은 대형 펀드는 내가 근무중인 싱가포르의 국부 펀드 GIC와도 자주 일하는데 이 두 펀드는 수십 년간 굉장히 성공적인 수익률을 거두어 왔으며, GIC와 같이 협업해 온 경험이 있기 때문에 KKR나 브룩필드가 공동 투자로 참여한다는 사실 만으로도 투자심의회에서 긍정적인 반응을 보이는 것이다. 앞서 기업 실사에 대해서 이야기했을 때 펀드는 '제대로 이해되지 않는 부분이 조금이라도 있으면 투자하지 않는다'라고 했는데, 실사 비용을 아끼는 대신 공동 투자를 하는 펀드 인력과의 회의를 통해 그들이 실사를 해서 투자자산에 대해 배운 점들을 빠른 속도로 배우는 이른바 '속성 과외'를 받기도 한다. 실사 과정에서 컨설턴트들을 고용하고, 배경 체크와 인터뷰를 진행하는 등의 과정에서만 수 억의 비용이 드는데 이런 비용을 중복해서 지불하지 않고 서로 쉽게 알려 줄 수 있는 부분이 있으면 적극적으로 정보를 공유해 달라고 부탁하는 것이다.

당연히 이런 '호의'는 상호적으로 작용한다. 한 펀드가 일을 하는 과정에서 다른 펀드에게 좋은 공동 투자 기회를 주면 이는 양쪽에 좋은 일이 되기 때문이다. 기회를 제공하는 펀드 입장에서는 공동 투자를 받기 때문에 상대적으로 현재 감당이 가능한 것보다 규모가 큰 딜에 참여할 수 있는 것이고, 기회를 제공받는 펀드 입장에서는 양질의 기회를 적은 노력에 얻은 셈이므로 이득인 것이다. 그런데 만약 한 사모펀드가 느끼기에 기회를 제공한 펀드가 이 투자 기회를 제대로 심사할 만한 자원이 없거나, 신뢰도가 부족할 경우에는 아예 공동 투자에 참여하지 않는 경우도 있다.

일반적인 경우 상호적으로 도움이 되는 관계여야만 공동 투자를 진행하고 실사 과정을 생략하거나 단축한다. 신뢰가 가지 않는 경우 공동 투자 자체가 성립되지 않거나 실사 과정을 기존대로 진행한다.

아무리 공동 투자라고 하더라도 주어진 정보와 판단력을 100% 신뢰하지 못하면 결국 기존의 직접 투자 때와 같이 깊이 있는 실사를 해야 하는데, 이렇게 되면 투자 금액은 직접 투자 때 보다 적어서 기대 수익도 낮은데 실사 비용과 인력은 비슷하게 소모되기 때문이다. 즉, 펀드 간의 상호 투자 관계에서도 무언가를 '제공할' 수 있는 신뢰도 있는 펀드만이 이런 관계에 장기적으로 참여할 수 있게 되는 것이다. 펀드들은 특히 자신이 잘 모르는 분야나 업계와 관련해 좋은 기회라고 느껴지면 파트너 펀드의 분석을 어느 정도 신뢰하는 접근 방법을 쓴다. '우리가 직접 수 억씩 써 가며 실사할 수도 있어. 그런데 누가 이미 해 놨잖아?'인 셈이다.

규칙 6: "내가 성취한 것들이
서로를 위해 일하게 하라"

플랫폼 투자와 시너지

'부캐' 열풍,
어디에서 왔을까?

:
:

     '부캐'라는 단어를 알고 있는가? 게임을 하거나 TV의 예능 프로그램을 즐겨 보는 독자라면 이 단어는 생소하지 않을 것이다. '부캐'란 '부 캐릭터^{Alternate character}'의 줄임말으로, 본 캐릭터^{Main character}의 반의어이다. 게임에서 자신의 주력 캐릭터 대신, 만약의 경우 본 캐릭터를 플레이하지 못하게 되는 상황이 오거나, 혹은 기존의 캐릭터와는 다른 방식으로 캐릭터를 육성하고 싶을 때 만드는 것이 부 캐릭터, 즉 부캐인 셈이다. 이 단어가 최근에 대중들에게 유행하게 된 계기는 예능 프로그램 「놀면 뭐하니?」를 통해서이다. 「놀면 뭐하니?」는 MC인 유재석이 각 분야의 다양한 사람들과 만나며 콜라보레이션을 진행해 컨텐츠를 확장해 나가는 방송이다. 이 방송에서 기존에 단순히 예능 MC로만 알려져 있던 유재석은 음악, 요리, 회사원 등의 다양한 캐릭터를 연출해 낸다. 가령, 한 에피소드에서는 하프를 배워 예술의 전당에서 공연을 하는 '유르페우스(그리스 로마 신화에서 나오는 음유시인인 오르페우스Orpheus의 이름을 빌렸다)'로, 한 에피소드에서는 유명 가수인 이효리, 비와 함께 '싹쓰리'라는 그룹을 만들어 '유산슬'이라는 이름으로 활동을 하게 된다. 이런 유재석의 다양한 모습이 그의 '부캐'라고 불리게 된 것이다.

'부캐'를 통해 다양한 모습을 보여주는 것이 최근 예능 트렌드이다.

「놀면 뭐하니?」가 크게 성공한 이유는 과거 「무한도전」에서 추구하던 '다양한 분야에서의 도전'이라는 프로그램 접근 방식을 계승한 데에 있다. 일반적으로 예능 프로그램은 그 틀과 컨셉이 정해져 있기 때문에 아무리 다양한 에피소드를 만들어도 프로그램의 컨텐츠 다양성 측면에서 한계가 올 수밖에 없다. 가령 전 장에서 언급한 1인 가구 관찰 예능인 「나 혼자 산다」 역시 반복적으로 돈 많은 연예인들이 자신의 집 자랑을 하는 식으로 출연하다 보니 '돈 자랑은 이제 식상하다'는 비판을 받았다. 「놀면 뭐하니?」의 경우 진행자는 비록 유재석 한 명이지만, 그가 다양한 캐릭터를 소화해 내며 기존에 시청자들에게는 익숙하지 않던 분야들을 소개하고, 예능 MC라는 이미지가 이미 굳혀져 있는 유재석이 기성 프로그램에서는 잘 보지 못하던 새로운 모습들을 보여줄 수 있는 형식이기 때문에 이와는 결을 달리한다.

이렇게 "부캐'를 통해 기존의 내 모습을 탈피하는' 개념은 최근 또 하나의 열풍이 되었다. 흥행에 힘입어 현재 기준으로 시즌 10까지 방영을 하게 된 힙합 오디션 프로그램인「쇼미더머니」중 한 시즌에서는 '마미손'이라는 래퍼가 출연을 했다. 이 래퍼의 특이한 점은 얼굴 전체를 덮는 분홍색 복면을 착용하고 있다는 점인데, 이 때문에 처음에는 이 사람이 누구인지 아무도 잘 알아보지 못했다. 그러나 2차 예선 라운드에서 그가 랩을 시작하자 사람들은 바로 그 정체를 알 수 있었는데, 날카로운 하이 톤의 목소리를 가진 베테랑 래퍼인 '매드클라운' 이었던 것이다. 물론 매드클라운 본인은 아직도 '마미손'이 본인이 아니라고 이야기하지만, 이는 철저히 컨셉 유지를 위한 것이라고 할 수 있다. 방송에서 마미손은 '기존에 세상에 알려진 내 모습으로는 할 수 없는 다른 장르의 음악에 도전해 보고 싶다'는 이유로 이 캐릭터를 만들었다고 이야기했고, 심사위원들은 '사람들로부터 어떻게 이목을 끌 수 있는지 아는 사람이다'라며 그의 도전에 박수를 보냈다. 이런 식으로 '부캐'를 매스 미디어에서 활용하는 사례가 나오면서 '부캐' 열풍은 연예인들을 넘어 일반인들에게도 전파되었다. 가령, 낮에는 안과 의사로 일을 하다가 퇴근을 하고 나면 동료 의사

그림 6.1 마미손과 매드클라운

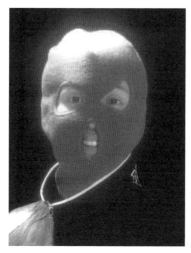

들과 락 밴드 공연을 하는 '부캐'로 살고, 낮에는 피아노 연주를 전문적으로 하다가도 밤이 되면 동양 미술을 공부하는 '부캐'를 키우는 일이 흔해진 것이다.

사실 어떻게 보면 부캐 열풍은 그렇게 신기한 일은 아니다. 한 가지의 단면적인 성향만 가지고 있는 것이 아니라 다양한 페르소나persona를 그 안에 가지고 있기 때문이다. 아무리 외향적이고 사회성이 좋은 사람이라고 하더라도 그 안에는 집에서 조용히 차를 마시며 음악을 듣는 것을 좋아하는 내면이 있을 수 있고, 조용하고 소심한 사람이라고 하더라도 그 안에는 언젠가 큰 무대에서 사람들에게 박수를 받으며 노래를 하는 자신의 모습을 상상하는 내면이 있을 수 있다. 이렇게 사람의 다면적인 성향이 일종의 확장 유니버스 개념인 '부캐'로 표출되었을 뿐이다. 특히 유재석이나 매드클라운처럼 기존의 이미지가 확고하게 굳혀져 있을 경우, 이를 타파해서 자신의 새로운 모습을 보여 주고 도전하기 위해서는 이런 장치가 큰 도움이 되는 것이다. 결론적으로 이 둘은 모두 '부캐'라는 장치를 통해 제2의 전성기를 맞이할 수 있었다. 기존에 자신이 가지고 있던 모습을 유지하면서 그와 완전히 대비되는 모습들을 동시에 가져갈 수 있다는 것은 큰 장점이기 때문이다.

사실 이 책을 지금 쓰고 있는 나 역시 일종의 '부캐'인 셈이다. 나의 '본캐'가 투자은행을 거쳐 사모펀드에서 근무하고 있는 금융인이라면, 나의 다른 책인 '투자은행의 눈으로 보라'와 더불어 이 책을 집필하는 작가로서의 모습이 나의 '부캐' 중 하나가 되겠다. 이는 금융인이라는 틀 안에서 생활하며 굳혀져 간 나의 이미지, 그리고 금융이라는 문화 안에서 내가 지속적으로 영향을 받게 되기 때문에 그런 환경을 벗어나 환기를 꿈꾸는 나의 바람이기도 하다. 금융업은 보통 일의 강도가 매우 높고 집중력을 요하기 때문에 금융인들은 '워크-라이프 밸런스work-life balance'가 거의 없이 생활하는 경우가 많다. 일을 할 때는 일에 온전히 몰입하고 퇴근 후에도 내일 어떤 일을 해야 할지 머릿속에 되새기며 언제든지 울릴 수 있는 핸드폰을 힐끗거리며 완전히 일을 손에서 놓지 못한다. 그러다 보니 사람을 만나는 자리가 생겨도 금융과 관련된 업계의 동료들을 크게 벗어나지 못하게 되는데, 물론 네트워킹 측면에서는 큰 도움이 되지만, 다르게 말하면 사적인 시간조차 금융에서 완전히 벗어나지 못한다는 의미가 된다. 우스갯소리로, 런던에 있는 금융인들 사이에서는 사석에서 맥주를 마시면서 시간을 보낼 때 핸드폰을 모아서 책상 옆으로 몰아넣거나, 핸드폰을 가지고 있다고 하더라도 먼저 금융과 관련된 말을 꺼내는 사람이 그 날의 술값을 모두 내는 것으로 약속해야 한다는 말이 있다. 이런 여건 때문에 금융권에 있는 사람들 중에서 자신의 '부캐'를 키워 나가는 사람은 거의 드물다. 애초에 매주 100시간을 넘게 일하는 사람들에게 그 외의 무언가를 기대하기가 어려운 것이 사실이기 때문이다.

하지만 나는 이런 과정에서 일종의 피로감을 느꼈다. 원래 나는 호기심이 많아 이것저것 관심을 가지고 도전하는 것을 좋아했기 때문이다. 어렸을 때부터 피아노, 바이올린, 가야금, 거문고, 해금, 기타, 지휘, 스케이트, 스키, 축구, 농구, 복싱 등 여러 분야에서 경험을 쌓았었다. 이 때문에 성인이 되고 나서도 무언가 새로운 것이 있다면 적극적으로 도전해 봤는데, 가령 옥스포드에 들어오고 나서 체육 동아리 중에서 '옥토푸쉬octopush'라는 스포츠가 있다는 것을 알고 바로 달려가서 동아리 입단 테스트를 보기도 했다. 옥토푸쉬는 수중 하키인데, 오리발과 스노클링 장비를 차고 수영장 안에서 몸싸움을 하는 생소한 스포츠였다. 이런 성격 때문에 항상 본업과는 별개로 도전하고 추구하는 무언가가 있는 것이 자연스러워졌던 것이다. 그런데 투자은행 업계에 들어오고 나서 부터는 생활이 반복적이게 되고, 내 삶의 모든 부분에 '금융'만이 자리잡게 된 것 같아서 내심 답답했다. 아무래도 투자와 관련된 일을 하다 보니 남는 시간에도 재테크와 관련해 남는 돈을 굴릴 상품을 알아보거나, 관심 있는 회사가 있다면 그 회사의 주식 리서치를 읽어 보는 식으로 여가를 보내게 된 것이다. 또, 투자은행이라는 커리어가 전문 직종인 만큼 '대학교를 갓 졸업하고 선택할 수 있는 가장 좋은 커리어 중 하나' 라는 인식이 있어 업계 내에서는 누구나 이 직업을 가진 것에 대해 뿌듯해하는 분위기였기 때문에, '나도 이제 금융인이다!' 라는 생각에 알게 모르게 이 틀에 갇혀서 생각하고 행동하게 되었던 것 같다.

그래서 취업하고 얼마 지나지 않아 나는 내가 별도로 진행할 수 있는 여러 가지 '사이드 프로젝트side project'를 생각해 보기 시작했다. 첫 번째는 큰 부담이 없는 여행이었다. 여기서 부담이 적다는 것은 비용을 이야기하는 것이 아니라, 꼭 무언가 결과물을 창출할 필요가 없는 프로젝트라는 뜻이었다. 이 당시에 내가 생각하던 것은 영국에서 유럽의 어느 국가라도 저렴한 비용으로 주말동안 다녀올 수 있으니, 유럽의 모든 국가를 앞으로 3년 안에 모두 방문해 보는 것이었다. 하지만 독자 여러분의 예상과 같이 이는 잘 실행되지 않았다. 일이 워낙 바쁘고 예측 불허했기 때문에 애초에 계획을 세워서 표를 구입하는 것 자체가 잘 성립되지 않았기 때문이다. 또, 여행을 간다고 해도 이는 일시적인 것이었기 때문에 '프로젝트'라는 느낌보다는 생각이 날 때 한 번씩 고려해 볼 만한 것 정도로만 느껴진다는 문제도 있었다. 실제로 나는 첫 휴가 때 혼자 프랑스의 알프스 산맥 내 영토인 작은 마을 샤모니Chamonix에 스키를 타러 다녀왔었는데, 알프스 산맥에서 스키를 타고, 헬리콥터를 타고 해발 5,000미터 이상을 비행해 보고, 지역 주민들과 프랑스 음식을 요리해서 먹으면서 정말 행복하다고 생각했지만, 이런 정도의 여행을 꾸준히 계획하고 떠나기에는 정신적으로, 그리고 금전적으로 어려움이 있겠다고 바로 느꼈다.

두 번째로 생각했던 것은 운동이었다. 일을 하면서 체력이 예전만큼 좋지 않게 되었다고 느꼈고, 조깅이나 복싱 등의 운동을 정기적으로 하면서, 또 체계적으로 운동을 배우면서 몸을 만들면 좋겠다는 생각을 했다. 그러나 이 경우는 반대로 '부캐'를 키운다기보다는 당연히, 꾸준하게 해야 하는 것이라는 인식이 강해서 주기적으로 운동을 한다고 하더라도 그게 하나의 프로젝트로 느껴지지 않았다. 차라리 한국에서 최근 젊은 층 사이에 유행하는 '바디 프로필'을 촬영하겠다는 식의 명확한 목표가 있었으면 좋았을 텐데, 목표를 세우려고 해도 '몇 kg 정도의 중량을 들어야겠다'라거나 '하루에 몇 시간씩 운동해도 피곤하지 않게 되어야겠다' 같은 식의 목표는 아쉽게도 나에게 충분한 동기부여가 되지 못했다. 결국 운동은 꾸준히, 건강 관리를 위해 하는 식으로 하기로 했고, 이는 지금도 같다.

이 정도의 시행착오를 겪고 나서 내가 하게 된 생각이 있었는데, 이 생각이 바로 이 장의 주요 내용이다. 바로, 내가 시간을 따로 내서 '부캐' 육성, 즉 사이드 프로젝트를 하려면, 기왕이면 그 프로젝트가 나의 '본캐'에 도움이 되면 좋겠다는 것이었다. 물론 굳이 따지자면 여행이나 운동도 도움이 되지 않는 것은 아니다. 여행의 경우 견문이 넓어져, 특히 유럽권의 문화를 이해하는 데에 도움이 되고 업무 시에도 하나의 대화 주제가 된다는 장점이 있다. 유럽의 경우에는 한국처럼 일을 할 때 바로 본론으로 들어가기 보다는 몇 마디의 가벼운 농담, 혹은 일상, 취미 등과 관련된 대화를 하는 경우가 많기 때문에 이런 대화에 자연스럽게 참여하지 못하면 위화감을 주기 쉽다. 여행을 통해서 많은 것들을 보고 배우게 되면 이런 측면에서 분명히 도움이 된다. 또, 운동의 경우에도 스태미나를 유지해서 일의 능률을 올리고 지구력을 향상시킬 수 있다는 점에서는 분명 큰 도움이 될 것이다. 하지만 이는 굳이 '금융인'으로서 도움을 받는다기보다 전반적으로 하나의 인격체 형성에 도움이 된다는 것에 가깝다. 이런 식으로 생각하다 보면 그 어떤 취미 생활도 연관 지어서 생각할 수 있을 것이다. 책을 읽는 것도 사람을 박학다식 하게 만들어 주기 때문에 도움이 되고, 의외로 게임을 하는 것도 젊은 뱅커들 사이에서 하나의 대화 주제가 되고, 쇼핑을 하는 것도 자신을 꾸미고 최신 트렌드를 이해하는 데에 도움이 되고, 요리를 하는 것도 사람들을 초대하기 좋고(특히) 시니어 뱅커들과의 좋은 대화 주제가 되기 때문에 도움이 된다. 그러나 내가 했던 생각은 이렇게 전반적인 도움을 받는 것이 아니라 직접적으로 '금융인으로서의 김지훈'을 알리고 성장시키는 데에 도움이 될 수 있는 사이드 프로젝트가 필요하다는 것이었다.

'본업'에 충실하는 모습과 별개로 다른 분야에서의 도전과 성취를 위해 나 자신을 한 단계 더 업그레이드시킬 수 있다.

유재석과 마미손의 이야기로 다시 돌아가 보자. 이 둘은 '부캐'를 통해 '본캐' 역시 이득을 보았다. 유재석은 기존에 자신이 보여주지 못했던 모습을 「놀면 뭐하니?」의 다양한 부캐를 통해 보여줘서 대중에게 유재석이라는 사람이 단순히 쇼를 진행하는 것을 넘어 다양한 매력이 있다는 것을 보여주었고, 마미손 역시 매드클라운이 대중적인 랩만 할 수 있는 것이 아니라 조금 더 개성 있고 '날 것'의 가사를 사용한 랩도 할 수 있는 사람이라는 것을 알릴 수 있는 계기가 되었다. 실제로 마미손이라는 캐릭터로 대중 앞에 선 뒤, 매드클라운은 쇼미더머니의 다음 시즌 프로듀서(심사위원)로 참가했을 뿐 아니라, 마미손의 이름으로 낸 '소년점프'라는 곡은 큰 히트를 쳤다. 내가 주안점을 둔 것은 이런 긍정적인 파급효과이다. '본업 외에서 내가 하고 싶은 일을 하면서 본업 역시 긍정적인 영향을 받는' 것이 나의 목표가 된 셈이다.

이런 생각 끝에 내린 결론은 '책을 쓰자'는 것이었다. 여기에는 몇 가지 이유가 있었는데, 첫째는 무엇보다 내가 꽤 오랫동안 책을 쓰고 싶어했기 때문이다. 나는 항상 '내가 이 세상에 어떤 형태로 존재했다는 것을 남기고 싶다'는 생각을 해 왔고, 예술가들이 이를 그림이나 음악의 형태로 한다면, 책을 쓰는 작가들 역시 자신의 발자취를 남길 수 있다고 생각했다. 따라서 책을 쓴다는 것은 나의 자아실현에도 큰 도움이 될 수 있는 활동이었던 것이다. 둘째는 책을 집필하는 금융인, 특히 투자은행가는 그렇게 많지 않다는 점이었다. 주니어 뱅커들은 살인적인 업무시간을 소화해야 하기 때문에 이런 글을 쓸 시간이 없고, 그나마 여유가 조금 있는 시니어 뱅커들은 이미 다른 의미로 사회적 위치가 있고 수입이 높기 때문에 자신의 취미에 전념하거나 가족과의 시간을 보내려고 하지, 책을 잘 쓰지는 않는 것이다. 실제로 온라인 서점에 '투자은행'이라는 단어를 검색했을 때, 1-2권의 책밖에 나오지 않았고, 그마저도 투자은행 실무와 관련된 전문서적이었다. 따라서 만약 현재 실무자인 내가 일반인도 재미있게 읽을 수 있는 투자은행과 관련된 책을 쓰게 된다면 그 책의 대체제가 거의 없다는 뜻이므로 이는 분명 좋은 시그널이었다. 실제로 나 역시 취업 준비를 할 때 관련 정보가 없어 크게 애를 먹었었다. 물론 관련 도서가 많이 없는 데에는 '수요가 적어서'라는 이유도 있겠지만, 이는 나중에 책을 쓸 때 단순히 투자은행에 관심이 있는 사람들을 타겟 독자층으로 삼지 않고 투자은행을 통해 경제를 이해하고자 하는 일반인들을 타겟으로 설정함으로서 어느 정도 해결할 수 있었다. 책을 쓰려고 했던 마지막 이유이자 가장 중요한 이유는 '금융인 김지훈'을 업계에 이미 있는 선배들에게 알리고, 업계에 들어오려고 하는 후배들에게도 소개할 수 있는 계기가 될 수 있기 때문이었다. 도서 집필을 통해서 큰 수입을 벌어들이겠다는 생각 보다는, 나의 자아실현과 더불어 나의 인적 네트워크를 손쉽게 확장할 수 있을뿐더러 전문가로서의 신빙성을 키워 줄 수 있는 방법이라는 생각이 들었던 것이다.

이런 나의 예상은 그대로 적중했다. 책을 출시하고 나서 수많은 독자들에게 이메일이 왔다. 그들 중 대부분은 투자은행이라는 세계에 대해서 처음으로 자세하게 알게 된 사람들이었다. '덕분에 꿈이 생겼다'는 말이나, '투자은행이 도대체 무엇을 하는 곳인지 몰랐는데 쉽게 설명해 주어서 감사하다'는 독자들의 반응은 감격적이었다. 또, 업계에 있는 금융인 선배들 역시 이 책을 통해 나를 알게 되었는데, 당장 김지훈이라는 사람을 알지는 않아도, 나중에 나를 처음 만나게 되었을 때 책을 썼다는 이야기를 들으면 '아, 그 책을 쓴 친구가 이 친구구나'라고 생각하는 정도는 된 것이다. 이는 앞서 말했든 투자은행이라는 주제를 다루는 책이 그렇게 많지 않았고, 금융 업계가 굉장히 좁기 때문에 가능한 일이었다. 이 책 덕분에 나는 큰 힘을 들이지 않고도 수많은 업계 선배들과 더불어 미래에 금융인이 될 후배들과의 네트워크를 형성할 수 있었다. '부캐' 양성을 통해 '본캐'가 득을 보게 된 또 다른 예라고 할 수 있겠다.

내가 아는 가장 성공한 사람들 중에서는 본인이 어느 정도의 궤도에 올랐을 때, 자신의 '본캐'가 가지고 있지 않은, 신선한 분야의 능력을 키워서 자신의 커리어를 한 단계 올리는 경우가 정말 많았다. 금융업계에서 가장 흔하게 보이는 경우는 골프나 예술품 경매에 시간을 써서 자신의 커리어를 업그레이드하는 경우이다. 보통 투자은행 업무는 여느 직장의 업무와 같이 직급이 올라갈수록 영업sales의 성격이 강해지게 된다. 투자은행의 경우 좋은 딜을 끌어와서 자신에게 자문을 맡기도록 해야 하기 때문에, 딜이 있는 상황에서는 적극적인 어필을 하고 딜이 없는 상황에서는 만약을 위해 자신의 은행 혹은 부티크가 얼마나 업계에 대해 잘 알고 있고 과거에 좋은 딜들에 참여했었는지 계속해서 강조해야 한다. 이런 과정에서 여러 유수 기업의 간부들, 그리고 사모펀드의 고위직 사람들과 업무 상 미팅을 하게 되는데 이 때 골프가 하나의 매개체가 되는 것이다. 사업에서 골프가 중요한 부분을 차지하는 것은 한국도 어느 정도 비슷하니 더 설명하지는 않겠다. 한국에 비해 유럽이나 미국에서 더 발달해 있는 문화 중 하나는 예술품 경매와 수집으로, 소위 '상류층'에 속하는 사람들은 집을 이런 예술 작품으로 꾸미려는 사람들이 많다. 이런 사람들은 당연히 예술에 대한 조예도 깊고 최근 예술 업계의 동향에 대해서도 굉장히 잘 알고 있는데, 이런 분야에 대한 지식이 하나의 공통된 관심사가 되는 것이다.

실제로 내가 첫 직장인 BNP파리바에 입사했을 때, M&A 팀의 헤드head가 크리스마스 즈음 팀원 전부를 자신의 집에 초대한 적이 있었다. 엄청난 뷰를 가진 고층아파트일 거라는 생각과는 다르게 그의 집은 런던 서쪽 외곽에 있었는데, 위치만 보고 실망했던 나는 막상 도착하고 나서 떡 벌어진 입을 다물기 힘들었다. 헤드였던 에드워드(가명)는 5층짜리 저택에서 살고 있었는데, 정문을 열고 정원을 지나서 현관까지 가는 데에 크고 작은 조각상들이 전시되어 있었고, 문을 열자 나타난 거실 역시 수없이 많은 액자가 걸려 있었다. 심지어 화장실에도 그림들이 걸려 있었으며, 가구 하나하나도 비싸 보이는 것들 밖에 없어서 '돈 좀 번다'

고 하던 팀 내의 뱅커들조차 어디에 앉거나 무엇을 만지는 것조차 부담스러워했던 기억이 난다. 이 날 셰프를 집에 불러서 팀원 전체를 위해서 요리를 해 주었는데, 밥을 먹으면서 초대받았던 여자 상무 한 명이 '에드워드, 이렇게 예술에 관심이 많은 줄 몰랐어요. 집이 정말 아름답네요' 라고 말을 꺼냈다. 그러자 에드워드는 웃으며 사실 이 집에 있는 예술품의 절반은 자신이 고른 것이 아니라고 했다. 예술 경매의 경우 정보도 많이 필요하고 또 직접 경매에 참여해야 하는 번거로움이 있는데 이런 부분을 대신해 주는 전문 회사가 있다는 것이다. 이 회사에게 자신이 투자를 원하는 액수와 예술품의 종류를 이야기해 주면 대신 조사를 해서 경매에 참여하는 식이다. 또, 집에 있는 작품들 중 대부분은 투자를 위해서 가지고 있다고 했는데, 그래도 집에 걸어 놓는 작품들인 만큼 이런 작품들에 대해서는 어느 정도의 지식은 가지고 있다고 했다. 실제로 일을 하면서 여러 사람들을 만나야 하는데, 물론 일과 관련된 연락만을 해도 큰 문제는 없지만 그는 '만약에 어떤 펀드매니저가 두 은행 사이에서 고르려고 할 때 다른 모든 조건들이 동일하면 그는 자신이 더 친밀하다고 생각되는 사람에게 먼저 전화를 걸 것이다' 라고 했다. 따라서 고연봉 직업인 다른 투자은행가, 기업가, 그리고 펀드매니저들과 자유롭게 일 외적인 대화를 하기 위해서 예술을 공부하는 점도 있다는 것이다. 갓 회사에 입사해 일에 대해서 배우느라 정신이 없었던 나는 이 이야기를 통해서 투자은행업의 본질이 영업이라는 점을 다시 배울 수 있었다. 시니어 뱅커들은 회사에서뿐만 아니라 그 외적으로도 자신의 본업에 도움이 될 수 있는 취미를 가지고 그에 아낌없이 투자한다.

조금은 가슴 아픈 이야기일 수도 있지만, 최근에는 봉사 활동도 이런 '부캐' 활동에 포함된다. 봉사 활동이 어떻게 자신의 커리어에 직접적으로 도움이 될 수 있는지 갸우뚱하는 독자도 있을 것으로 예상된다. 대학교에 지원하는 것도 아니고, 봉사 활동으로 추가 점수를 받거나 하는 것이 아닌데 말이다. 하지만 최근 금융, 사업 전반으로 ESG, 즉 환경, 사회, 그리고 지배구조를 고려한 지속가능성을 고려하는 것이 트렌드인데, 이 중에서도 사회에 기여하고 환원하는 S와 봉사 활동이 직접적인 연결 고리가 있다. 가령 회사 단위로 참여하는 기부 캠페인이나 마라톤 등이 여기에 해당되는데, 특히 한 회사나 펀드의 의사 결정과 경영을 맡는 사람들의 경우 ESG와 관련된 방향도 설정하게 되는데, 이와 관련한 포럼, 행사 등이 열리면서 '얼마나 지속가능한 경영과 투자를 하는가'가 하나의 평가 잣대가 되는 것이다. 실제로 우리 팀의 헤드들은 자전거를 타는 것을 굉장히 좋아하는데, 다른 회사의 마음이 맞는 대표들과 같이 자전거 마라톤 기부 캠페인을 열어 영국을 횡단하거나, 다른 나라에 가서 시티 라이딩을 즐기고는 한다. 투자 전문가로서의 네트워크도 쌓고, 업계에서의 명망도 증진시키고, 재미까지 챙기는 셈이다. 목표를 달성하는 과정에서 이렇게 '부캐' 활동을 통한 부가적인 이득을 챙기는 것과 챙기지 않는 것은 꽤나 큰 차이가 있다.

컨텐츠 제작, 예술, 봉사 활동 등은 '부캐 프로젝트'의 좋은 예들이다.

어중간한 확장은
독이다

.
.

그러나 앞서 다뤘던 법칙들에서와 같이, 이 내용을 너무 단순하게 해석하면 오히려 독이 될 수 있다. '부캐'의 중요성에 대해서 간단하게 '아, 여러 가지 활동을 해야 본업도 잘 될 수 있는 거구나!'라고 생각해 버리면 인맥이 중요하다는 말을 듣고 아무런 내공도 쌓지 않은 채 사람들만 열심히 만나러 다니는 사람과 크게 다를 바 없다. 우리가 다뤘던 예들을 다시 한 번 살펴보면, '부캐'를 통해 그렇다 할 도움을 받은 사람들은 '본캐'가 굉장히 탄탄하고 건재하다는 것을 알 수 있다. 애초에 본래 '부캐'라는 개념 자체가 '본캐'를 육성하지 못할 때, 혹은 '막 굴릴 수 없는' 본캐에서 할 수 없는 것들, 즉 일탈을 해 보고 싶을 때 사용하기 위해서 만들어진 것이다. 당연한 이야기이지만 좋은 본캐 없이는 좋은 부캐가 있을 수 없다.

좋은 본캐 없이는 좋은 부캐도 존재할 수 없다.

가령, 내가 모건 스탠리에 있을 때 나의 상사 중 한 명은 엄청난 자동차 매니아였는데, 특히 포르셰Porsche나 벤틀리Bentley, 페라리Ferrari 같은 고급 자동차에 굉장히 관심이 많아 보너스를 받을 때 마다 차를 한 대씩 새로 사는 사람이었다. 우리가 보통 수퍼카 오너를 생각하면 자기 관리에 철저한, 말끔하게 차려 입은 남성을 생각하는데, 이 상사의 경우 정말로 자동차 외에는 아무런 관심이 없어서 옷이나 신발, 체형 등의 차림새만 보면 '이 사람이 정말 금융인이 맞나' 하는 생각이 들 정도였다. 하지만 차와 관련해서는 정말 모르는 것이 없는 사람이었기 때문에 '나도 돈 벌어서 좋은 차 타야지!' 라고 생각하는 주니어 뱅커들과 이야기를 하는 것을 좋아했다. 나 역시 그와 수다를 떠는 것을 좋아했는데, 어느 날은 영국 왕립 자동차 동호회에 가입할지 고민을 하고 있다고 나를 포함한 주니어 뱅커들에게 이야기했다. 그는 전형적으로 귀찮은 것은 싫어 하는 성격이었기 때문에 이런 동호회 가입을 할 거라는 이야기를 했을 때 사실 조금은 놀라웠다. '아, 이 사람도 취미 생활을 하기는 하는구나' 하는 생각이었다. 그런데 조금 더 이야기를 들어 보니 이 동호회는 단순한 동호회라기보다는 하나의 '소사이어티society'에 가까웠다. 수백, 수천 만원에 달하는 연 회원비를 내야 하는데, 같이 주말에 드라이브를 가는 식의 동호회라기보다는 자동차 업계의 트렌드에 대해서도 토론을 하고, 같이 골프를 치거나 컨트리 클럽을 대절해 여행도 가는, 그야말로 상류층 문화였던 것이다. 아마 영국에 오래 살았던 사람이라고 하더라도 이런 동호회가 있다는 사실을 모르는 사람이 대부분일 것이다. 결국 그는 몇 달 뒤 실제로 이 동호회에 가입했다. 물론 이 사실을 주니어들에게 직접 이야기해 주지는 않았다. 다만 회사에 올 때 들고 오던 작은 스포츠 가방이 어느 날 새로운 것으로 바뀌어 있었고, 새 가방에 'The Royal Automobile Club'이라는 로고가 새겨져 있었기 때문에 결국 가입했다는 짐작만 할 뿐이었다.

그렇게 모건스탠리에서 현재의 직장으로 이직하고 나서 얼마 지나지 않아 같이 일을 했던 다른 상사와 연이 닿았다. 자연스레 내가 떠나고 나서 모건스탠리 내의 팀이 어떻게 지내고 있는지 소식을 물어보았는데, 예상했던 대로 올해도 초대형 딜들에 참여하며 거의 '역대급'의 수임료를 거두어서 축제 분위기라는 소식을 들었다. 원래부터 능력 있는 시니어 뱅커들이 포진해 있는 팀이었기 때문에 이 소식은 크게 놀랍지 않았는데, 재미있는 점은 우리가 커버하던 영국의 대형 에너지 회사와 거대한 딜을 하나 준비하고 있다는 소식이었다. 이 소식이 특별했던 이유는 내가 재직 중일 때도 이 회사와 좋은 관계를 유지하기 위해 일을 참 많이 했기 때문이다. 돈을 받지 않고 여러 가지 정보를 제공하는 등 시간을 많이 썼지만 중요한 딜의 기회가 오면 JP모건이나 에버코어 같은 다른 유수 투자은행에게 늘 자리를 뺏기곤 했었다. 내부적으로는 '우리가 일을 잘 못한 것이 아니라, 우리가 이 회사의 경쟁사를 적극적으로 자문하고 있어서 우리에게 기회가 안 온 것이다' 라는 식으로의 해석을 하고 있었지만, 사실상 우리에게 딜의 기회를 뺏어간 은행들도 업계 내에서 내로라하는 경쟁사인 회사들에게 자문 서비스를 제공하고 있기 때문에 이 해석만으로는 전혀 충분하지 않다는 생각을 했다. 정확히 무엇이라고 말하기는 어렵지만, 분명 우리 팀에게는 어떤 결정적 능력이 부족했던 것이다.

그래서 규모가 큰 딜을 마침내 진행하고 있다는 소식이 굉장히 놀랍게 느껴졌다. "아니, 진짜 좋은 소식이네요! 제가 있을 때 그 회사한테 잘 보이려고 쓴 시간만 몇 시간인데 드디어 결실을 맺었네요"라고 내가 말하자, 상사는 웃으며 "근데, 이 배경 얘기를 알면 조금 재미있어"라며 이야기를 꺼냈다. 이야기는 이랬다. 자동차를 좋아하던 그 상사가 동아리에 가입하고 나서 몇 번 모임에 나가다가 좀처럼 치지 않던 골프를 치러 갔는데, 그 자리에 있던 사람 중 에너지 업계에서 35년간 근무를 하다가 은퇴한 사람이 있었다는 것이다. 이 사람은 비록 은퇴했지만 영국, 프랑스,

그리고 독일의 여러 에너지 기업에 사외이사, 혹은 이사장의 역할로 자문을 제공하고 있었는데 이 사람과 좋은 관계를 쌓게 되었다는 것이다. 이야기를 나누어 보니 업계에 대해서 아는 것도 많고, 무엇보다 자동차라는 공통 관심사를 가지고 있었기 때문에 둘은 굉장히 잘 맞았고, 이 사람이 나의 상사를 자신이 아는 에너지 회사들에게 소개시켜 주겠다고 말을 했는데, 막상 소개를 받고 보니 우리가 오랜 시간 동안 관계 유지를 위해 힘써 오던 회사였던 것이다. 이 외에도 다른 회사들에게 모건스탠리를 강력 추천했는데, 이 때문에 전무 정도의 직급에 있던 상사가 갑자기 엄청나게 넓어진 네트워크를 갖추게 되었고, 회사에서는 이 사람을 다른 회사에 빼앗기고 싶지 않아 최근 상무로의 이례적 승진을 검토하고 있다는 이야기였다. 사실 자동차와 관련된 이야기는 나의 개인적인 흥미 때문에 했던 이야기였고, 일과 관련된 측면으로는 전혀 의미가 있을 거라고 생각하지 않았기 때문에 굉장히 놀랐던 기억이 난다.

'부캐' 활동을 통해 '본캐'가 어마어마한 성장을 할 수 있는 기회를 얻는 경우도 적지 않다.

그런데 여기서 이야기를 조금 다르게 생각해 보니 등골이 서

늘하게 느껴졌다. 보통 투자은행가들은 자신이 커버하는 업종에 대해서 거의 백과사전과 같은 수준으로 잘 알고 있어야 한다. 가령, 영국의 에너지 분야에 '가장 잘 나가는' 회사가 약 20개 정도 있다면 이 회사들의 시가총액은 물론이요 수익 대비 배율multiple 을 대략적으로 알고 있어야 한다. 가령, '지금 이 회사가 영업이익 대비 15배 정도의 배율로 거래되고 있다던데' 라는 이야기를 들었을 때 '생각보다 높은 배율이지만 그렇게 말도 안 되지는 않습니다. 이 회사는 최근 친환경 에너지와 관련해 적극적으로 투자를 하면서 신재생 부서를 별도로 분리해서 키워 나가고 있는데, '부분의 합sum of the parts' 접근 방법으로 생각해 보면 그 부서에 대한 기대치가 가치평가에 반영되었기 때문이거든요. 나머지 부서들은 약 12배 정도에 거래되고 있고, 이는 저희가 생각하는 가치와 비슷합니다' 라는 식으로 바로 이야기할 수 있어야 하는 것이다. 각 회사가 어떤 사업 부서를 가지고 있는지는 물론이요, 최근 어떤 전략을 펴고 있는지, 혹시 경영진 내에서 분열이 있거나 문제가 있는지, 정부는 어떤 규제를 고려하고 있는지 등에 대해서 제대로 알지 못하면 질문하기를 좋아하는 클라이언트들 앞에서 살아남기가 어렵다. 그런데 만약 내 상사가 자동차 클럽에서 에너지 기업의 고위 공직자를 만났는데 당시 업계에 대해 업데이트가 충분히 되어 있지 않은 상태였다면 어떻게 될까? 오히려 인맥을 얻기는커녕 모건스탠리라는 회사에 대한 안 좋은 인식만 주게 되었을 것이다. 아마 당장은 아니더라도 회사에서는 갑자기 자신들에게 냉소적으로 대하는 클라이언트들에 대해서 의아해할 것이고, 소문은 느리지만 확실하게 돌기 마련이기 때문에 무엇이 문제였는지 알려지는 것은 시간 문제일 것이다. '본캐'도 없이 무리해서 '부캐'를 만들다가는 독이 될 수도 있는 것이다.

> 준비되지 않은 상태에서 무리하게 확장을 하려고 하면 오히려 자신의 밑천이 드러나는 최악의 결과로 이어질 수 있다.

나는 실제로 이렇게 하다가 좋지 않은 결과를 맞이한 동료를 알고 있다. '브라이언'은 MBA를 마치고 투자은행에 갓 들어온 사람이었는데, 보통 MBA를 마치면 사원 급이 아니라 대리 급으로 입사를 하게 된다. 여기서 문제가 생기는데, 3년간 근무를 해서 대리로 승진된 사원들은 회사와 일에 대한 이해도가 높고, 무엇보다 '싸워서 쟁취해낸' 직급이라는 생각이 들어 막 회사에 들어와 아무것도 모르는 MBA 출신의 대리와 대립 구조가 생기는 것이다. 특히 갓 들어온 MBA 출신 대리가 상사 취급을 받겠답시고 2-3년차 사원들에게 이런저런 지시를 하려고 할 경우, 회사 내에서 무시당하거나 좋지 않은 평가를 받게 될 수 있다. 비유하자면 제대를 앞둔 병장에게 신임 부사관이 자신을 존경하라며 큰 소리치는 것과 같다고 볼 수 있다. 이런 점 때문에 MBA 출신 대리들은 입사와 동시에 높은 기대치에 부응해야 하는데, 브라이언은 이와 관련해 최악의 전략을 택했다. 다른 대리들보다 배로 더 열심히 해서 자신의 가치를 입증해야겠다는 생각 대신, '이제 투자은행에 잘 취직했으니 좀 마음을 놓아도 되겠다'는 안일한 마음가짐을 가진 것이다. 보통 MBA를 통해 투자은행에 취직하는 경우는 애초에 MBA의 목적 자체가 커리어의 변화 혹은 업그레이드를 위한 것이어서 투자은행 입사가 하나의 목적이 아니라 결과가 되는 경우가 많다. 내가 입사했을 당시 브라이언은 이미 꽤나 긴장감이 없어 보이는 모습이었다. 다른 팀원들이 남아서 열심히 일을 할 때도 먼저 퇴근해 버리고는 했는데, 사원이나 대리들은 일이 일찍 끝나더라도 다른 뱅커들을 도울 만한 일이 없는지 한 번쯤은 체크해 보고 퇴근해야 한다는 오래된 불문율을 어기는 행위였다. 당연히 이렇게 되니 사원들은 브라이언을 무시하게 되었고, 종종 상사들이 그를 혼내는 모습을 보면서 나중에는 팀 내에서 그 어떤 사람도 브라이언이 하는 일을 신뢰하지 못하는 지경까지 가게 되었다. 한 번은 팀의 상무가 사원이던 나에게 브라이언의 일을 체크하라는 말까지 했는데, 보통 대리의 역할이 사원이 한 일을 점검하고 관리하는 일인 것을 생각해 보면 정말 '갈 데까지 간' 상황인 것이다.

이 와중에 설상가상으로 좋지 않은 소문이 돌기 시작했는데,

바로 브라이언이 매일 일찍 퇴근하고 이메일에도 잘 답하지 않는 이유는 브라이언이 개인 사업을 별도로 준비하고 있기 때문이라는 이야기였다. 팀원 중에서도 그나마 브라이언을 어느 정도 존중하고 대화를 하려고 하는 대리가 한 명 있었는데, 어느 날 퇴근하고 같이 맥주를 마시면서 이야기하다 브라이언이 자연스럽게 자신의 사업 아이디어에 대해서 이야기했다는 말을 나에게 전해 주었다. 들은 바에 따르면 그는 탈모로 인해 고민하고 있는 사람들을 위해 매달 효과가 좋은 탈모 관련 제품을 집으로 배송해 주는 구독 서비스를 운영하기 위해 창업 준비를 하고 있었다. 그는 이 사업 아이디어에 굉장히 열정적이었고, 본인이 금융 업계에서 일을 하는 만큼 개인 자산이 많은 사람들을 많이 알고 있어서 자신의 인맥을 통해 창업 초기 자금을 마련할 계획을 세우고 있었다고 한다. 아직 사업체를 시작했는지 아닌지는 모르지만, 만약 사업체 등록을 하고 자신이 대표 역할을 맡고 있다면 회사에 공지해야 할 의무가 있고(금융에서는 이해 상충conflict of interest 방지를 위해 개인의 사생활이라고 하더라도 다른 회사의 이사직이나 주주 지분 등에 대해서 굉장히 엄격하게 정보를 수집하는 편이다), 만약 아직 시작하지 않은 사업이라면 '도대체 일을 제대로 할 생각이 있기는 한 거냐'라며 좋지 않은 이야기가 나올 수밖에 없는 상황이었다. 게다가, '투자은행가'라는, 얻은 지 얼마되지 않은 직업을 이용해 회사 일 외적인 부분에서 이득을 취하려고 한다는 사실을 마음에 들지 않아 하는 사람들이 대부분이었다.

　이 이야기가 팀 내에서 퍼지는 데는 그리 오랜 시간이 걸리지 않았다. 약 일주일 내로 사람들은 브라이언을 뒤에서 '탈모 사업가'로 부르게 되었고, 기존에도 하나의 웃음거리로 여겨지던 와중에 이런 이야기까지 생기니 팀 내에서 그의 위상은 추락하게 되었다. 그런데 재미있는 점은 막상 브라이언 본인은 이런 상황에 대해서 잘 이해하지 못하는 모습을 보여 주었는데, 간간이 들려오는 소문에 의하면 사업 모델을 정립했다, 투자자들과 이야기를 하고 있다 등 무언가 진척이 있다는 식으로 되려 자랑을 하고 다녔던 것 같다. 내가 회사를 옮기면서 브라이언과는 더 이상 연락이 닿지 않게 되었지만, 그 전까지의 이야기를 들어 보면 과장으로 승진하기 위해 필요한 근속연수를 채웠음에도 불구하고 이례적으로 승진 대상에서 제외되었다고 한다. 투자은행 업계에서 주니어 직급(사원, 대리, 과장)에서 승진에서 누락 된다거나 심각하게 낮은 보너스를 받는다는 것은 사실상 '우리가 너를 자르기 전에 알아서 나가라'라는 시그널과 같다. 브라이언은 한 사람의 친구로서는 재미있고 유쾌한 사람이었지만, 한 명의 '프로'로서는 최악의 사람으로 기억될 것이다.

　어중간한 확장은 독이다. 내가 한 분야에서 어느 정도의 궤도에 들어섰다면, 접점이 있는 다른 분야에서의 성공은 내 커리어를 한 단계 더 성장시키는 데에 큰 도움을 준다. 하지만 '본캐'의 관리를 소홀히 한다면 되려 부작용을 겪게 될 수도 있다. '이도 저도 아닌 사람'이라는 평가를 받거나, 브라이언처럼 오히려 본 업에서의 신뢰도가 더더욱 떨어지게 될 수도 있는 것이다. 이렇게 이야기하면 내가 어느 정도 궤도에 도달했는지, 즉 '부캐' 확장을 정확히 언제부터 적극적으로 고려해도 될지에 대해서 물어보는 독자들이 있을 것으로 예상된다. 이에 대해 '부캐'를 가장 잘 활용하는 사람들과 가장 잘못 활용하는 사람들을 보면서 느낀 나의 대답은 '내가 '본캐' 내에서 나 자신의 업그레이드를 위해서 노력할 수 있는 경우의 수가 더 이상 생각이 나지 않을 때'이다.

내가 더 이상 내 분야 내에서 정석적인 방법으로 나 자신을 성장시킬 수 없는 위치에 도달했을 때 본격적으로 '부캐'의 확장을 생각해 보는 것이 좋다.

여기에서 '이미 충분히 본업과 관련해서 최선을 다 하고 있을 때'라는 보편적인 표현을 사용하지 않고 경우의 수를 언급한 데에는 이유가 있다. 사람은 '힘듦'을 '최선을 다 하고 있음'으로 착각하는 경우가 많다. 가령, 퇴근하고 집에 왔을 때 죽을 것 같이 피곤하다는 이유로 자신은 지금 인생에서 자기 자신을 업그레이드하기 위해 최대한 노력하고 있다고 자기최면을 거는 경우가 많다. 하지만 힘든 것은 당연한 것이고, 그와 별개로 업그레이드를 하기 위해 할 수 있는 노력의 방향이 많은 것은 별도의 사실이다. 해외 지사에 파견을 가고 싶다면, 영어 공부를 충분히 하고 있는 가? 과도하게 쉽게 지친다면 기초체력을 기르기 위해 운동을 주기적으로 하고 있는가? 회사에서 일을 하면서 모르는 단어가 너무나도 많다면 사수에게 물어보거나, 온라인 강의 등을 통해 이를 이해하려는 노력을 하고 있는가? 정말로 '본캐'와 관련해서는 더 이상 이보다 가파른 기울기를 가지고 성장하기 힘들다고 느껴질 때가 아니면 '부캐'의 확장을 고려해서는 안 된다.

'MECE'라는 단어가 있다. 이 단어는 Mutually Exclusive, Collectively Exhaustive라는 표현의 줄임말인데, 한국어로 직역하자면 중복이 없고, 누락도 없다는 것이다. 일반적으로 브레인스토밍이 다 되었는지를 점검할 때 MECE의 법칙을 적용해서 많이 생각한다. '내가 빼 놓은 것은 없는지, 그리고 겹치는 것은 없는지' 점검한다는 것이다. 내가 현재 충분한 노력을 하고 있는지를 점검할 때 MECE의 법칙을 적용해서 생각하면 도움이 많이 된다. CE, 즉 '누락이 없는' 부분은 크게 설명하지 않아도 될 것 같다. 말 그대로 존재하는 모든 방법을 고려해 보았는지 점검하면 된다. 존재하는 방법들에 무엇이 있는지를 알기 위해서는 앞서 이야기한 정보 수집과 검증 방법을 활용하면 된다. 그런데 ME, 즉 '중복이 없는'의 부분은 조금 재미있게 해석이 가능한데,

그림 6.2 MECE의 법칙

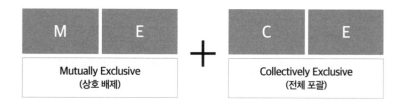

바로 '나와 같은 경쟁 선상에 있는 사람들이 이미 하고 있는 노력인지' 점검하는 것이다.

> 내가 하고 있는 노력이 충분한지 점검하기 위해 사용할 수 있는 유용한
> 프레임워크로는 MECE의 법칙이 있다.

일반적으로 사람들은 무언가를 성취하고 '성공'하면 으스대게 되는데, 이 원인 중 하나는 사람들이 그 사람을 엄청나게 치켜세워 주기 때문이다. 물론 무언가를 성취한 것이 대단한 일은 맞지만, '넌 이제부터는 정말 그야말로 탄탄대로야'라는 단어는 사람의 성장을 좀먹게 한다. 물론 이 역시 그 사람의 욕심과 목표치에 따라 다르겠지만, 마치 벼룩을 가두어 두면 딱 막혀 있는 천장의 높이만큼만 뛸 수 있게 되듯, '이 정도의 위치에 도달했으니

이제는 조금 쉬엄쉬엄 해도 돼'라는 생각을 하는 순간 그 틀 안에 가두어 지게 된다. 경쟁의 원리를 생각해 보면 그 사람이 지금까지 어느 정도의 성취를 이루었는지는 전혀 의미가 없음을 쉽게 알 수 있다. 왜냐하면 다음 단계로의 도약을 위해서는 어차피 나와 같은 선상에 있는 사람들과 경쟁해야 하기 때문이다. 서울대학교에 입학한 학생은 서울대학교에 입학한 학생들이 입사를 희망하는 회사의 몇 자리를 놓고 서울대학교의 학생들과 경쟁하게 될 것이고, 도내 복싱대회에서 우승한 선수는 전국대회 우승을 위해 각 도에서 우승한 선수들과 경기를 치르게 될 것이다. 이때, 나와 같은 위치에 있는 '모두가 다 하고 있는 노력'을 하고 있다면 그것은 제자리에 머물 수 있는 노력이지, 앞으로 나아갈 수 있는 노력은 아니라는 것이다. 따라서 MECE의 법칙을 적용할 때, 주위에 나와 '동급'인 사람들, 즉 회사 동료, 학교 동기들, 그리고 비슷한 나이대의 친구들이 하고 있지 않은 노력에 특히 더 집중을 해야 한다.

무언가 성취를 하더라도 나와 같은 능력을 가지고 있는 사람들과 경쟁해야 하기 때문에 성장을 위해서는 어느 지점에서도 안주해서는 안 된다.

실제로 앞서 언급한 모건 스탠리의 자동차 매니아 상사는 이렇게 MECE의 법칙을 통해 현재 '본캐'와 관련해서는 이미 만족스러운 위치에 도달해 있는 사람이었다. 그는 알고 있는 뱅커 중 가장 박학다식하고 똑똑한 사람 중 하나였으며, 그 아무도 팀 내에서 그의 실력을 의심하지 않았다. 만약 당시의 우리 팀 내에서 '내일 팀원 중 한 명이 퇴사했을 때 가장 임팩트가 클 사람', '우리 팀 내에서 가장 가치 있는 재원', '가장 닮고 싶은 사람', '가장 배울 것이 많은 사람' 등을 뽑으라고 하면 아마 거의 만장일치로 이 사람이 뽑혔을 것이다. 그는 이미 자신의 윗 직급, 혹은 두 직급 위의 일을 해내고 있었고, 그의 자동차 애호가 '부캐'는 이 내공을 빛나게 해 주었을 뿐이다.

반대로 브라이언은 더 성장하기 위해 할 수 있는 노력의 가짓수가 정말 많았다. 무엇보다 당장 사원들과 시간을 보내며 일을 어떻게 해야 하는지 배우는 게 우선이었으며, 회사의 시니어들에게 좋은 첫인상을 남기기 위해 커피 챗coffee chat(커피 한잔하면서 가볍게 담소를 나누는 것)을 부탁할 수도 있었다. 회사 내에서 자주 일하는 다른 부서의 사람과 알아 두면 좋으니 적극적으로 네트워킹을 할 수도 있었고, 자신의 승진과 보너스와 관련된 선택들을 할 수 있는 인사팀HR과 좋은 관계를 유지하기 위해 채용 행사에 적극적으로 참여할 수도 있었다. 아무래도 금융과 관련이 적은 배경에서 투자은행으로 넘어온 경우이기 때문에 회계나 재무와 관련된 지식이 적어 온라인 강의로 이를 보충할 수도 있었다. '발전'이라는 단어와 무색하게 현재 자신에게 주어진 과분한 기회를 온전히 만들 기 위해서 해야 할 '필수' 과제들이 많았는데, 이를 무시하고 확장을 택하니 독이 된 셈이다. 당연하겠지만 우리가 설정한 목표를 향해 더욱 빠르게 달리고 '인생 수익'을 높은 승률로 내기 위해서는 이런 실수를 절대로 해서는 안 된다.

성취물을 타인에게 보이게
전시하는 것도 능력이다

.
.

      '부캐'와의 상호작용에 가장 중요한 요소가 한 가지 있는데, 그것은 바로 '부캐'를 보는 사람들이 그 사람의 '본캐'에 대해서 잘 알고 있어야 한다는 것이다. 가령, 컨트리클럽에서 골프를 칠 때 골프를 통해 자신의 본업인 법조인으로서 도움을 받으려면 사람들과 네트워킹을 할 때 자신이 어떤 사람이라는 것을 밝혀야 한다. 모건 스탠리의 자동차광 상사만 하더라도, 자동차 동호회에서 자신이 뱅커임을 소개하고, 에너지 회사들을 커버하고 있음을 어필하고, 그 다음에 자신의 지식을 뽐내서 좋은 이미지를 얻을 수 있었다. '부캐'를 통한 다면적 확장을 노리고 있다면 언제나 자신의 '본캐'를 어떻게 타인에게 설명하고 자신의 능력을 어필할지 생각해 놓아야 한다.

'부캐'를 통해서 이득을 보기 위해서는 '본캐'로서의 자신의 능력을 전시하고 증명할 수 있어야 한다.

자기어필의 방법에는 크게 두 가지가 있는데, 바로 '직접적', 혹은 '능동적' 자기어필과 '간접적', 혹은 '수동적' 자기어필이다. 직접적 자기어필이란 말 그대로 타인에게 자신에 대한 정보를 직접 제공함으로서 어필을 하는 건이고, 간접적 자기어필이란 타인이 특정 사람에 대한 정보를 능동적으로 취득하는 과정에서 어필하는 것을 의미한다. 쉽게 이야기하자면 사람을 붙잡고 '나 이런 사람이예요' 라고 말을 하는 것은 직접적 자기어필이고, 다른 사람이 인터넷 검색을 통해 나의 경력을 읽게 하는 것은 간접적 자기어필이다. '부캐'의 활용을 잘 하기 위해서는 이 두 가지의 자기어필 방법을 잘 섞어서 사용해야 한다. 이 둘은 상호배타적 mutually exclusive(MECE의 'ME')인 개념이 아니다. 직접적 자기어필을 한다고 반드시 간접적 자기어필을 하지 않아도 되는 것, 혹은 할 수 없는 것은 아니고 그 반대도 성립한다. 여기서는 각각의 방법과 그 중요성에 대해서 조금 이야기를 하려고 한다.

사실 직접적 자기어필은 사람이 성장을 하면서 자연스럽게 배우게 되는 것들 중 하나이다. 학창 시절 전학을 가 본 적이 있다면 누구나 새로운 반 친구들 앞에서 자기 자신을 소개해 본 적

그림 6.3 두 가지 종류의 자기어필

| 자기어필 | 직접적 | 타인에게 자신에 대한 정보를 전달 |
| | 간접적 | 타인이 자신에 대한 정보를 접하도록 유도 |

이 있을 것이다. 또, 성인이 되고 나서도 사람들과 만나면 처음으로 몇 문장 내로 자기소개를 한다. 소개팅에서도, 직장에서도, 그리고 상견례에서도 적용되는 이야기이다. 취업을 준비할 때 면접관에게 간단한 자기 소개를 하는 것을 '엘리베이터 피치elevator pitch'라고 한다. 엘리베이터에서 모르는 사람을 마주쳤을 때 자기 자신, 혹은 자기 사업을 설명하라고 하면 어떻게 해야 가장 효율적으로 어필할 수 있을까? 라는 고민에서 파생된 단어라고 할 수 있다. 엘리베이터 피치는 가장 일반적인 자기 어필 수단인데, 엘리베이터 피치가 중요한 이유는 보통 사회생활을 할 때 자신을 직접적으로 어필할 수 있는 시간은 굉장히 한정적이기 때문이다. 마치 처음 만나는 이성에게 어필하는 것과 같다. 마음 같아서는 한 사람과 오랜 시간 동안 이야기를 하며 '온전한 나'를 보여 주고 싶지만, 보통 사람들은 타인에게 이 정도의 설명의 기회를 줄 정도로 한가하지 않다. 만약 누군가가 그런 기회를 준다면, 이는 이미 다른 방법으로 자기 어필이 되어 있어 그 사람의 호기심을

성공적으로 자극했기 때문일 것이다. 따라서 악수를 하고 지나치는 정도의 짧은 시간이라고 하더라도 간결하지만 분명하게 어필하는 것이 중요한 것이다. 이 때 모든 정보를 전달하지는 않더라도, 최소한 이 사람으로 하여금 나에게 또 다른 직접 어필의 기회를 제공할 정도, 혹은 나중에 간접적 자기 어필이 가능하게 만들 정도는 할 수 있어야 한다.

자신에게 주어진 한정된 시간동안 자기 어필을 하는 것을 '엘리베이터 피치'라고 하는데, 이는 굉장히 중요한 기술이다.

엘리베이터 피치가 중요한 또 다른 이유는 이를 준비하는 과정에서 나의 모습 중 '상대방에게 보여 주고 싶은 모습'이 무엇인지를 고민해 볼 수 있기 때문인데, 이런 훈련은 정말로 중요하다. '김지훈' 이라는 사람을 설명하는 방법은 그야말로 무궁무진하다. 농구를 좋아하고 격투기를 즐겨 보며, 일식 메뉴를 좋아하고 힙합과 발라드를 동시에 좋아한다. 투자은행을 거쳐 현재는 사모펀드에서 일하고 있으며, 런던에 거주하고 있고 옥스포드에서 대학을 졸업했다. 이 정도 까지만 이야기하면 보편적인 자기소개가 되겠지만, 장소와 상황에 따라 어떤 부분을 더 설명하고 어떤 부분을 제외할지가 갈린다. 회사에서 면접을 볼 때 '간단하게 자기 설명을 해 주세요'라는 질문에 '저는 어렸을 때부터…'로 시작한다면 이미 잘못되었다고 많은 면접 전문가들이 지적을 하는 이유가 바로 여기에 있다. 면접관들은 지원자들의 유년기와 성장 과정에 크게 관심이 없으며, 있다고 해도 현재 이 사람이 얼마나 직무에 적합한지를 판단할 수 있는 정보만을 선별해서 듣고 싶을 뿐이다. 이런 경우, 왜 이 직업에 관심이 생겼고, 성장 과정에서 이런 저런 것들을 통해 어떤 경험을 쌓았다는 이야기를 거쳐 오늘 이 자리에 왔다는 식으로 마무리를 짓는 것이 좋다.

바로 이런 이유 때문에 '보편적'인 버전의 엘리베이터 피치 한 가지와 더불어 '구체적'인 버전을 상황에 따라 몇 가지씩 준비해 놓으면 좋다. 쉽게 설명하면 상대가 누구라도 반드시 이야기하는 것들과, 각 상황에 맞추어 내가 꺼내서 어필할 수 있는 요소들을 별개로 생각해서 준비해 놓으라는 것이다. 그렇게 하고 나면 마치 인형의 머리와 몸통, 다리를 조립하듯 어느 상황에서도 맞는 엘리베이터 피치를 완성시킬 수 있다. 좋은 엘리베이터 피치란 정말 그 어떤 상황에서도 마치 버튼을 누르면 음악이 재생되듯이, 술술 나올 수 있어야 한다. '나'라는 주제는 내가 가장 잘 알고 있고, 사람들도 그렇다고 생각을 하고 있기 때문에 자기소개를 잘 하지 못하는 사람을 신뢰하기는 굉장히 어렵다. 가장 쉬운 주제에 대해 이야기하기를 어려워하는 사람에게는 다른 어려운 주제에 대한 이야기를 기대할 수 없다.

어떠한 상황에도 엘리베이터 피치에 들어가야 하는 내용을 미리 준비해 놓고 상황에 따라 다르게 내용을 추가하면 좋다.

여기까지는 '직접적' 대화를 통한 자기어필에 대한 이야기이다. 물론 직접적 자기어필도 중요하지만, 우리가 사람에 대해 평가를 하거나 판단을 할 때 사실상 더 크게 작용하는 부분은 간접적 자기어필이다. 가령, 그 사람과 관련해 들은 이야기나, 검색을 통해 얻게 되는 정보 등이 이에 해당한다. 앞서 제2법칙인 '그 어떤 정보도 절대적으로 신뢰하지 마라'에서 우리는 보편적 진리들의 위험성에 대해 이야기했는데, 그 중에서는 소위 '전문가'라고 말을 하는 사람들에 대한 것도 있었다. 사람들이 자신을 전문가라고 포장하게 되면, TV, 신문, 뉴스 등에서 자주 보게 되어 나중에는 그 사람이 하는 말을 분야와 막론하고 맹신하게 되는 위험성이 있다고 이야기했다. 그런데 이 점을 거꾸로 뒤집어 보면 자신을 한 분야의 전문가로 잘 포장하는 것이 타인으로 하여금 경계를 풀고 나의 말에 집중하게 만드는 것에 얼마나 중요한지 알 수 있다.

간접적 자기어필을 하기 위해서는 상황을 바꾸어서 내가 나를 처음으로 알게 되는 상황을 생각해 보면 된다. 만약 내가 집에 와서 '김지훈'이라는 새로 알게 된 사람에 대해 제대로 평가를 하려면 어떻게 할까? 우선 당연히 하게 될 것은 이 사람을 인터넷에 검색해 보는 것일 것이다. 또, 만약 내 지인 중에 옥스포드에 재학했거나, 넓게는 영국 유학을 갔던 사람이 있다면 들어본 적이 있는지 물어볼 수도 있을 것이다. 만약 금융 업계에 아는 사람이 있다면 레퍼런스 체크reference check를 할 수도 있다. 이렇게 거꾸로 생각을 해 보면, 새로운 사람이 나를 알게 되었을 때 노출될 만한 정보를 적재적소에 어떻게 잘 배치해야 할지 알 수 있다. 가령, 인터넷 검색을 했을 때 '인물 정보'가 나온다면 가장 좋겠지만, 그렇지 않다고 한다면 여러 매체와 한 인터뷰, 개인 블로그, 유튜브 영상 등이 나오게 하는 것이 하나의 방법이다. 내 경우에도 이런 컨텐츠들을('부캐' 컨텐츠의 일환으로) 과거에 제작해 두었기 때문에 몇 개의 키워드와 나의 이름을 같이 검색하면 이런 컨텐츠들을 찾을 수 있다. 조금 더 나아가서는 책이나 음악, 그림 등도 포함될 수 있다. 이렇게 될 경우 이런 정보를 접하게 된 사람은 '아, 그 김지훈이라는 사람에 대해서 조금 알아보니 정말 인정받는 전문가인가 보다'라고 생각하게 된다.

레퍼런스 체크의 경우 조금 더 어려운 것은 사실이다. 왜냐하면 그 사람이 어떤 경로를 통해서 레퍼런스 체크를 할지 모르기 때문에 이에 대비하려면 그야말로 모든 사람에게 좋은 인상을 남겨야 하기 때문이다. 하지만 독자 여러분도 알듯이 이는 상당히 어렵다. 모든 사람이 나에 대해 좋게 생각하고 높은 평가를 하도록 만드는 것은 정말로 쉽지 않다. 내가 아무리 열심히 내 일을 잘 한다고 해도 나를 시기하거나 질투하는 사람이 생기기 마련이며, 조금의 작은 실수라도 한다면 이 작은 실수를 계속해서 언급하며 나의 노력을 폄하하는 사람도 있을 것이다. 혹은 나의 우수성을 알고 있는 사람이라고 하더라도 자신이 경쟁관계에 있다는 이유만으로 좋지 않은 평가를 할 사람도 분명히 있을 것이다.

나를 모르는 사람이 나를 처음으로 알아 간다는 상황을 상정하고 그 과정에서 좋은 모습을 보여줄 수 있는 방법을 생각하라.

하지만 이런 식으로 내가 타인을 대하는 방식이 그 타인 외에 다른 타인이 나를 보는 방식에도 나비효과를 가질 수 있다는 점을 인지하고 행동하는 것과 그렇지 않은 것 사이에는 엄청난 격차가 존재한다. 내가 어떤 경로로 인해 나에게 좋은 기회를 제공해 줄 수 있는 사람을 알게 되었는데, 그 사람이 나와 관계가 좋지 않은 상사와 오랜 시간 친구였다거나 한다면 내가 아무리 노력했음에도 불구하고 그 기회는 물거품이 된다. 따라서 모두를 나에 대해서 극찬을 할 그런 '내 편'으로 만들기보다는 적어도 나에 대해서 악담을 하지 않을 정도의 관계 형성이 중요하다. 레퍼런스 체크를 하려고 하는 사람의 경우도 어느 정도로 주체적인 결정을 하고 싶어 하기 때문에, 단순히 누가 좋지 않은 이야기를 했다는 것 만으로 이 사람에 대해서 즉시 안 좋은 평가를 하게 되지는 않는다. 따라서 핵심은 타인을 통해 나를 알게 될 사람이 마음을 닫게 될 정도의 정보를 제공하지 않도록 행실에 신경을 쓰는 것이다.

한 가지 좋은 방법은 만약 나와 관계가 좋지 않은 사람, 혹은 나에 대해서 평가를 좋지 않게 하는 사람이 있다면 적어도 그런 문제에 대해서 사전에 이야기를 하는 것이다. 이는 내가 실제로 회사에서 자주 활용하는 방법이다. 나에게 피해를 입히지 않은 사람에게 피해를 입히는 것을 좋아하는 사람은 적다. 그러나 무언가 책임이 주어지면 그 책임에 부응해야 한다는 부담감에 영향을 받는 것 또한 사람이다. 누군가가 타인에 대한 평가를 요청하면 사람은 이 두 가지의 영향을 동시에 받게 된다. 즉, '내가 이 사람에 대해서 악담을 해서 이 사람의 앞길을 막고 싶지는 않다'는 생각과 '하지만 이 사람에 대해서 내가 느낀 점이 있다면 그 사실을 이야기하는 것이 레퍼런스 체크에서 나의 책임이다' 라는 생각을 동시에 하게 된다는 뜻이다.

그런데 여기서 문제가 될 만한 이야기를 레퍼런스 체크 이전에 먼저 하면 이 사람의 심리가 조금 달라진다. 가령 레퍼런스를 제공하는 사람이 나의 상사라고 하자. 그런데 이 상사는 내가 일을 할 때 자신에게 바로바로 보고하지 않는 점이 마음에 들지 않은 상태이다. 이 때, 레퍼런스 체크 전에 먼저 이 상사와 커피를 마시며 피드백을 부탁해 무엇이 문제인지 먼저 이야기를 하게 되면, 그렇지 않았을 때와 분명히 레퍼런스 체크의 결과가 조금이라도 다르게 된다. 이유는 간단하다. 상사가 가지는 불만은 자신에게 바로바로 보고하지 않는 점이지만, 내가 아직 그 점을 고치지 않았다는 점이 그 불만의 일부를 차지하기 때문이다. 따라서 나에게 그 문제점이 무엇인지 이야기하는 순간 문제점을 고칠 수 있는 기회의 시간이 주어지게 되고, 막 이런 이야기를 한 상황에 레퍼런스 체크에서 내가 어떻게 변할지 모르는데 '이 친구는 일을 할 때 보고를 잘 안 합니다'라고 말해 버리는 것에 대해서 어느 정도의 미묘한 죄책감이 생기는 것이다.

나에 대해 좋지 않은 인식을 심어 줄 수 있는 사람과의 관계가 좋지 않다면
솔직한 대화와 합의를 통해 문제를 직면하는 것이 좋다.

당연하지만 이렇게 나와 관계가 좋지 않은 사람, 그리고 나를 좋게 평가하지 않는 사람과 대화를 하고 나서는 완벽하게 까지는 아니더라도 이야기했던 주제에 대해 의식하고 고쳐 나가는 모습을 보여야 한다. 오히려 그런 모습이 보이지 않는다고 하면 그 관계가 더더욱 악화되어 레퍼런스 체크에도 좋지 않은 영향을 줄

수 있기 때문이다. 회사의 인사평가, 혹은 고과의 경우 1년에 정해진 시간에 하는 경우가 많은데, 이렇게 평가 시즌이 다가왔을 때 자신의 문제점과 관련해 팀원들, 그리고 상사들과 허심탄회한 이야기를 먼저 하면 상대적으로 그렇지 않았을 때보다 평가가 조금이라도 좋게 나오는 것을 볼 수 있을 것이다. 이런 점을 통해서 아무리 '적'이라고 하더라도 나에 대해서 심각한 악담을 하는 데에 대한 심리적 저항선을 만들 수도 있다.

성취물을 타인에게 보이게 전시하는 것도 능력이다. 내가 확장을 통해 기존의 '본캐'의 성장 곡선을 더 가파르게 만들고 싶다면 '부캐' 활동을 하더라도 그 과정에서 나의 '본캐'가 더 잘 빛날 수 있도록 나의 능력과 성취물을 타인에게 잘 어필할 수 있어야 한다. 직접적 어필과 간접적 어필을 적절히 활용하면 처음 만났을 때는 호감과 호기심을 이끌어내고, 그 이후에는 신뢰를 쌓을 수 있는 사람이 될 수 있다.

금융과의 연결고리
_ 플랫폼 투자,
파트너십과 시너지

•
•
•

'시너지synergies(협력작용)'라는 단어를 들어 보았을 것이다. 시너지란 1+1이 2가 아니라 3이 되는 경우로, 각각이 독립적으로 얻을 수 있는 것 이상의 결과를 내는 작용을 의미한다. 예를 들어서 두 회사가 있다고 해 보자. 한 회사는 많은 이용자 수를 거느리고 있는 온라인 쇼핑몰이다. 최근 자체적으로 디자인한 옷을 만들어서 판매하려고 하는데, 기존에는 유통에만 집중했지 옷의 제작과 관련해서는 전혀 노하우가 없기 때문에 어려움을 겪고 있다. 반면 두 번째 회사는 주문을 받으면 그 상품을 제조하고 개발, 생산하는 일을 하는 업체이다. 이 경우에 온라인 쇼핑몰을 A, 제조업체를 B하고 하자. 또, 회사 A와 B의 기업 가치를 각각 100억과 150억이라고 가정해 보자. 이 두 회사는 각자 서로에게 필요한 것을 갖추고 있다. A는 수많은 이용자를 거느리고 있지만 제조와 관련해서는 인프라가 전혀 없고, B는 반대로 제조와 관련해서는 인프라가 잘 잡혀 있지만, 상품을 자체적으로 개발한다고 해도 유통과 관련해서는 노하우가 전혀 없다.

이 때 A와 B가 합병을 하게 되면 시너지가 발생한다. 이제는 A와 B가 합쳐져서 한 기업이 되었기 때문에 기존에 별개의 기업으로 있었을 때에는 하지 못했던 방식으로 사업을 할 수 있게 되는 것이다. 예를 들어, A가 자체적으로 디자인한 옷을 제작하려고 할 때, 기존에 B 회사가 사용하던 인프라를 그대로 활용할 수 있다. 물론 유통과 관련해서는 이미 이 사이트를 이용하는 사람들이 있으니 걱정이 없다. 반대로, B 회사 역시 새로운 상품을 개발하거나 했을 때 A 회사의 이용자 베이스를 통해서 쉽게 홍보와

그림 6.4 시너지의 발생

	A	B	C
단일가치	100	150	250
시너지	0	0	30
총가치	100	150	280

판매를 할 수 있다. 이런 경우 각각 회사의 가치를 더하면 250억 이겠지만, 사업상의 시너지가 발생해서 가령 280억의 가치를 얻을 수 있게 되는 것이다.

상호작용을 통해 1+1이 2가 아니라 그 이상의 가치를 가지게 되는 경우를 시너지라고 한다.

투자은행과 사모펀드들은 이런 시너지 작용에 대해서 잘 이해하고 있다. 앞서 이야기했듯이 투자에서 '가치'란 굉장히 중요한 요소인데, 이 적장가치를 계산하고 평가할 때 시너지의 유무에 따라 결과가 크게 달라질 수도 있기 때문이다. 가령 전의 예에서 A라는 회사를 인수하려고 할 때 B의 입장에서는 자신과 합병했을 때 발생할 수 있는 시너지를 고려하여 다른 회사와 B를 놓고 입찰 경쟁을 할 때 100억이 아닌, 예컨대 110억이라는 가격을 부를 수 있게 되는 것이다. 사모펀드의 입장에서 시너지를 보는 방식은 조금 차이가 있는데, 바로 '플랫폼 투자platform investment'와 관련해서이다. 플랫폼 투자란 한 회사를 인수한 뒤, 그 회사를 일종의 '본진' 삼아 그 회사에 다른 회사들을 합병시키고 (이를 볼트온bolt-on 투자라고 한다), 파트너십을 만드는 식의 투자를 의미한다.

사모펀드는 기존 포트폴리오와 어울리는 자산을 인수해서 합병시키는
방식으로 시너지의 활용을 극대화한다.

A라는 회사가 이미 사모펀드가 보유하고 있는 포트폴리오의
기업이라면, A와 유사한, 그러나 A에게 도움이 될 만한 인프라를
가지고 있는 회사들을 인수해서 A와 합병시키는 것이다. 이렇게
되면 시너지를 통한 가치창출의 차액은 고스란히 사모펀드의 투
자수익으로 직결되게 된다. 이는 우리가 이 장에서 다룬 '부캐'의
사용방법과 굉장히 유사하다. 시장에서 좋은 입지를 가지고 있는
양질의 회사를 인수해서 '본캐'로 만든 뒤, 성장시켜 가치를 창출
하지만 그 회사의 잠재력을 최대한 이끌어냈다고 생각될 때 다른
크고 작은 회사들을 인수해서 붙여줌으로서 또 다른 날개를 달아
주는 것이다. 아무리 좋은 기업이라고 하더라도 끝없이 고속성장
을 할 수 있는 경우는 없다. 실제로 사모펀드가 인수하고 나서 경
영진을 교체하고, 사업부서를 재정립하고, 비용절감 등을 하면서
눈에 띌 만한 가치의 변화를 이루어 내지만, 이런 부분들이 끝나
고 나서는 드라마틱한 변화가 계속되기는 어렵다. 바로 이런 부
분이 사모펀드들이 '멀쩡한 회사를 인수해서 자기들 입맛대로 돈
이 되게 하기 위해 망쳐 놓고 되파는 것'이라는 비판을 받는 이유
이다. 그런데 이럴 때 다른 회사와의 적극적인 파트너십을 추구

하거나, 공동출자, 즉 50/50의 분배를 해서 합작투자joint venture, JV
를 하거나, 다른 회사를 인수하면 이는 인수 대상이 되는 회사에
게도, 인수를 하는 회사에게도 좋은 일이 되는 것이다.

재미있는 점은 사모펀드가 망해가고 있는 자산, 즉 '잘못 투자
한 자산'에 회사들을 가져다 붙여서 투자수익률을 정상화하는 전
략은 절대 쓰지 않는다는 점이다. 보통 이미 가치가 크게 하락한
회사의 경우 그 회사의 본질fundamental에 문제가 있기 때문에 경영
방식을 크게 바꾸거나 전략을 바꾸는 식으로 가치회복을 해야지,
다른 회사들과 억지로 시너지를 만들겠다고 합병을 추구하는 것
은 오히려 기업의 재정에도 무리가 가고 경영에도 혼란만 끼치기
때문이다. 사모펀드는 회사를 인수하고 나서 사후관리를 할 때
잘 하고 있지 않은 회사일수록 그 본질에 집중한다. 시장 분석을
다시 하고, 사업 구조를 재정비하고, 올바른 사업 분야에 투자를
집중하는 등의 노력을 먼저 하는 것이다. 이 원칙은 '본캐'가 건
재하지 않을 때 '부캐'로의 확장을 꾀하지 말라는 이야기와 일맥
상통한다. '내가 잘 되지 못하는 건 인맥 때문이야' 혹은 '내가 가
만히 앉아서 내 일만 하기 때문이야'라며 본인의 본업에서도 두
각을 드러내지 못하는데 무리해서 여러 분야로 발을 넓히게 되면
이도 저도 아니게 될 수 있다는 것이다.

플랫폼 투자가 성공적일 경우 그 파급효과는 실로 어마어마
하다. 꼭 사모펀드가 투자하는 경우가 아니라고 하더라도, 예를

들어 우리에게도 익숙한 마이크로소프트나 애플은 거의 중, 소형 기업을 한 달에 한 개씩 인수한다고 보면 된다. 이런 작은 회사들이 가지고 있는 기술력이 대형 IT회사의 인프라와 사업 채널을 통해서 빛을 발하게 되는 경우 얼마만큼의 시너지가 생겨날지를 생각해 보자. 또, 이렇게 여러 개의 회사를 인수할 경우 그 인수한 회사들끼리도 크고 작은 시너지가 생긴다. 조금 과장을 더 하면 인수된 기업들 간의 상생관계를 통해 하나의 생태계ecosystem가 생겨나게 되는 것이다. 이런 점을 투자자들은 잘 알고 있기 때문에 기업의 최대 잠재력을 끌어내기 위해 시너지를 적극 활용한다. 그렇다면 우리가 인생에서 이를 활용하지 않을 이유가 없다! 이미 수많은 사람들이 자신을 브랜드화 시켜 시너지를 내기 위해 유튜브 채널을 개설하거나 강의를 내고 있다. 코로나19를 맞아 밖에 나가지 못하게 되자 자기계발을 위해 사람들은 새로운 스포츠와 취미를 찾으며 그를 통한 네트워크를 통해 새로운 사람들을 알아가고 있다. 외골수처럼 앉아서 처음부터 끝까지 한 일에만 충실하는 것이 성공을 하는 유일한 방법이라고 생각하고 있다면 시야를 넓혀야만 한다.

마치며
규칙을 이해해야
여유에도 근거가 생긴다

　　　　　　목표 성취를 위한 여러분의 소중한 여행
길에 함께할 수 있어서 감사하다는 말을 전하고 싶다. 여섯 개의
인생 규칙이 새로운 여정에 지름길이 될 수 있기를 바란다. 인생
을 어떻게 살아가야 할지는 모든 사람이 한 번쯤은 진지하게 맞
닥뜨리게 되는 고민이다. 누군가는 가족을, 누군가는 명예를, 누
군가는 커리어를, 누군가는 자유에 가치를 부여하고 인생에서 중
요한 것들을 중심으로 삶을 살아간다. 분명 이런 방법이 잘못된
것은 아니다. 하지만 그렇다고 해서 이런 방법이 최선인 것도 아
니다. 이는 비유하자면 나침반이나 제대로 된 세계지도가 존재하
지 않던 시절, 북극성을 바라보며 여행의 궤도를 재조정하는 것
과 같다. 도착해야 할 목적지가 북동쪽에 있다는 정보를 바탕으

로 가장 빛나는 별인 북극성을 보며 경로를 재조정하며 나아가는 식이다.

이런 방법의 가장 큰 문제는 아무리 열심히 잘 가고 있다고 하더라도 '내가 가는 길이 가장 효율적이고 빠른 길이다' 라는 확신을 가질 수 없다는 점이다. 방향은 어렴풋이 맞을 수 있어도, 그 과정에서 미리 알았더라면 피해갈 수 있었을 언덕을 건너야 할 수도 있고, 모래바람을 맞아 원래 경로로부터 많이 이탈해서 돌아가게 될 수 있다. 이런 '불확실성'은 피로감을 준다. 가는 길 자체도 워낙 험난한 길인데, 내가 가는 길이 가장 좋은 길이라는 확신이 없어 매 순간 '내가 제대로 가고 있는 걸까?' 라는 생각이 든다면 이 정신적 피로감은 순식간에 여행자들을 잡아먹을 것이다. 그런데 만약 여행을 함께하는 경험이 많은 리더가 있다면 이야기가 조금 달라질 수도 있다. 확실하게 나보다 길을 잘 알고 있는 사람이 있다면 가는 길이 험난하더라도 '최선의 길'을 가고 있다는 믿음을 가질 수 있기 때문이다. 하지만 이 경우에도 만약 리더의 자질이 의심이 간다면 이야기가 달라진다. 안 그래도 명확하게 정해지지 않은 여행의 진로에서, 그 진로를 정하는 사람이 최선의 선택을 할 수 있는 사람이라는 확신마저 없다면 그 불안감은 상상을 초월하게 될 것이다.

바로 이것이 우리가 미래에 대해서 고민하고, 걱정하고, 불안해하는 이유이다. '우리가 가장 최선의 길을 가고 있다는 확신이 없기 때문에' 항상 마음을 졸이며 자기 자신을 의심하고, 한숨을 쉬며 답답한 마음으로 밤을 지새는 것이다. 만약 지금 나의 삶이 아무리 힘들다고 하더라도 '나에게 주어진 모든 선택지 중에서 최선의 선택지를 골라서 살고 있다'라는 확신이 있다면, 그럼에도 불구하고 재능, 운, 환경의 차이 때문에 발생할 수 있는 격차 때문에 허탈감을 느낄 수는 있어도 막연한 불안감은 완전히 없앨 수 있다. 어떻게 하겠는가? 이미 최선을 다하고 있는데, 고민해 봐야 더 나은 방법이 없다는 것을 스스로 알고 있는 것이다.

'법칙'에 의거한 삶은 확신을 가져다준다. 불명확하고 애매모호한 목표보다도, 사랑하는 사람의 격려보다도, 내가 존경하는 사람의 인정보다도 확실한 안정감을 주는 것은 바로 '법칙'이다. 운동을 조금이라도 해 본 사람이라면 '루틴routine'의 중요성에 대해서 잘 알고 있을 것이다. 다이어트를 하려 할 때 하루에 몇 칼로리 이상을 섭취하지 않으며, 유산소 운동을 몇 분 이상씩 하고, 기초대사량의 상승을 위해 어떤 웨이트 트레이닝을 하고, 몇 시가 넘어서는 음식을 섭취하지 않는 것 등의 규칙은 어려운 목표라도 달성할 수 있게 한다. 아무리 고된 운동이라고 하더라도, 과학적으로 입증된, 효과가 있다고 내가 이미 설득된 루틴을 따라서 운동을 하면 내가 원하는 체중을 달성하기 위해 최선의 노력을 하고 있다고 확신을 가질 수 있다. 바로 이런 이유 때문에 우리는 인생의 '승률'을 높일 수 있는 여섯 가지의 법칙에 대해 알아보았다. 어떤 사람이라도, 어떤 상황에서라도 적용하기만 하면 인생에서 최고의 '수익'을 안겨줄 수 있는 과학적인 법칙들 말이다. 수십 조의 자산을 관리하고 투자하는 제도권 금융 기관들이 어떻게 이런 법칙을 통해서 항상 만족할 만한 투자 수익을 올리는지 역시 자세하게 소개했다. 일을 하다 보면 그 일을 하는 데에 암시되어 있는 어떤 사고방식에 영향을 받게 되는데, 바로 이런 이유 때문에 금융권에는 본인이 인지하지 못하고 있더라고 해도 이런 인생의 '법칙'을 따라 사는 사람들이 굉장히 많이 있다. 이 책에서는 내가 아는 사람들 중에서 이런 법칙을 가장 잘 활용해서 크게 성공한 사람들, 그리고 아이러니하게도 이런 법칙을 잘못 이해하거나 적용하지 않아서 실패한 사람들의 이야기를 통해 여섯 가지의 법칙의 중요성을 강조했다. 각 법칙을 통해 배울 수 있는 것들을 다시 한번 짧게 되새겨 보며 이 책을 마무리 지으려 한다.

규칙 1: "내가 원하는 인생의 모습을 수치화하라"

목표를 위한 노력의 첫 걸음은 내가 원하는 라이프스타일을 설정하고, 그 라이프스타일의 각 요소를 구체화하고 수치화하는 것이다. 한 사람의 인생은 라이프스타일의 변화로 구성되어 있고, 인생의 종착점 역시 하나의 라이프스타일이기 때문에 목표도 하나의 라이프스타일이어야 한다. 그리고 나서는 '리버스 엔지니어링'을 통해 그 목표에 도달하려면 어떠한 인생 곡선을 그려야 하는지 계산해야 한다. 이 과정에서 현재와 미래 사이의 각각의 지점에 내가 어느 정도 위치에 도달해 있어야 할지를 알 수 있는데, 이는 역으로 생각하면 단기적인 목표이자 이정표가 된다. 가령, 내가 1년에 약 5천만원 정도를 생활비로 사용하는 삶을 원한다면, 거꾸로 이를 위해서 매년 얼마 정도를 벌어야 하는지를 인플레이션, 임금 상승, 저축율, 그리고 투자 수익 등을 통해서 역으로 계산해 보고 그것을 가능하게 하는 진로들은 무엇이 있는지 계산해 볼 수 있다. 이런 식으로 목표를 향해 과학적이고 체계적이게 접근하는 것과 주위 사람들이 사는 모습을 관찰하면서 '괜찮아 보이는 것들'에 기웃거리는 식의 접근 방법과는 정말로 큰 차이가 있다. 모든 펀드들은 이 원리를 활용해 목표 수익률과 투자 기간을 설정하고 그 수익률을 실현시켜 줄 수 있는 자산을 탐색한다.

규칙 2: "그 어떤 정보도 절대적으로 신뢰하지 마라"

목표를 설정하고 그것을 위해 노력하는 과정에서 정보의 양과 질은 굉장히 중요하다. 사람들은 '보편적 진리'의 함정에 빠지기 쉬운데, 이는 나이가 많은 사람, 나와 친분이 있는 사람, 소위 '전문가'라고 하는 사람이 하는 말을 무조건적으로 신뢰하는 것을 말한다. 많은 사람들이 진실이라고 여기고 있다는 이유로 더 이상 어떤 사실에 대해 의심하지 않는 것 역시 이런 함정에 속한다. 이런 함정에 빠지기 않기 위해서는 "왜?"와 "그래서?"의 질문을 자신에게 계속해서 하는 습관을 들여야 한다. 또, 정보를 검증하기 이전에 정보를 수집할 때도 '내가 원하는 것을 이미 성취한 사람'들을 통해서 수집하는 것이 좋다. 이렇게 실질적으로 관련 분야에 지식을 가지고 있는 사람들을 통해 정보를 수집하고, 계속해서 그 정보의 적합성과 사실성을 의심해야만 올바른 정보를 바탕으로 결론을 내릴 수 있다. 잘못된 정보에 기반해서 인생의 중요한 선택을 했을 경우 그 손실은 온전히 본인의 몫인 만큼 그 어떤 정보도 절대적으로 신뢰해서는 안 된다. 투자은행과 사모펀드는 딜을 진행하는 과정에서 그 어떤 정보도 액면가 그대로 받아들이지 않으며, 수십 억의 비용을 들여 변호사와 컨설턴트들을 고용하고 배경조사를 통해 모든 숫자에 확실한 근거가 있는지 확인한다. 이 과정을 '실사'라고 하는데, 이 실사 과정은 몇 달이 걸릴 때도 있으며, 실사 결과가 주어진 정보에 심각한 문제가 있다고 나올 경우 절대로 투자하지 않는다.

규칙 3: "고민은 카드를 손에 쥐고나서 해도 늦지 않다"

목표를 설정하고 나서도 '고민'의 늪에 빠지기 쉽다. 아직 자신의 미래가 불확실하다고 느껴진다면 '고민'을 하는 것이 아니라 '탐구'를 함이 바람직하다. 물론 수집한 정보를 바탕으로 심사숙고하는 것 역시 중요하지만, 충분한 정보를 수집해서 여러 선택지의 장, 단점을 명확하게 알고 있다면 고민을 길게 할 이유가 전혀 없다. 주어진 정보를 바탕으로 한 더 좋은 선택지가 이미 정해져 있기 때문이다. 따라서 정보를 적극적으로 수집하고 많은 경험을 하기 위해서 방향을 빠르게 설정하고, 다양한 기회들을 선점하는 것이 중요하다. 이 때 만약 현재의 방향이 잘못되었다고 느껴질 경우 정확히 무엇이 문제인지를 파악하고, 그것을 보완할 수 있는 방법으로 빠르게 방향을 전환하면 된다. 방향을 전환해 가며 목표에 가까워진다고 해도 그 과정에서 쌓은 경험의 가치가 '고민'을 하면서 여러 선택지 사이에서 저울질을 하며 낭비하는 시간의 가치보다 높다는 점을 기억하자. 어떤 기회가 있다면 정말 심각하게 큰 기회비용이 있지 않는 이상 그 기회를 택해서 추구하면서 '고민'하는 것이 좋다. 시간은 큰 가치가 있다. '돈의 시간 가치' 개념과 '인플레이션' 이라는 경제 개념은 현재의 시간의 가치가 미래의 시간의 가치보다 높다는 점을 알려 준다. 금융권에서는 이를 잘 이해하고 있으며, 따라서 돈이 가만히 '노는' 상황을 최대한 방지하려고 노력한다. 현금으로 보유하고 있는 돈을 최소화하고 최대한 많은 돈이 투자되어 가치를 창출할 수 있도록 하는 것이다.

규칙 4: "한 번뿐인 인생에서 배수의 진을 치지 마라"

사람은 누구나 드라마틱하게 성공하고 싶어한다. 스스로 돌파구가 없는 상황을 만들어서 그 상황에서 극적으로 탈출하는 것에 열광하지 않을 사람은 없다. 하지만 인생을 설계하고 목표를 추구할 때 이런 생각은 독이 될 뿐이다. 인생에서는 스스로 통제할 수 없는 변수가 너무 많기 때문에 스스로 선택지를 제한하게 되면 이런 불확정성에 제대로 대처하기가 매우 힘들어지기 때문이다. 인생에서의 승률을 높이기 위해서는 출구 전략, 즉 내가 원하는 이상적인 상황 대로 일들이 흘러가지 않을 경우 어떤 다른 선택지가 있는지를 꼭 고려해야 한다. 만약 무엇을 해야 할지 모르겠다면 나중에 가장 많은 것들을 할 수 있게 해 주는 것을 우선 고르는 것이 현명하다. 극적으로 성공한 사람들은 스포트라이트와 사람들의 존경을 받지만, 극적인 상황을 연출하려다 실패한 사람들은 그렇지 않은 사람들보다 더 재기하기 어려워 조용히 잊혀 가는 경우가 많다는 것을 명심해야 한다. 사모펀드도 이런 사실을 잘 알고 있기 때문에 투자에서 혹시 수익이 원하는 만큼 잘 나지 않을 때 어떻게 투자금을 회수할 수 있는지 투자를 하기 전에 면밀히 검토한다.

규칙 5: "타인을 통해 접근할 수 있는 분야에 시간을 낭비하지 마라"

사람에게는 인생에서 정해진 시간만큼만 주어지기 때문에 목표를 위해 노력할 때에도 효율을 고려해야 한다. 만약 내가 직접 노력을 기울여서 탐구하고 성취해야 하는 분야라면 당연히 그렇게 해야 하겠지만, 다른 사람과의 인맥과 관계를 통해 간접적으로 그 이익을 볼 수 있거나 대신 경험할 수 있는 것들이 있다면 굳이 시간을 낭비하지 말아야 한다. 많은 사람들이 이 사실을 알고 있으나, '내가 열심히 살지 않아도 열심히 사는 사람들과 잘 지내면 된다'라고 잘못 해석하는 실수를 저지른다. 인간관계는 상호적인 이해를 바탕으로 하기 때문에 내가 남에게 제공할 수 있는 것이 없다면 무기한으로 남에게 무엇을 받기만 하는 관계란 존재할 수 없다. 또, 그런 관계가 존재한다고 하더라도 경쟁 사회에서 나의 능력을 상회하는 기회를 얻거나 분에 넘치는 자리를 차지하게 된다면 결국 그 만큼의 기대를 충족시키지 못해 다른 문제점들이 생기게 된다. 따라서 타인을 통해 도움을 받는 것을 고려하기 위해서는 먼저 내가 그들에게 도움을 줄 수 있는 사람으로 잘 성장하고 있는지, 혹은 잘 성장했는지를 점검하는 것이 중요하다. 사모펀드들은 실사에 들어가는 시간과 비용을 아끼기 위해 공동 투자를 할 때에는 같이 투자하는 펀드의 판단을 어느 정도 신뢰하고 외부적인 분석 자료가 이미 있을 경우 그 자료를 적극적으로 활용한다. 그러나 이런 법칙은 이미 서로 많은 공동 투자를 진행하면서 신뢰 관계가 쌓였을 때에만 적용되며, 신생 펀드 혹은 사업 관계가 정립되지 않은 펀드와 공동 투자 기회가 생기면 독립 투자의 경우에서와 같이 실사에 과감하게 비용과 시간을 투자한다.

규칙 6: "내가 성취한 것들이 서로를 위해 일하게 하라"

본업을 하는 나의 모습이 어느 정도의 궤도에 올라섰다면 부업 혹은 흥미 위주의 프로젝트를 통해 나의 성장을 가속화할 수 있다. 예를 들어 이미 공중파 방송을 통해 많이 알려진 연예인이 유튜브 채널을 개설하게 되면 자연스레 TV에서 이 사람을 알게 된 사람들이 채널을 구독하게 되고, 채널의 성장을 통해 사람들이 유튜브로 이 연예인을 접해서 공중파 방송을 챙겨 보게 되는 선순환이 생기게 된다. 특히 요즘의 시대에서는 자신이 낸 성과, 그리고 자신의 능력을 다른 사람에게 어필하는 것이 굉장히 중요하다. SNS를 중심으로 하는 실시간 정보 공유 덕에 인지도와 평판이 기회로 직결되기 때문이다. 따라서 스스로 어느 정도 만족하고 안주할 수 있는 위치에 도달하게 된다면 일차원적으로 본인의 일만에 집중하려고 하지 말고, 그 커리어를 빛내 줄 수 있는 여러 가지 취미 활동, 혹은 프로젝트를 생각해 보는 것이 좋다. 이런 인생에서의 '확장'은 당신이 기존에는 상상조차 하지 못했던 방식으로 당신을 돕게 될 수 있기 때문에 선택이 아니라 필수다. 금융에서는 이 개념을 '시너지' 라고 부른다. 예를 들면 따로 별개로 존재하던 두 회사가 합병하게 되었을 때 그 가치의 합보다 더 큰 가치를 지니게 되는 경우를 의미한다. 시너지를 잘 활용하면 이는 큰 투자수익으로 돌아올 수 있기 때문에 사모펀드들은 투자를 할 때 이런 시너지 효과를 극대화시킬 수 있는 방법이 있을지 끊임없이 고민한다. 가령 이미 인수해서 가지고 있는 포트폴리오 회사가 있다면 그 회사의 시장 지분을 늘려줄 수 있는 양질의 중소기업들을 찾아 그 회사들을 인수하거나 파트너십을 추진해서 포트폴리오의 가치를 끌어올린다.

나는 독자 여러분이 이 여섯 가지의 법칙을 잘 이해하고 활용한다면, 여러분이 원하는 자신의 모습에 가장 효율적으로 접근할 수 있을 거라고 단언할 수 있다. '여러분이 원하는 무엇이라도 될 수 있다'는 꿈 같은 약속은 아니지만, 여러분이 설정한 어떤 라이프스타일, 어떤 목표를 위해 다가가는 모든 순간에서 '그보다 나은 선택지가 없음'을 보장할 수 있다. 이것이 금융 식 사고로 기관 투자자들이 수익을 내는 방식이며, 금융 업계에 있는 사람들이 타인보다 효율적으로 부를 축적하고 인생에서 원하는 바를 이루는 방식이다. '집중하라', '도전하라'와 같이 막연한 말이 아닌 확실한 논리적 근거와 현실적 접근을 바탕으로 되어 있는 법칙들이기 때문에 여러분은 앞으로 인생에서 자신이 '제대로', '후회 없이' 살고 있음에 확신을 가질 수 있는 방법을 찾은 것이다. 이 여섯 가지 법칙이 나의 인생에 크게 영향을 주고 만족스러운 성과들을 쥐여준 만큼, 여러분에게도 의미 있는 깨달음으로 이어졌으면 좋겠다는 행복한 생각을 하며 이만 글을 줄인다.